LEI CAMBIAL COMENTADA
LETRA DE CÂMBIO E NOTA PROMISSÓRIA
2ª EDIÇÃO

Mario Bimbato

Copyright © 2016 Editora Manole Ltda., por meio de contrato de coedição com o autor.

Minha Editora é um selo editorial Manole.

Editor gestor: Walter Luiz Coutinho
Editora: Karin Gutz Inglez
Produção editorial: Janicéia Pereira, Cristiana Gonzaga S. Corrêa e Juliana Morais
Capa: André E. Stefanini
Projeto gráfico: Daniel Justi
Diagramação e revisão: Departamento Editorial da Editora Manole

Dados Internacionais de Catalogação na Publicação (CIP)
(Câmara Brasileira do Livro, SP, Brasil)

Bimbato, Mario
    Lei cambial comentada: letra de câmbio e nota
promissória / Mario Bimbato. – 2. ed.–
Barueri, SP : Minha Editora, 2016.

    ISBN 978-85-7868-189-0

    1. Câmbio - Leis e legislação 2. Direito cambial
3. Nota promissória - Leis e legislação 4. Título de crédito I. Título.

15-00996	CDU-34:332.45(81)(094.56)

Índices para catálogo sistemático:
1. Brasil : Leis comentadas : Câmbio : Direito
cambial 34:332.45(81)(094.56)

Todos os direitos reservados à Editora Manole.
Nenhuma parte deste livro poderá ser reproduzida, por qualquer processo, sem a permissão expressa dos editores. É proibida a reprodução por xerox.

A Editora Manole é filiada à ABDR – Associação Brasileira de Direitos Reprográficos.

1ª edição – 2012
2ª edição – 2016

Editora Manole Ltda.
Av. Ceci, 672 – Tamboré
06460-120 – Barueri – SP – Brasil
Tel.: (11) 4196-6000 – Fax: (11) 4196-6021

www.manole.com.br | info@manole.com.br

Impresso no Brasil | *Printed in Brazil*

Este livro contempla as regras do Acordo Ortográfico da Língua Portuguesa de 1990, que entrou em vigor no Brasil em 2009.

São de responsabilidade do autor as informações contidas nesta obra.

LEI CAMBIAL COMENTADA
LETRA DE CÂMBIO E NOTA PROMISSÓRIA
2ª EDIÇÃO

"Tudo vale a pena se a alma não é pequena"
FERNANDO PESSOA, *Mar português*

Às minhas pupilas Ruth e Vitória, com afeto.

SUMÁRIO

Apresentação 13

Prefácio à 2ª edição 17

Prefácio à 1ª edição 21

Abreviações 25

PARTE I	Introdução ao Direito Cambial	
Capítulo I	Título de Crédito	29
Capítulo II	Letra de Câmbio e Nota Promissória: Noções Prévias	33
Capítulo III	Origem e Evolução da Letra de Câmbio	39
Capítulo IV	Unificação do Direito Cambial	43
Capítulo V	A letra de câmbio na atualidade	47
Capítulo VI	A Cambial no Direito Brasileiro	49
Capítulo VII	Postulados	55
Capítulo VIII	Alguns Conceitos da Teoria Geral dos Títulos de Crédito	63

Capítulo IX	Princípios de Direito Cambial.	69
Capítulo X	Topologia da Lei Uniforme	73
Capítulo XI	Nova Tradução da Lei Uniforme	75

PARTE II	Nova Tradução da Lei Uniforme	
Título I	Da Letra de Câmbio	83
Capítulo I	Da Emissão e da Forma da Letra de Câmbio	87
Capítulo II	Do Endosso	111
Capítulo III	Do Aceite	125
Capítulo IV	Do Aval	135
Capítulo V	Do Vencimento	139
Capítulo VI	Do Pagamento.	145
Capítulo VII	Do Direito de Regresso por Falta de Aceite ou de Pagamento	159
Capítulo VIII	Da Intervenção.	203
Capítulo IX	Da Pluralidade de Exemplares e das Cópias.	205
Capítulo X	Das Alterações.	207
Capítulo XI	Da Prescrição	209
Capítulo XII	Disposições Gerais	213
Título II	Da Nota Promissória	217

PARTE III	Reservas	223

PARTE IV	Normas Complementares	
Título I	Protesto Cambial	235
Título II	A Cambial em Juízo	237
Capítulo I	Ações Cambiais	237
Seção I	Ação Direta e Ação de Regresso	237
Seção II	Ação Reivindicatória	241
Seção III	Ação Anulatória	242
Seção IV	Ação de Locupletamento.	243
Capítulo II	Ações Extracambiárias	247

ADENDO

Decreto n. 2.044, de 31 de dezembro de 1908 251

Decreto n. 57.663, de 24 de janeiro de 1966 267

Lei n. 9.492, de 10 de setembro de 1997 309

Convention portant loi uniforme sur les lettres de change et billets à ordre 323

Convention providing a uniform law for bills of exchange and promissory notes . . 357

BIBLIOGRAFIA 387

ÍNDICE SISTEMÁTICO 391

ÍNDICE ALFABÉTICO-REMISSIVO 403

APRESENTAÇÃO

A literatura brasileira sobre a cambial teve o seu ponto alto no livro de Saraiva, autor do substitutivo praticamente incorporado à Lei de 2004. Na sequência, surgem as obras de José Maria Whitaker e Pontes de Miranda.

O transcurso do tempo, com as modificações da vida econômica e as alterações na legislação, o aparecimento de títulos assemelhados e o debate sobre a aplicação da Lei Uniforme não propiciaram uma indagação doutrinária relevante.

Afonso Pena Júnior, consultor jurídico do Banco do Brasil, disse, há várias décadas, que a literatura jurídica brasileira versava praticamente sobre o óbvio. De fato, as obras doutrinárias fazem a paráfrase do texto com longas transcrições, alguma referência à doutrina e à jurisprudência, em geral, sem nenhum espírito crítico.

O livro de Mario Bimbato, *Lei Cambial Comentada: letra de câmbio e nota promissória*, afasta-se desse modelo e é uma obra axiomática, à maneira dos juristas do Império.

O autor, com apurado espírito lógico, dedica um capítulo aos postulados que orientarão o sistema do livro.

Ganha relevância a apresentação da nova tradução da Lei Uniforme, em redação bem superior ao texto oficial. A matéria se apresenta em uma sequência correta, cabendo destacar o capítulo das reservas, tema fundamental que é apresentado com clareza e precisão, e que tem sido objeto de grande controvérsia.

A inovação do livro, em que o assunto é apresentado de forma precisa, como proposta sintética e objetiva, prevê a sua aceitação no meio jurídico.

Professor Alberto Venancio Filho
Academia Brasileira de Letras

PREFÁCIO À 2ª EDIÇÃO

Worüber man nicht sprechen kann, darüber muss man schweigen: "Sobre aquilo de que não se sabe falar, deve-se calar" (WITTGENSTEIN, Tractatus logico-philosophicus, Proposição 7).

Esta nova edição da *Lei cambial comentada – letra de câmbio e nota promissória*, revista e melhorada com base na experiência adquirida na elaboração de outras obras do gênero, examina, à luz doutrina e da jurisprudência, as leis em vigor sobre letra de câmbio e nota promissória, especialmente a Lei Uniforme de Genebra (LU) – promulgada pelo Decreto n. 57.663/66 –, a fim de proporcionar ao leitor a compreensão dos princípios básicos do Direito Cambial.

Para tanto, a obra comenta a LU artigo por artigo; reúne o entendimento de juristas nacionais e estrangeiros sobre a matéria; discute os temas polêmicos em linguagem clara, simples e objetiva; analisa a nota promissória conjuntamente com a letra de câmbio; e apresenta nova tradução da LU, justaposta à tradução oficial portuguesa, escoimando-a de imperfeições e impropriedades, que não só lhe dificultam a leitura, como se erigem em obstáculos à compreensão de seu texto.

Embora a letra de câmbio seja pouco usada no comércio interno do Brasil – onde foi substituída pela duplicata –, deve-se ter em conta que a letra de câmbio ainda é largamente empregada no comércio internacional. E não se deve esquecer a nota promissória, um título de crédito familiar no Brasil, aqui examinado juntamente com a letra de câmbio.

Devo aos que reviram os originais, suas correções e observações ao texto primitivo, especialmente ao Dr. Gustav Toniatti, mestre em Direito pela Universidade de Yale, advogado em Brasília; ao Dr. Luiz Machado Fracarolli, ex-Professor-assistente Doutor de Direito Comercial do Departamento de Direito da Faculdade de Direito da Universidade de São Paulo, advogado em São Paulo; e ao Dr. Marcos Raposo, mestre em Direito pela Universidade de Yale, advogado e professor de Direito Cambial no Rio de Janeiro.

Os erros são todos de minha responsabilidade.

Parafraseando Wittgenstein, do pouco que sei, falarei com clareza; do muito que não sei, guardarei silêncio.

Mario Bimbato

PREFÁCIO À 1ª EDIÇÃO

Nel mezzo del cammin di nostra vita mi ritrovai per una selva oscura (DANTE, *Inferno*).

O sistema normativo constituído da mal traduzida Lei Uniforme de Genebra sobre letra de câmbio e nota promissória, publicada com o Decreto n. 57.663/66, das alterações decorrentes das reservas formuladas pelo Brasil ao aderir à respectiva Convenção, em torno das quais há pontos controversos, e da parte não revogada da Lei Saraiva (Decreto n. 2.044, de 1908) forma um cipoal, que só os iniciados conseguem penetrar.

É inegável a importância do Direito cambial, cujos princípios se aplicam a outros títulos de crédito, como o cheque e a duplicata, além da letra de câmbio e da nota promissória.

Para dar um exemplo, a Lei n. 5.474/68, que regula a duplicata, manda aplicar a esta, no que couber, os dispositivos da legislação sobre emissão, circulação e pagamento da letra de câmbio (art. 25).

Embora a letra de câmbio tenha sido substituída pela duplicata no comércio interno brasileiro, a primeira é largamente usada no comércio internacional.

E não devemos esquecer a nota promissória, um título de crédito familiar no Brasil, também regulado na Lei Uniforme, junto com a letra de câmbio.

Em torno da letra de câmbio, é que se construiu a Teoria Geral dos Títulos de Crédito. A clássica definição de título de crédito, formulada por Vivante há mais de um século, e acolhida no Código Civil brasileiro de 2002, tem na letra de câmbio seu paradigma.

Este livro analisa a legislação em vigor sobre letra de câmbio e nota promissória, à luz do Direito comparado e da jurisprudência, com o fim de proporcionar ao estudante e ao profissional do Direito a compreensão dos princípios do Direito cambial e de sua aplicação.

O texto resume o entendimento de juristas nacionais e estrangeiros sobre as questões mais relevantes do Direito cambial. Procuramos expor os temas polêmicos em linguagem clara e objetiva, em que o vário da doutrina se une ao temerário da crítica.

Para esse fim, empreendemos um comentário à Lei Uniforme sobre letra de câmbio e nota promissória. É com prazer que apresentamos a primeira obra, publicada no Brasil, que comenta a Lei Cambial Uniforme artigo por artigo.

Paralelamente, o trabalho dá nova tradução à Lei Uniforme, baseada nos originais em francês e inglês, justaposta à tradução oficial portuguesa, com o fim de corrigir ambiguidades e impropriedades desta última.

Desse modo, esperamos que os não iniciados no trato do Direito cambial, às tontas na selva de uma tradução mal amanhada, de uma lista de reservas controversas anexas e de normas sobreviventes da legislação anterior, encontrem neste livro um guia seguro.

Os já iniciados, também esperamos, poderão encontrar nele um manual para consultas, em que ao lado prático se alia a fundamentação teórica.

São Paulo, maio de 2012.

José Mário Bimbato

ABREVIAÇÕES

Abreviação	
CCiv	Código Civil brasileiro
CCL	Convenção destinada a regular conflitos de leis em matéria de letras de câmbio e notas promissórias, promulgada pelo Decreto n. 57.663/66
Ch	Cheque
CLU	Convenção para adoção de uma Lei Uniforme sobre letras de câmbio e notas promissórias, promulgada pelo Decreto n. 57.663/66
CPC	Código de Processo Civil
Dp	Duplicata
LC	Letra de câmbio
LCambial	Lei Cambial
LF	Lei de Falência (n. 11.101/2005)
LP	Lei de Protesto (n. 9.492/97)
LS	Lei Saraiva (Decreto n. 2.044/1908)
LU	Lei Uniforme sobre letras de câmbio e notas promissórias, promulgada pelo Decreto n. 57.663/66
NP	Nota promissória
TO	Tradução oficial (portuguesa) da LU

PARTE I

Introdução ao Direito Cambial

Capítulo I

TÍTULO DE CRÉDITO

1. DEFINIÇÃO

"Nenhum vento ajuda o navegador que não sabe a que porto se dirige".

(Ignoranti quem portum petat nullus suus ventus est)

Sêneca

O aforismo de Sêneca vem a propósito da importância da definição para a ciência. Sem uma definição, fica-se como o navegador que não sabe a que porto veleja.

Segundo a clássica definição de Cesare Vivante, "título de crédito é um documento necessário ao exercício do direito literal e autônomo nele mencionado" (no original: *titolo di credito è un documento necessario per esercitare il diritto letterale ed autonomo che vi è menzionato* [VIVANTE, 1929, vol. III, n. 953]). Explica o célebre comercialista italiano:

> Si dice che il diritto menzionato nel titolo è *letterale*, perchè esso esiste
> secondo il tenore del documento. Si dice che il diritto è *autonomo*, perchè

il possessore di buona fede esercita un diritto proprio, che non può essere ristretto o distrutto dai raporti corsi fra i precedenti possessori e il debitore. Si dice che il titolo è il *documento necessario* per esercitare il diritto, perchè fino a quando il titolo esiste, il creditore deve esibirlo per esercitare ogni diritto, sia principale, sia acessorio, che esso porta con sè e non si può fare alcun mutamento nella portata del titolo senza annotarlo sovra di esso (ibidem)

Traduzindo: Diz-se que o direito mencionado no título é *literal*, porque existe segundo o teor do documento. Diz-se que o direito é *autônomo*, porque o possuidor de boa-fé exerce direito próprio, que não pode ser restringido ou elidido pelas relações havidas entre os possuidores anteriores e o devedor. Diz-se que o título é o *documento necessário* ao exercício do direito, porque, enquanto existente o título, não pode o credor, sem exibi-lo, exercer nenhum direito, seja principal, seja acessório, por ele conferido, e não se pode fazer modificação alguma no conteúdo do título, sem nele anotá-la (ibidem).

A definição vivantiana (acolhida quase *ipsis litteris* no Código Civil brasileiro de 2002 – CCiv, art. 887), embora considerada incompleta por parte da doutrina, como se verá oportunamente, pode dizer-se *fecunda*, por ser rica em consequências.

Sua vantagem é a simplicidade. A simplicidade, disse Ockham, filósofo inglês (séculos XIII e XIV), nem sempre é a perfeição, mas a perfeição é quase sempre simples.

Assim como ocorre com grande parte das definições da ciência do direito e, aliás, de outros ramos do saber, trata-se de uma definição aproximada, mas nisto está a sua virtude, não seu defeito. A definição possui um valor simbólico, mnemônico; para ser comunicativa, deve ser breve.

2. ESPÉCIES

Consideram-se títulos de crédito, em sentido estrito, os que conferem direito a uma prestação monetária. Entre estes, incluem-se: a letra de câmbio

(LC), a nota promissória (NP), o cheque (Ch), a duplicata (Dp), os títulos da dívida pública e as debêntures.

Abstraindo por ora de classificação ulterior, entre os títulos de crédito em sentido amplo, mencionamos: as ações das companhias, o conhecimento de transporte, o conhecimento de depósito e o *warrant*.

3. TÍTULOS AO PORTADOR, À ORDEM E NOMINATIVOS

Quanto à forma de sua circulação, os títulos de crédito podem ser: *ao portador, à ordem* e *nominativos*.

São *ao portador* os títulos que se transferem por simples *tradição* (CCiv, art. 904), como se fossem coisas móveis, a exemplo do cheque ao portador. Presume-se proprietário do título ao portador aquele que lhe tem a posse.

No sistema da Lei Uniforme de Genebra (LU), não é admitida a emissão de LC ou de NP ao portador, que poderiam, outrora, causar confusão com as notas ou bilhetes de banco (*papel-moeda*), como oportunamente se verá.

Nos termos do CCiv, transfere-se a propriedade do título à ordem pelo *endosso*, seguido da *tradição* (CCiv, art. 910, § 2º).

Presume-se proprietário do título *nominativo* aquele em cujo nome esteja inscrito no registro do emitente (CCiv, art. 921). Opera-se a sua transmissão mediante termo lavrado em livro ou registro do emitente, assinado pelo proprietário e pelo adquirente (CCiv, art. 922).

4. TÍTULOS CAUSAIS E ABSTRATOS

A emissão de todo título de crédito pressupõe um negócio jurídico *fundamental*, dito também *subjacente*. Em outras palavras, coliga-se a emissão a determinada causa econômica, como compra e venda, mútuo, constituição de sociedade, contrato de transporte, etc.

Em certas hipóteses, a causa é determinada e especial, dizendo-se o título, então, *causal*. Assim, por exemplo, as ações da companhia relacionam-se com a sua constituição ou com alteração no seu capital; o conhecimento de transporte, com o contrato de fretamento ou de transporte; o conhecimento de depósito, com o contrato de depósito, e assim por diante, como esclarece Tullio Ascarelli (1969, p. 28). É também o caso da duplicata, que se relaciona a uma venda ou a uma prestação de serviços.

Noutros casos, a emissão vincula-se a qualquer negócio jurídico fundamental, isto é, a qualquer causa econômica, não excluído o ato de liberalidade. Nessa hipótese, diz-se o título, em doutrina, *abstrato*. Tal é o caso da LC e da NP.

Capítulo II

LETRA DE CÂMBIO E NOTA PROMISSÓRIA: NOÇÕES PRÉVIAS

1. INTRODUÇÃO

Cambial é o nome genérico do título de crédito que se divide em duas espécies: letra de câmbio (LC) e nota promissória (NP). Neste capítulo, daremos algumas noções prévias sobre a cambial, com o fim de proporcionar ao leitor uma visão panorâmica da LC e da NP, especialmente da primeira.

Justificam-se tais noções neste estágio inicial, porque muitos nunca viram uma LC no Brasil, o que é natural, pois esse título de crédito raramente é usado no comércio interno brasileiro, onde foi substituído pela duplicata.

No comércio exterior, a LC ainda é muito usada, sendo conhecida, na prática dos negócios, também como *saque* (em inglês, *draft*).

Embora a tradução oficial portuguesa, anexa ao Decreto n. 57.663/66, se refira a letra simplesmente, e não à LC, como é tradicional no Direito brasileiro, nesta obra usaremos indistintamente as palavras *letra* e *letra de câmbio* para designar esse título de crédito. Essa opção será justificada ao examinarmos os requisitos da cambial (LU, art. 1º, I).

2. LETRA DE CÂMBIO

A *letra de câmbio* semelha o *cheque* (Ch): a semelhança não é mera coincidência, pois ambos os títulos têm uma origem comum, cuja história se confunde nos primórdios da LC.

Originalmente, não havia diferença entre a LC e o Ch, existindo de fato um só título, com o nome de *letra de câmbio*. Somente no século XVIII é que os dois títulos se dissociaram, caracterizando-se o Ch como uma ordem de pagamento à vista, sacada contra um banco, inicialmente na Inglaterra, daí se difundindo para o continente e fazendo entrar a palavra *cheque* no vocabulário internacional (ASQUINI, 1966, n. 176).

Curiosamente, o *Bills of Exchange Act*, na Inglaterra, e o *Uniform Commercial Code*, nos Estados Unidos, ainda consideram o Ch uma LC à vista, sacada contra um banco.

O Ch é uma ordem de pagamento à vista, sacada contra um banco ou instituição financeira a este equiparada, devendo o emitente possuir fundos disponíveis em poder do sacado.

Tal qual o Ch, a LC é um título de crédito pelo qual uma pessoa (*emitente* ou *sacador*) indica outra (*sacado*) para pagar a terceiro (*beneficiário* ou *tomador*), ou à ordem deste, determinada importância em dinheiro, à vista ou a prazo, não sendo o sacador necessariamente credor do sacado. Já na LC, o sacador incumbe o sacado, que pode ser pessoa física ou jurídica, de pagar ao beneficiário determinada importância, à vista ou a prazo, não sendo o sacador necessariamente credor do sacado.

Por exemplo, *A*, tendo vendido mercadoria a *B* para pagamento a prazo, saca sobre este uma LC pagável 60 dias da data da emissão. Ao mesmo tempo, *A*, sendo devedor de *C*, designa *C* como beneficiário, dando-lhe o título em pagamento, total ou parcial, de sua dívida. Pagando a letra a *C*, *B* extingue ao mesmo tempo sua dívida para com *A*, e, até a concorrente quantia, a deste para com *C*. Alternativamente, *A* pode designar-se a si mesmo beneficiário e aguardar o vencimento da letra ou negociá-la.

A falta de crédito junto ao sacado não invalida a LC, assim como não invalida o Ch a falta de fundos disponíveis em poder do banco, respondendo o sacador perante o portador, pelo pagamento da letra não aceita ou não paga pelo sacado no devido tempo (*direito de regresso*).

Dando na letra seu *aceite*, o sacado obriga-se a pagá-la no vencimento como principal devedor. O Ch, ao contrário, não admite *aceite*, respondendo o emitente perante o portador pelo seu pagamento, se, por falta de fundos, o banco se recusa a pagá-lo.

3. NOTA PROMISSÓRIA

A *nota promissória* (NP) é um título de crédito pelo qual uma pessoa (*emitente* ou *sacador*) promete pagar a outra (*beneficiário* ou *tomador*), ou à ordem deste, determinada importância em dinheiro, à vista ou a prazo.

Como se percebe, a NP é um título mais simples que a LC, porque na emissão desta figuram três pessoas – o *sacador*, o *sacado* e o *beneficiário* – e, na daquela, somente duas – o *emitente* e o *beneficiário*.

Aplicam-se à NP, com as adaptações necessárias, as normas aplicáveis à LC, excluídas praticamente apenas as relativas ao *aceite*. Equipara-se o *emitente* da NP ao *aceitante* da LC, quanto à sua obrigação cambial.

4. CAMBIAL COM DUAS OU MAIS FOLHAS

A LC e a NP podem ser escritas em duas ou mais folhas, frente e verso, se necessário.

5. MODELO DE LETRA DE CÂMBIO

Para melhor compreensão, apresentamos um modelo de LC, primeiro em branco, e, em seguida, preenchido com dados fictícios.

O modelo menciona:

1. A indicação do lugar (município) e da data da emissão (dia, mês e ano).
2. A importância a pagar, em algarismos, e a indicação da moeda (p.ex., R$, €, US$).
3. A indicação do vencimento.
4. A importância a pagar, por extenso, e a espécie de moeda.

5. O nome do beneficiário.
6. O nome e o endereço do sacado.
7. O nome e o endereço (ou carimbo) do sacador.
8. A indicação do lugar (município) e endereço de pagamento; se indicado um estabelecimento bancário: o nome do banco, o endereço da agência e, se for o caso, o número da conta.
9. A assinatura de próprio punho do sacador.
10. Espaço reservado para a assinatura do aceitante.

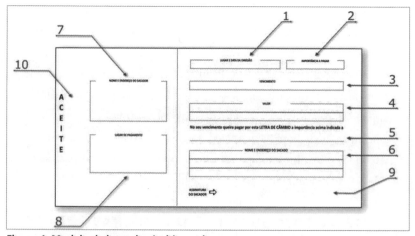

Figura 1. Modelo de letra de câmbio em branco.

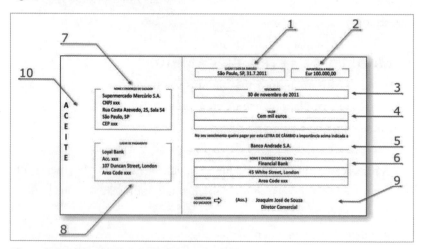

Figura 2. Modelo de letra de câmbio preenchida.

6. MODELO DE NOTA PROMISSÓRIA

Para efeito de comparação com a LC, apresentamos um modelo de NP, primeiro em branco e, em seguida, preenchido com dados fictícios.

O modelo menciona:

1. A indicação do lugar (município) e da data da emissão (dia, mês e ano).
2. A importância a pagar, em algarismos, e a indicação da moeda (p.ex., R$, €, US$).
3. A indicação do vencimento.
4. A importância a pagar, por extenso, e a espécie de moeda.
5. O nome do beneficiário.
6. O nome e o endereço (ou carimbo) do emitente.
7. A indicação do lugar (município) e o endereço de pagamento; se indicado um estabelecimento bancário: o nome do banco, o endereço da agência e, se for o caso, o número da conta.
8. A assinatura de próprio punho do emitente.

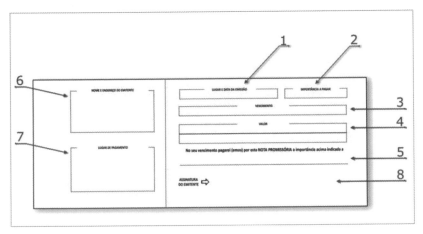

Figura 3. Modelo de nota promissória em branco.

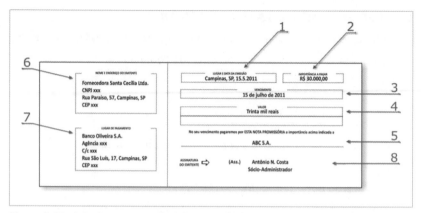

Figura 4. Modelo de nota promissória preenchida.

Capítulo III

ORIGEM E EVOLUÇÃO DA LETRA DE CÂMBIO

1. OS TRÊS PERÍODOS

Costuma-se distinguir três períodos na história da LC: o italiano, o francês e o alemão. O primeiro vai da Idade Média ao século XVII; o segundo, dessa época até meados do século XIX; e o último, de 1848 até os dias atuais.

2. PERÍODO ITALIANO

Caracteriza-se este período pelo nascimento da LC, então sob a forma de *carta* (< Lat. *littera* = letra, carta, epístola), pela qual o remetente (*sacador*), com base em depósito monetário recebido, incumbia seu correspondente (*sacado*), em outra praça, de pagar, à pessoa designada (*beneficiário*), o equivalente em outra moeda.

Era então, a letra, instrumento do contrato de câmbio (< Lat. *cambium* = câmbio, troca, permuta); daí o nome *letra de câmbio*. A *distantia loci* justificava um ágio sobre o preço do câmbio, em face do *risco* representado pelo transporte da moeda, em uma época em que as viagens, por terra ou por mar, eram inseguras.

Os mercadores florentinos, venezianos e genoveses, mais inclinados a cartagineses do que a romanos, praticavam a operação à larga, naturalmente com ágio.

A título de *lucro cessante*, contornava-se a proibição da *usura*, como então se denominava a estipulação do *juro* contratual, condenado pelo Direito Canônico, o que traz à lembrança um conto de Manuel Bernardes, que a seguir parafraseamos, com o intuito de amenizar a aridez do tema.

3. A FILHA DO DIABO

O Diabo tinha uma filha, chamada *Usura*, para a qual procurava casamento. No entanto, não havia homem de bem que a quisesse, sem embargo de trazer consigo mesma grosso cabedal em dinheiro amoedado.

Disse então: "Já sei o que hei de fazer." Mudou-lhe o nome, e à *Usura* chamou *Lucro Cessante*. Logo surgem pretendentes à porfia (até aqui, conforme BERNARDES, 1728, vol. V, p. 375).

Casaram *Lucro Cessante* e o *Capital*. Celebraram-se as bodas. Festejaram o Diabo e a mulher do Diabo. Festejou a diabada. Com o vantajoso casamento, multiplicou-se o *Capital*.

Sob a capa de *lucro cessante*, juros simples e compostos passaram a ser cobrados despudoradamente.

4. ENDOSSO, ACEITE E AVAL

Ainda no período italiano, paulatinamente se vai acrescentando à letra o *endosso*, o *aceite* e o *aval*. Com isso, ganha a letra maior liquidez e mobilidade.

Pelo *endosso*, o beneficiário transfere a cambial a terceiro, assinando-a no verso (< Lat. *in dorso* = no dorso). Obtendo o *aceite* do destinatário (*sacado*), assegura-se o sacador ou o beneficiário de estar aquele disposto a pagar, podendo então mais facilmente negociar o título. E, com o *aval*, aumentam as garantias de pagamento da letra.

5. ENQUANTO ISSO, A NOTA PROMISSÓRIA

Enquanto a LC prosperava, sua prima pobre, a NP, vegetava. Sendo o juro proibido pelo Direito Canônico, por ser considerado um rendimento "ocioso", auferido sem trabalho, poucos estariam dispostos a emprestar dinheiro de graça.

O mútuo usurário, como então se chamava o *mútuo frugífero*, era confinado ao *mercado negro*, operado pelos argentários.

6. CONSEQUÊNCIAS DA REFORMA RELIGIOSA

Com a Reforma Religiosa, cai ou simplesmente se ignora o veto eclesiástico ao juro contratual, uma das molas-mestras do nascente capitalismo, em especial nos Estados protestantes.

Com a laicização do juro, cai também a lei do justo preço, estabelecida no Direito Canônico, a par da interdição da usura, como limites morais ao consenso.

Já florescem as companhias e proliferam as ações, as debêntures, as NPs. Longe de condenar a busca do lucro e a acumulação de riqueza, consideradas mesmo por Lutero como "obra do demônio", os calvinistas veem na prosperidade terrena o "sinal da salvação".

7. PERÍODO FRANCÊS

A Ordenança de Comércio de Luís XIV, o *Código de Colbert* (1673), reconhece expressamente a *função translativa* e a *função de garantia* do endosso, admitindo o reendosso, como registra Alberto Asquini (1966, p. 149).

Pela primeira função, o endosso *transfere a propriedade* do título; pela segunda, *garante* aos portadores subsequentes o *pagamento da letra*, caso o sacado não a honre no vencimento, podendo então o portador voltar-se contra os endossantes anteriores e o sacador (*direito de regresso*).

A LC deixa de ser apenas um instrumento do contrato de câmbio. A causa de sua emissão pode ser qualquer espécie de crédito junto ao sacado, como, por exemplo, o decorrente de mercadorias vendidas ou de serviços prestados, em vez de dinheiro.

É expressamente consagrada a regra da *inoponibilidade das exceções* e, com ela, a autonomia do direito de cada portador, como assinala João Eunápio Borges (1971, p. 41).

Entretanto, era o sacador obrigado a ter *provisão* em poder do sacado, à semelhança do cheque, decorrente de mercadoria vendida, dinheiro emprestado ou outra fonte, assim como a declarar, na letra, o *valor recebido*, do beneficiário ou tomador, em consideração do qual o sacador lhe entregava o título.

O *Code de Commerce* de 1807 manteve tais exigências. Ainda hoje, no Direito francês, o sacador é obrigado a possuir *provisão* (crédito) em poder do sacado, ao tempo do vencimento, abolida, no entanto, a cláusula obrigatória de *valor recebido*.

8. PERÍODO ALEMÃO

Na Alemanha, a LC dissocia-se de sua causa inicial, tornando-se, em mãos de terceiro, título de *direito abstrato*, bastante por si mesmo, como também se liberta das amarras representadas pela *provisão* e pelo *valor recebido*, do Direito francês. A LCambial alemã de 1848 sanciona esses princípios.

Em uma síntese feliz, resume José Maria Whitaker o caminho percorrido pela LC, desde suas origens até a Idade Contemporânea: "No primeiro período, a letra operava a circulação do dinheiro; no segundo, a circulação de valores; no terceiro, passou a constituir por si mesma um valor" (WHITAKER, 1963, n. 5).

Capítulo IV

UNIFICAÇÃO DO DIREITO CAMBIAL

1. MOVIMENTO DE UNIFICAÇÃO

A *unificação* do Direito Cambial (DCambial) foi um movimento encabeçado pelo comércio, ante a diversidade de normas que vigoravam sobre a matéria em diferentes países. Era a LC o principal instrumento de crédito no comércio internacional.

A tal movimento, uniram-se juristas, com o fim de estabelecer um direito internacional comum, que obviasse as "dificuldades originadas da diversidade de legislação nos vários países em que as letras circulam e aumentar assim a segurança e rapidez das relações do comércio internacional" (Convenção de Genebra para a Adoção de uma Lei Uniforme sobre Letras de Câmbio e Notas Promissórias – LU, preâmbulo).

2. CONFERÊNCIAS DE HAIA

Dessa poderosa aliança entre a teoria e a prática, surgiria, em Haia, a primeira Conferência Internacional para a unificação do DCambial. Em 1910, por iniciativa dos governos da Alemanha e da Itália, reúnem-se, nessa cidade batava, delegados de 35 países, sendo, a seguir, suspensos os trabalhos.

A negociação é retomada na segunda Conferência de Haia, realizada em 1912, que aprovou um estatuto comum, o qual, embora contasse com a adesão de 27 países, não chegou a prosperar. Com a superveniência da Primeira Guerra Mundial, o projeto foi abandonado.

3. CONFERÊNCIA DE GENEBRA

A terceira conferência, de que participaram 31 países, ocorreu em Genebra em 1930, sob os auspícios da Liga das Nações. Nela, foi concluída a Convenção relativa à Lei Cambial Uniforme em vigor (CLU).

A CLU constitui-se de dois anexos: o Anexo I, que contém a Lei Uniforme (LU); e o Anexo II (An2), com 23 artigos que representam reservas, ou seja, modificações ou exceções à LU, em matérias em que não se logrou consenso.

O An2 tem por fim atender a interesses peculiares dos países que aderiram ou venham a aderir à CLU, podendo cada país, no ato de sua adesão, formular uma ou mais das reservas permitidas.

Com a CLU, a Conferência de Genebra concluiu um ajuste de direito internacional privado, mais precisamente a Convenção sobre Conflitos de Leis (CCL) em matéria de LC e NP, como as questões relativas à capacidade, à forma e aos efeitos das obrigações, bem como à forma e aos prazos do protesto.

4. LETRA DE CÂMBIO NA *COMMON LAW*

Embora tivessem participado da Conferência de Genebra, os Estados Unidos e a Inglaterra não aderiram à respectiva Convenção, dado que as normas da LU são dificilmente assimiláveis pela *common law*, orientada por princípios próprios, peculiares a seu sistema.

A LC (*bill of exchange*) é regulada na Inglaterra pelo *Bills of Exchange Act* de 1882, com as emendas subsequentes. Nos Estados Unidos, onde a legislação sobre a matéria é da competência estadual, a LC é regulada pelo

Uniform Commercial Code, um modelo de lei de iniciativa do Governo federal, adotado pelos Estados federados.

Em que pese a diferença de *approach*, o resultado prático da aplicação da *common law* em matéria de letra de câmbio é bastante próximo ao da *civil law*. Referindo-se ao sistema inglês, cujo desconhecimento consideram injusto e preconceituoso, dizem os autores franceses Arminjon e Carry:

A lei britânica, codificada em 1882, é obra notável, que resolve de modo feliz, com clareza e precisão, numerosas questões que as outras legislações deixam insolúveis. É lamentável que a Lei Uniforme não se tenha inspirado mais amplamente nela (Apud BORGES, 1979, p. 44).

Isso é música para os ouvidos de um anglo-saxão.

Capítulo V

A LETRA DE CÂMBIO NA ATUALIDADE

1. DE INSTRUMENTO DO CONTRATO DE CÂMBIO A INSTRUMENTO DE COBRANÇA

De instrumento do contrato de câmbio, passando por instrumento de crédito, a LC tornou-se, nas mãos do portador, meio de pagamento, substituindo a moeda. Poderia um comerciante, por exemplo, liquidar seus compromissos em outra praça mediante a remessa de letras ali pagáveis.

Com a facilidade das transferências bancárias, perderia a LC grande parte de sua importância como forma de pagamento. O título está hoje praticamente reduzido a instrumento de cobrança de créditos provenientes de mercadoria vendida ou de serviços prestados, convindo lembrar de sua importância, ainda hoje, no comércio internacional.

2. LETRA ELETRÔNICA

Na França, foi o título-papel substituído pela cambial-extrato (*lettre de change-relevé* [LCR]), em forma eletrônica.

A palavra *relevé*, substantivo, significa *extrato*, *resumo*, aplicando-se particularmente ao *extrato bancário*. Adotamos, para *lettre de change-relevé*, a feliz tradução de De Lucca, título de um de seus livros (*A cambial extrato*, 1985).

O sacador transmite eletronicamente o borderô das LCR a seu banco, indicando a agência bancária e o número da conta de cada sacado. O banco do sacador, por sua vez, transmite aos bancos dos sacados, também *on-line*, o aviso de cobrança, mencionando o número da conta bancária do sacador. O pagamento é creditado automaticamente na conta do sacador, mas seu valor só estará disponível depois de feita a compensação ou confirmada a ordem de pagamento.

Não mais existindo uma base material, também já não existem o aceite, o endosso e o aval (DE LUCCA, 1985, *passim*; RIPERT-ROBLOT, 1966, vol. II, ns. 1.917 e 1.918).

Capítulo VI

A CAMBIAL NO DIREITO BRASILEIRO

1. CÓDIGO COMERCIAL

A LC foi introduzida no Brasil pelo Código Comercial de 1850 (arts. 354 e segs.). Baseado em seu similar francês, de 1808, dispunha o Código brasileiro que a LC deveria declarar o *valor recebido* (do beneficiário ou tomador), sendo o sacador obrigado a ter suficiente *provisão de fundos* em poder do sacado, ao tempo do vencimento.

Sentia-se, no País, a necessidade de atualização das normas sobre LC, presa à concepção francesa da *provisão* e do *valor recebido*, e não como portadora de direito autônomo e abstrato, *per se stante*, segundo a doutrina alemã.

2. LEI SARAIVA

Em 1908, o Congresso Nacional aprovou a *Lei Saraiva* (LS), sobre a LC e a NP, assim denominada em homenagem a seu formulador, o Desembargador José Antônio Saraiva, professor da Faculdade Livre de Direito de Belo Horizonte (atual Faculdade de Direito da Universidade de Minas Gerais) e autor do livro *Direito cambial brasileiro*, publicado em 1905, notavelmente atualizado com a doutrina germânica.

A pedido do Deputado João Luiz Alves, relator de projeto de lei sobre a matéria na Comissão de Legislação e Justiça da Câmara dos Deputados, redigiu Saraiva um substitutivo, que seria aprovado pelo Congresso Nacional com pequenas emendas, na forma do Decreto n. 2.044, de 31 de dezembro de 1908.

Embora numerado como decreto, tem esse documento o timbre de verdadeira lei, sancionada que foi pelo Presidente da República com esta fórmula: "Faço saber que o Congresso Nacional decretou e eu sanciono a seguinte resolução" (*Coleção das Leis do Brasil*, 1908).

Corrobora esse entendimento seu art. 56: "São aplicáveis à nota promissória, com as modificações necessárias, todos os dispositivos do Título I desta Lei [...]".

3. ADOÇÃO DA LEI UNIFORME

Tendo o Congresso Nacional aprovado, pelo Decreto Legislativo n. 54/64, a CLU, a que o Governo brasileiro aderira em 1942, foi a Convenção promulgada pelo Decreto n. 57.663/66 (DLU) do Poder Executivo.

A vigência efetiva da LU teria de aguardar decisão do Supremo Tribunal Federal, que, em 1971, em face de dissídios doutrinários e jurisprudenciais sobre a eficácia imediata não só da Lei Uniforme sobre títulos cambiais, como também da Lei Uniforme em matéria de cheque, reconheceu em vigor no território nacional ambos os estatutos (RE ns. 70.356 e 71.154).

4. RESERVAS

Ao aderir à CLU, formulou o Governo brasileiro treze reservas à LU, entre as 23 autorizadas no An2. As reservas subscritas pelo Brasil correspondem aos arts. 2, 3, 5, 6, 7, 9, 10, 13, 15, 16, 17, 19 e 20 do An2, indicados no preâmbulo do DLU.

5. CONTROVÉRSIAS

Uma fonte de incertezas nessa área reside no fato de o Brasil ter aderido à CLU sem prévia ou concomitante adequação do direito interno ao direito uniforme, providência que se impunha ante as modificações representadas pelas reservas opostas pelo País ao associar-se ao Acordo de Genebra.

Reservas cujo alcance é objeto de graves controvérsias entre seus intérpretes no País em pontos cruciais, como o prazo para apresentação a pagamento da cambial com data certa de vencimento, as hipóteses de regresso antecipado e o prazo para protesto.

Assim, além das reservas, e em parte por causa delas, deve-se ter em conta, na aplicação da LU, a parte da LS, não revogada, explícita ou implicitamente, pela Convenção genebrina.

A Alemanha, a Itália e a França, para mencionar os três países pela ordem cronológica de sua adesão à CLU, ajustaram seu direito interno ao Acordo de Genebra, antes de a ele aderirem.

Ao ser apreciada pelo Congresso Nacional, em 1964, a Convenção de Genebra sobre direito cambial, deixou-se passar ocasião de truz para fazer o dever de casa, por meio de lei consolidadora da legislação pertinente.

Uma penada do legislador resolveria o problema. Bastaria um decreto-lei, já que se estava no Governo Castello Branco. Alternativamente, poderia o Executivo ter remetido ao Legislativo um projeto de lei ordinária, dando-lhe destarte um verniz democrático.

6. TRADUÇÃO PORTUGUESA

São conhecidas as críticas à tradução portuguesa da LU, anexa ao DLU, a começar por Fran Martins, que, após alinhar várias incorreções formais e substanciais no texto oficial em português, chamou a atenção para o fato de o Brasil não ter feito tradução própria, senão adotado a de Portugal, embora o Governo brasileiro não o tenha reconhecido oficialmente (FRAN MARTINS, 1972, p. 11-13).

7. RECOMENDAÇÃO DIPLOMÁTICA

Esse ponto requer uma consideração prévia. Nos termos do art. 1º da CLU, obrigaram-se as partes contratantes a adotar nos respectivos territórios a Lei Uniforme, que constitui o Anexo I da Convenção, quer em um dos textos originais francês e inglês (fazendo, "ambos, igualmente fé", art. 3º), quer nas suas línguas nacionais.

A Ata Final da Conferência de Genebra recomendou aos países contratantes que, em optando pela tradução, a fizessem de comum acordo com os países onde se falasse a mesma língua oficial, como nota Rosa Júnior (2009, p. 24).

Assim, a Bélgica e a Suíça traduziram a LU para o francês em harmonia com a França. A Suíça, por sua vez, procedeu à tradução em concordância com a Alemanha e a Itália, na sua versão para o alemão e para o italiano, respectivamente.

Não fossem as falhas de tradução, o Brasil, ao fazer sua a versão realizada em Portugal, nada mais teria feito senão atender àquela referida recomendação diplomática.

8. CRÍTICA PROCEDENTE

Procede o reparo quanto à transposição para o vernáculo, também criticada lá mesmo, em Portugal. Repleta de incorreções, assim de forma como de fundo, juntam-se às imperfeições da versão ultramarina os senões de cópia, devidos ao descuido no passá-la para o texto oficial anexo ao DLU.

Deficiências que, somadas, não só lhe dificultam a leitura, como se eriçam em obstáculos à compreensão de seu conteúdo.

A tradução portuguesa tem recebido severas críticas de autores lusitanos, como Pinto Coelho – registra Fran Martins (1985, vol. I, n. 21).

9. CÓDIGO CIVIL

O CCiv dispõe sobre os títulos de crédito *in genere*, nos arts. 887 a 926, que constituem seu Título VIII. Estão excluídos do sistema codificado os títulos regidos por lei especial, como é o caso das cambiais, conforme estabelece o art. 903: "Salvo disposição diversa em lei especial, regem-se os títulos de crédito pelo disposto neste Código."

Tem havido discussão, na doutrina brasileira, sobre o real alcance dessa ressalva: se o CCiv se aplica unicamente aos títulos inominados, isto é, aos títulos não regulados em lei especial, que porventura venham a ser criados, ou se o CCiv também se aplica, supletivamente, aos títulos regulados em lei especial, como é o caso da LC, da NP, do Ch e da Dp.

No Direito italiano, em que o art. 2.001 do Código Civil dispõe de modo substancialmente idêntico ao do art. 903 do Código brasileiro, entende a doutrina, aparentemente sem discrepância, que as normas gerais do direito codificado se aplicam de forma supletiva, onde a lei especial seja omissa (ASQUINI, 1966, n. 70).

No Direito brasileiro, não faríamos afirmação tão categórica, no que concerne aos títulos regidos por uma convenção internacional, como é o caso da LC e da NP. Assim é que, além das normas contidas explícita ou implicitamente na LU, deve-se observar, no Brasil, o disposto na legislação especial aplicável em virtude das reservas opostas à LU, sobretudo a parte não revogada da LS.

Nossa posição se coaduna substancialmente com a do professor De Lucca, em comentário ao art. 903 do CCiv, assim resumida: "[...] sempre que a lei especial for omissa – e não houver contradição com os seus princípios – poderão ser aplicadas as normas constantes do presente Título VIII" (DE LUCCA, 2003, v. XII, p. 232).

Capítulo VII

POSTULADOS

1. INTRODUÇÃO

Abrimos um parêntese para introduzir alguns *postulados* de ordem lógica e epistemológica, que consideramos úteis ou necessários à exposição dos conceitos, definições e princípios discutidos neste compêndio.

2. CONCEITO E DEFINIÇÃO

Entre *conceito* e *definição*, a diferença é de grau. A *definição* pode ser considerada um conceito desenvolvido, e *conceito*, uma definição condensada (LIARD, 1963, p. 25).

3. DEFINIÇÃO NOMINAL E REAL

"As palavras – disse *Humpty Dumpty* – significam exatamente o que eu quero; o importante é saber quem manda".
LEWIS CAROLL (*Através do Espelho*)

A patuscada de *Humpty Dumpty*, o simpático e rechonchudo personagem do folclore britânico, defrontado por *Alice* em uma de suas aventuras, vem de molde a ilustrar o significado de *definição*.

Os escolásticos distinguiam cuidadosamente a *definição nominal* (*definitio quid nominis*), isto é, a *acepção* em que o termo é tomado, da *definição real* (*definitio quid rei*), concernente à *natureza* do objeto definido, uma distinção que provém de Aristóteles (LALANDE, 1985, verbete *Definition*).

4. LÓGICA DE PORT-ROYAL

Essa dicotomia foi de certo modo mantida na *Lógica de Port-Royal*, que, publicada anonimamente em meados do século XVII, foi o livro básico de introdução à Lógica até o século XIX e representa o que no século XX se convencionou chamar *Lógica tradicional*.

5. DESENVOLVIMENTO DA LÓGICA

O desenvolvimento da Lógica, desde a Idade Média, não se fez de maneira linear. Embora reagindo, sob a influência de Descartes e Pascal, contra algumas concepções metafísicas da tradição escolástica, a *Lógica de Port-Royal* retomou a antiga divisão entre *definição nominal* e *definição real*, a primeira destinada a fixar o significado convencional de um termo, e a segunda, a enunciar os atributos essenciais de um conceito.

Não obstante certa falta de clareza quanto ao alcance de *definição nominal* nessa obra, seus intérpretes praticamente adotaram a mesma distinção estabelecida pelos escolásticos entre definição nominal e definição real (LALANDE, 1985, verbete *Definition*; BLANCHÉ, 1985, p. 187; KNEALE, 1991, p. 321).

6. CONFUSÃO DE FRONTEIRAS

A confusão de fronteiras entre as duas regiões – a do *nominal* e a do *real* – tem sido responsável, em grande medida, por discussões terminológicas nos diversos ramos do saber, *et pour cause*, na ciência do Direito, fazendo lembrar a "babel epistemológica" de que falava A. L. Machado Neto (1975, p. 49).

7. *FICTIO IURIS*

O legislador, porque manda, cria a *fictio iuris*, presente em várias partes do Direito, inclusive no direito penal, como a presunção de que todos conhecem a lei. O legislador, como corre mundo e se espalha fama, faz do *preto, branco*.

8. GÊNERO PRÓXIMO E DIFERENÇA ESPECÍFICA

Os escolásticos reputavam perfeita a definição pelo *gênero próximo* e *diferença específica*. Seja, por exemplo, a definição aristotélica de *homem*: "Homem é um animal racional." *Animal* é o gênero próximo; *racional*, a diferença específica. A antiga definição de *homem*, que hoje não é aceita pela maioria dos biólogos, serve para ilustrar a relatividade das definições. Fora parte as ciências axiomáticas (Lógica e Matemática), o mais das vezes é suficiente, para efeitos práticos, uma definição aproximada.

Em uma primeira aproximação, dão-se as notas principais do objeto a definir. Por aproximações sucessivas, obtém-se um quadro mais ou menos completo do que se tem em vista.

9. DEFINIÇÕES INCOMPLETAS

Não devemos ter a ilusão de que toda definição precisa ser completa, nem renunciar a toda definição, ante a dificuldade no definir. A primeira atitude tem um efeito paralisante. Serve de antídoto saber que nem tudo é definível e que mesmo uma definição incompleta pode ser fecunda.

Diz Kant, na *Crítica da razão pura*, que a Filosofia, ao contrário da Matemática, está cheia de definições imperfeitas, especialmente definições que, embora incompletas, contêm elementos verdadeiros. Se não fosse possível empregar um conceito enquanto não fosse definido, seria muito difícil filosofar. No entanto, como é sempre possível usar os elementos de conceitos não completamente definidos sem prejuízo da verdade, também é possível utilizar com vantagem as definições incompletas, ou seja, proposições que, mesmo não sendo ainda propriamente definições, delas se aproximam.

Diz ainda Kant que é desejável, mas frequentemente muito difícil, conseguir uma definição exata fora da Matemática, acrescentando: "Os juristas ainda procuram uma definição para o seu conceito do Direito" (no original: *noch suchen die Juristen eine Definition zu ihrem Begriffe vom Recht* [KANT, 1787, nota 71]).

A segunda atitude peca por falta de coragem. O velho brocardo *omnis definitio periculosa est*, que se encontra no *Digesto*, aplica-se ao legislador, não ao jurista. O valor de uma definição é medido por sua fecundidade. Por exemplo, a definição de título de crédito, formulada por Vivante, é rica em consequências, embora seja considerada incompleta por parte da doutrina.

Uma vez que reconheçamos as limitações lógicas e epistemológicas da definição, veremos que esse deslocamento teórico possui um poder surpreendentemente libertador, permitindo-nos progredir na aquisição metódica do conhecimento e na exposição logicamente ordenada das ideias.

10. COMPREENSÃO E EXTENSÃO

Uma contribuição importante da *Lógica de Port-Royal* foi a distinção estabelecida entre *compreensão* e *extensão* de um conceito, uma distinção incorporada à Lógica moderna, inclusive à Teoria dos Conjuntos.

Compreensão é o conjunto dos elementos de que se compõe o conceito; e *extensão*, o conjunto dos objetos a que o conceito convém. Por exemplo, *número primo*, em *compreensão*, é o número natural cujos únicos divisores são ele próprio e 1; em *extensão*, o conjunto dos números naturais possuidores desse predicado. Recorda-se, a propósito, que Euclides provou ser *infinita* a quantidade de primos.

11. DENOTAÇÃO E CONOTAÇÃO

Autores há, que à díade *extensão* e *compreensão*, preferem *extensão* e *intensão* (assim mesmo, com "s") ou *denotação* e *conotação*, respectivamente.

Em Linguística e Semiologia, *denotação* refere-se àquilo que a palavra ou símbolo designa *objetivamente*; e *conotação*, àquilo que o símbolo ou palavra significa *subjetivamente*.

Damos um exemplo de Gottlob Frege, filósofo e matemático alemão (1848-1925), fundador da Lógica Matemática, e, ao lado de Aristóteles, considerado um dos maiores lógicos de todos os tempos. No ensaio *Über Sinn und Bedeutung*, publicado em 1892, que pode ser traduzido como "Sentido e Significado", ou "Conotação e Denotação", Frege ilustra a variação semântica com esta analogia:*"Estrela Vespertina* e *Estrela Dalva* têm o mesmo significado, mas sentidos diferentes."

Em outras palavras, os dois nomes do planeta *Vênus* denotam a mesma *realidade objetiva*, mas conotam diverso *valor semântico*. Uma diferença e tanto, que o digam os poetas e sonhadores.

12. LÓGICA DE RELAÇÕES

A definição *per genus proximum et differentiam specificam*, ao gosto dos escolásticos, posto que adequada aos objetos ordenados em *classes*, ou, em outras palavras, aos objetos conceituáveis em termos de *sujeito/predicado*, é inadequada aos objetos ligados entre si por uma relação de correspondência, como a de *equivalência, sucessão, divisibilidade*, etc. Por exemplo, na proposição *"a* é maior que *b"*, o objeto *a* e o objeto *b* estão unidos entre si não como *sujeito* e *predicado*, mas como complementos do conceito relacional "maior que", carecedor de dupla complementação para formar uma proposição completa (FREGE, 1884, § 70).

Para ficarmos na área do Direito, o esquema *sujeito/predicado* não é apto a captar adequadamente uma relação *lógico-jurídica*, como a de posse, propriedade, parentesco, etc., ou, mais amplamente, uma relação de *dever-ser*, como a de credor/devedor, comprador/vendedor, etc.

Em *"A* é credor de *B"*, *B* não exerce o papel sintático de *predicado*; A e B são pontos extremos (*termini*) da relação de *dever-ser*, como nota Lourival Vilanova (1976, p. 98).

13. SISTEMA LÓGICO

Entende-se por *sistema lógico* um conjunto de proposições axiomaticamente ordenadas. Por exemplo, a Teoria dos Conjuntos, a Lógica de Predicados e o sistema dos números racionais.

Entre as propriedades importantes de um sistema lógico, incluem-se a *coerência* e a *completitude*. Significa a *coerência* que o sistema é não contraditório. Considera-se *completo* o sistema quando se pode determinar a verdade ou a falsidade de qualquer de seus teoremas.

Nem todos os sistemas lógicos possuem as duas propriedades. Mesmo a Matemática está sujeita a limitações, como demonstrou Gödel no começo da década de 1930.

14. TEOREMA DE GÖDEL

Kurt Gödel, matemático austríaco (1906-1978), demonstrou ser impossível provar que a Matemática seja um sistema ao mesmo tempo *completo e coerente* (*Teorema da Incompletitude*). Eis o teorema de Gödel reduzido à sua expressão mais simples: "Não se pode provar que a Matemática seja *não contraditória*".

Essa aporia aparentemente representava um golpe no orgulho dos matemáticos, refugiados em uma espécie de "paraíso lógico". David Hilbert, matemático alemão (1862-1943), um dos mais influentes matemáticos do século XX, proclamara alguns anos antes: "Ninguém nos tirará do paraíso em que Cantor nos colocou".

Referia-se a Georg Cantor, de nacionalidade alemã (1845-1918), criador da *Teoria dos Conjuntos*, considerada a base da Matemática moderna. Hilbert, ainda no ardor da mocidade, propusera a construção de um sistema lógico *completo e coerente*, que abarcasse toda a Matemática, professando sua fé nestes termos, que lhe serviriam de epitáfio: "*Wir müssen wissen. Wir werden wissen!*" ("Nós devemos saber. Nós vamos saber!"). Ao otimismo de Hilbert, respondia Gödel com um *ignorabimus* ("não saberemos").

15. DEMONSTRAÇÃO RESUMIDA DO TEOREMA DE GÖDEL

A demonstração completa do teorema de Gödel ocuparia várias páginas. Aqui faremos uma demonstração resumida.

Um enunciado pode ser indeterminadamente *verdadeiro* ou *falso* em um sistema lógico, mas determinadamente *verdadeiro* em outro sistema, de ordem superior.

POSTULADOS

Substitua-se, no teorema de Gödel, *verdadeiro* ou *falso* por *demonstrável* ou *indemonstrável*. Um teorema indemonstrável no sistema G pode ser demonstrável no sistema teórico T_1; mas, para garantir a validade de T_1, é necessário recorrer a T_2, de T_2 a T_3, e assim por diante, o que implica um *regressus in infinitum*.

O teorema de Gödel levou alguns intérpretes apressados, que leram a conclusão, mas não leram a demonstração, a tirar conclusões filosóficas desvairadas acerca da *teoria do conhecimento*. No entanto, como observou Mário Henrique Simonsen espirituosamente, a questão pode colocar-se em termos bem mais prosaicos: "Os tribunais da lógica são lentos demais para resolver todas as causas que podem ser suscitadas pelos matemáticos" (SIMONSEN, 1994, p. 14).

16. RETORNO À METAFÍSICA

Não cabe no modelo tradicional de definição, também, por meio de *sujeito* e *predicado*, a relação de interdependência existente entre as partes componentes de um todo significativo, como, por exemplo, uma situação histórica ou social.

Em páginas críticas, Roberto Mangabeira Unger, após expor os dilemas da *implicação lógica* (se *a*, então *b*) e da *causalidade* (*a*, logo *b*) na Filosofia Política e na Teoria Social, desde Montesquieu (1755-1869), seus contemporâneos e sucessores, até Marx (1818-1883), com sua *dialética*, Weber (1864-1920), com seu *tipo ideal*, e Lévi-Strauss (1908-2009), com sua *antropologia estrutural*, concluiu pela necessidade de um retorno à *metafísica* para a solução daqueles dilemas (UNGER, 1977, p. 3-44, 245 e segs., especialmente p. 268).

Capítulo VIII

ALGUNS CONCEITOS DA TEORIA GERAL DOS TÍTULOS DE CRÉDITO

1. OUTRAS DEFINIÇÕES DE TÍTULO DE CRÉDITO

A definição vivantiana de título de crédito, sem embargo de seu mérito, não é aceita pela unanimidade da doutrina. Vejamos duas definições alternativas, a de Asquini e a de Ferri, que, por sua importância, não podem ser ignoradas. Ambos os autores mantêm, no entanto, explícita ou implicitamente, os elementos essenciais da definição de Vivante.

Asquini, depois de criticar a fórmula vivantiana por não fazer referência à circulação do direito, propõe a definição seguinte, menos concisa que a de Vivante, como reconhece:

> Titolo di credito è il documento di un diritto letterale destinato alla circolazione, idoneo a conferire in modo autônomo la titolarità di tale diritto al proprietario del documento, e necessario e sufficiente per legittimare il possessore all'esercizio del diritto stesso (ASQUINI, 1966, n. 12).

Traduzindo: "Título de crédito é o documento de um direito literal destinado à circulação, apto a conferir de modo autônomo a titularidade de tal direito ao proprietário do documento, e necessário e suficiente para legitimar o possuidor ao exercício do próprio direito".

A definição de Asquini põe em relevo a circulação do direito, em duplo sentido: a titularidade do direito, que resulta da propriedade do documento; a legitimação ao exercício do direito, que decorre da posse do documento, segundo a forma de sua circulação.

Um pouco mais complexa é a definição de Giuseppe Ferri. Este, considerando que o Código Civil italiano não dá uma definição de título de crédito, mas estabelece normas gerais sobre a matéria, entende que a definição deve ser obtida indiretamente do conjunto normativo sobre títulos de crédito no Código Civil (arts. 1.992 e segs.). Assim, propõe a seguinte definição para título de crédito no sistema codificado:

> [...] quel documento contenente una dichiarazione la quale può essere di contenuto diverso, e che adempie contemporaneamente ad una duplice funzione: quella di costituire un mezzo necessario e sufficiente per l'esercizio del diritto che nel documento stesso è menzionato; quella de costituire un mezzo tecnico di circolazione del diritto stesso (FERRI, 1980, p. 659)

Traduzindo: "O documento que contém uma declaração de conteúdo variável, apta a desempenhar simultaneamente dupla função: constituir um meio necessário e suficiente ao exercício do direito mencionado no próprio documento; constituir um meio técnico de circulação do próprio direito".

A definição de Ferri não faz referência expressa nem à literalidade nem à autonomia do direito, mas esses atributos estão implícitos na dupla função da forma escrita do título de crédito (*adequação cartular*).

A literalidade relaciona-se com a primeira função: constituir um meio necessário e suficiente ao exercício do direito mencionado no título. A autonomia vincula-se à segunda: constituir um meio técnico de circulação do direito (FERRI, 1980, p. 671).

Que conclusão tirar das três definições – a de Vivante, a de Asquini e a de Ferri? Os três autores estão certos, cada qual a seu modo, pondo em evidência um ou outro aspecto do problema.

Não cometeremos a temeridade de tentar uma definição em meio a tão eminentes figuras, mas podemos discernir três elementos essenciais no título de crédito: a forma escrita (*declaração cartular*), a literalidade do direito e a autonomia do direito.

À noção de *título de crédito*, convêm ainda as seguintes notas: a titularidade do direito, que resulta da propriedade do documento; a legitimação do portador, ainda que não proprietário, ao exercício do direito, pela posse do documento, segundo a forma de sua circulação; a transmissibilidade do direito, pela transmissão do título.

2. INCORPORAÇÃO

"O que há num nome? Aquilo que chamamos uma rosa, qualquer
que fosse a palavra, teria o mesmo perfume".
(*What's in a name? That which we call a rose/By any other word would
smell as sweet*)
Shakespeare (*Romeu e Julieta*)

Incorporação é termo cômodo para exprimir a união substancial entre o direito, como bem incorpóreo, e o documento, como bem corpóreo, no título de crédito. Vivante não o admite em seu sistema e, após considerá-lo supérfluo, sumariamente o despacha com a nota de estéril. Para o comercialista italiano, a definição, por ele próprio formulada, de título de crédito como um "documento necessário ao exercício do direito literal e autônomo nele mencionado" é suficiente, devendo substituir a noção vulgar de que o "direito é incorporado ao título" (VIVANTE, 1929, vol. III, n. 953).

Aceita-o a maioria dos autores, não no sentido literal da palavra, mas no sentido *metafórico*, a conotar uma como *reificação* do direito, e a denotar, em forma abreviada, a relação intrínseca entre a propriedade do documento, como *res*, e o *direito*, que o documento consigo traz.

Nessa linha de pensamento situa-se Cervantes Ahumada, no México, reconhecendo a utilidade da imagem, por traduzir expressivamente, em uma só palavra, a íntima correlação entre o direito e o título, a tal ponto de ser, o possuidor do segundo, possuidor do primeiro. E remata: "Para explicar esse fenômeno jurídico necessitaríamos de um grande rodeio, que é evitado utilizando-se o termo *incorporação*" (Apud DE LUCCA, 1979, p. 15).

Do mesmo sentir é Joaquin Garrigues, na Espanha:

> Quando falamos em *incorporação de direito ao título*, empregamos uma expressão puramente metafórica, querendo dizer que o título – como coisa corpórea – e o direito documentado – como coisa incorpórea –, ainda quando sejam coisas distintas, se apresentam no mundo dos negócios como se fossem coisa única (GARRIGUES, 1976, vol. I, p. 721).

Remonta a Savigny a imagem da *incorporação* do direito obrigacional no título de crédito, com a qual o pandectista germânico procurava explicar como o direito, consubstanciado no título, pode ser objeto de propriedade e posse, como coisa móvel (ASCARELLI, 1969, p. 187).

Talvez para não incidir na crítica de Vivante, outros autores, como Ascarelli, preferem a expressão *direito cartular* (*v.* nota 4, infra) (ASCARELLI, 1969, p. 15).

3. DIREITO DE PROPRIEDADE

A doutrina dominante, embora não isenta de críticas, como averba Ascarelli, considera o título de crédito *coisa móvel*, objeto de direito de propriedade (ASCARELLI, 1969, p. 190).

Nessas condições, considera-se o *proprietário* do documento titular do direito à prestação nele declarada, e presume-se proprietário o *possuidor* do título, à semelhança da presunção que se estabelece no DComum sobre coisas móveis.

4. DIREITO CARTULAR

Entre autores italianos, especialmente, ganhou foro de cidadania o termo *cartular* (< It. *cartolare* = documental, comprovado por documento < Lat. *chartula*, dim. *charta* = folha de papel), com referência ao direito declarado no título de crédito, como em *direito cartular* e *declaração cartular*.

A locução *direito cartular* aparece em várias passagens da *Teoria Geral dos Títulos de Crédito*, de Ascarelli (1969, p. 15 *et passim*). Diz Nicolau Nazo, tradutor de Ascarelli, que, empregando o neologismo *cartular*, se limitou a transpor para o português o adjetivo *cartolare* ("do baixo latim", *chartula*), introduzido no Direito italiano por Bonelli (NICOLAU NAZO, in ASCARELLI, 1969, p. 15).

No Brasil, um dos adeptos do neologismo é De Lucca, com a ressalva de que, à expressão *direito cartular*, talvez fosse preferível, "em vernáculo mais castiço", *direito documental*, aparentemente vítima, nesse passo, do equívoco do tradutor de Ascarelli, como vamos nos referir (DE LUCCA, 1979, p. 58).

O dicionário Houaiss registra *cártula*, com o significado de *pequena folha de papel* e *escrito de pouca extensão*, mas nem o Houaiss nem o Aurélio consignam o adjetivo *cartular*.

Não vemos razão, porém, para negar legitimidade ao adjetivo, corretamente derivado do substantivo *cártula*, com raiz no latim clássico. O autorizado dicionário latino-português Saraiva averba *chartula* (< dim. Lat. *charta* < Gr. χαρτης = folha de papiro). De acordo com Saraiva, abeberado em Cícero, Horácio e Ovídio, para mencionar três das mais radiosas fontes latinas, *charta*, entre outras acepções, tem a de folha de papel, escrito, livro; no plural, *chartae* = arquivos, donde *chartularius* = arquivista do imperador, a atestar-lhe a linhagem ilustre.

Capítulo IX

PRINCÍPIOS DE DIREITO CAMBIAL

1. INTRODUÇÃO

O DCambial decantou, ao longo do tempo, certos princípios que constituem a base em que assenta a moderna doutrina desse ramo do Direito.

Alguns desses princípios, como a unilateralidade, a literalidade, a autonomia de direito e o formalismo, são comuns aos demais títulos de crédito, mas foi em torno da letra de câmbio que se construiu a teoria geral dos títulos de crédito.

2. UNILATERALIDADE

Segundo teoria passada em julgado, as declarações cambiárias são atos jurídicos *unilaterais*, e não contratuais. A teoria do *ato unilateral* foi formulada inicialmente pelo jurista alemão Karl Einert no século XIX.

3. LITERALIDADE

A *literalidade*, na feliz expressão de Waldirio Bulgarelli, é "a medida do direito contido no título" (BULGARELLI, 1998, p. 58).

Diz-se *literal* o direito conferido pelo título de crédito, em particular o cambiário, no sentido de que, para seu exercício, é *necessário e suficiente* o teor do título, sendo irrelevante, para a eficácia do *direito cartular*, qualquer declaração que não conste do próprio título (*quod non est in chartula non est in mundo*).

Carvalho de Mendonça situa o problema com precisão: "[A literalidade] tem como consequência que o devedor não é obrigado a mais, nem o credor pode ter outros direitos senão aqueles declarados no título" (1960, vol. V, 2ª parte, p. 47).

4. AUTONOMIA DO DIREITO

Diz-se *autônomo* o direito do portador do título de crédito, por ser independente do direito de seu antecessor. Tal autonomia explica a existência de direito próprio do terceiro possuidor do título, ainda quando o tenha adquirido *a non domino* (ASCARELLI, 1969, p. 204).

Ao contrário do princípio vigente no DComum, em que o cessionário adquire o direito de modo derivado, estando, assim, sujeito ao risco dos defeitos do título do cedente e às exceções a este oponíveis pelo devedor, no DCambial, o direito do terceiro de boa-fé, pelo *princípio da autonomia*, é imune às restrições porventura existentes no direito dos antecessores.

Em razão da *autonomia*, não pode o devedor opor ao credor de boa-fé *exceções substanciais*, ou seja, fatos impeditivos, modificativos ou extintivos da obrigação cartular relacionados com operações realizadas entre o próprio devedor e possuidores anteriores, como condição suspensiva, defeito na mercadoria, compensação, *exceptio non adimpleti contractus*, pagamento, etc. Esses fatos, para o terceiro de boa-fé, são *res inter alios acta*. Resume-se a regra na *inoponibilidade de exceções pessoais ao terceiro de boa-fé*.

5. ABSTRAÇÃO

Diversamente do que ocorre com os *títulos causais*, cuja emissão deve ter uma *causa* determinada e especial (p.ex., as ações da companhia e o conhecimento de transporte), a emissão do título cambiário relaciona-se a *qualquer negócio* jurídico fundamental, ou seja, a *qualquer causa* econômica, não excluído o ato de liberalidade. Nessas condições, diz-se o título, em doutrina, *abstrato*.

Em virtude da *abstração*, o direito conferido pela cambial desvincula-se da *causa* pela qual foi emitida, tornando-se título de direito abstrato, *per stante*, em mãos de terceiro.

A relação causal pode ser discutida *inter partes*, como sacador e sacado, emitente e beneficiário, beneficiário e primeiro endossatário, mas essas questões não se resolvem no plano do DCambial, senão no do DComum.

6. AUTONOMIA DAS OBRIGAÇÕES

Correlatamente à autonomia do direito de cada possuidor, coloca-se a *autonomia das obrigações*, no sentido de serem *autônomas e independentes* entre si as obrigações cambiárias, de modo tal que a nulidade da obrigação de um signatário não se comunica às obrigações aos demais signatários.

7. FORMALISMO

O título de crédito é um documento *formal*, por estar adstrito a condições de *forma*, estabelecidas para identificar com exatidão o direito nele mencionado (ASCARELLI, 1969, p. 21).

Tal formalismo é acentuado nos títulos cambiais (forma *ad substantiam*). Entre outros requisitos, deve a cambial conter, em seu próprio texto, a respectiva denominação (*letra de câmbio* ou *nota promissória*), sob pena de não produzir efeito como título de crédito ou, pelo menos, como título de crédito do tipo específico pretendido pelo emitente.

8. OUTROS PRINCÍPIOS

Outros princípios se encontram nos livros, cada qual realçando este ou aquele aspecto, segundo o critério de relevância do autor, como a *aparência*, que dá origem à *teoria da aparência*.

Julgamos suficientes os princípios anteriormente enumerados, recordando a máxima de Ockham, de que os entes não devem ser multiplicados além da necessidade (*entia non sunt multiplicanda praeter necessitatem*), isto é, um sistema teórico não deve conter elementos supérfluos.

Capítulo X

TOPOLOGIA DA LEI UNIFORME

1. DIVISÃO DA LEI

Na maior parte de sua extensão (arts. 1º a 74), a LU regula a LC, reservando à NP apenas os quatro últimos artigos (75 a 78).

O art. 77 estende à NP as normas relativas à LC, exceto no incompatível com a natureza da primeira, arrolando as disposições legais aplicáveis à NP. Estão excluídas, especialmente, as que se referem ao *aceite*.

2. PLANO LEGISLATIVO E DIDÁTICO

Se, do ponto de vista da técnica legislativa, o método da extensão é o mais simples, do ponto de vista *didático* está longe de ser o mais adequado, especialmente no Direito brasileiro, onde a NP é a cambial predominante.

Nesta obra, embora seguindo a ordem numérica dos artigos da LU, discutiremos conjuntamente a LC e a NP. Para esse efeito, os arts. 1º e 2º, referentes aos requisitos da LC, são analisados conjuntamente com os arts. 75 e 76, relativos aos requisitos da NP. Os demais artigos são examinados na sua ordem numérica.

Capítulo XI

NOVA TRADUÇÃO DA LEI UNIFORME

1. NECESSIDADE DE NOVA TRADUÇÃO

Tendo em vista a má tradução da LU para a língua portuguesa, anexada ao DLU, procedemos a uma nova tradução, com o fim de escoimá-la de erros e facilitar-lhe o entendimento. A tradução não oficial, que denominamos *Nova Tradução*, vai justaposta à oficial.

Algumas diferenças são meramente formais; outras, substanciais. As glosas à Tradução oficial (TO), que merecem especial atenção, vão justificadas em notas ao pé do texto. Em várias passagens, em que o sentido literal não é claro, optamos pela tradução não literal.

A nova tradução baseia-se nos originais em francês e inglês. Consultamos também a legislação de outros países, especialmente a italiana, não só por ser a Itália um país de língua latina, mas também pela afinidade do sistema jurídico italiano com o brasileiro.

Consultamos também a lei cambial espanhola, de 1985. Embora não tenha aderido à Convenção de Genebra, a Espanha praticamente adotou a LU com a lei de 1985, sobre LC e NP. Por se tratar de um documento bem redigido, a lei espanhola ser cotejada, com proveito, com a lei cambial vigente na Itália e em outros países.

Clareza de linguagem e fidelidade aos originais são duas diretrizes que guiaram a Nova Tradução. Foi mantida, sempre que possível, a redação oficial portuguesa, para não sugerir mudança injustificada na interpretação da lei.

PARTE II
Nova Tradução da Lei Uniforme

1. CONCEITO DE LEI UNIFORME

No direito internacional, chama-se *Lei Uniforme* o modelo legislativo, estabelecido em tratado ou convenção, para a unificação do direito sobre determinada matéria, a exemplo da Lei Uniforme sobre LC e NP (LU), e da Lei Uniforme sobre Ch, estabelecidas pelas Convenções de Genebra de 1930 e 1931, respectivamente.

A Lei Uniforme sobre títulos cambiais é o padrão internacional, exarado em francês e inglês, para a legislação dos países que aderiram ou venham a aderir à CLU.

Os países europeus que aderiram à CLU não denominam *Lei Uniforme* a correspondente lei nacional. Assim, por exemplo, a Alemanha tem a *Wechselgesetz* (LCambial), aprovada em 1933; a Itália, a *Legge Cambiaria*, estabelecida pelo *Regio Decreto* de 1933; Portugal, em 1934, incorporou ao seu Código Comercial de 1888 a Lei Uniforme sobre LC e NP (a cuja convenção aderiu em 1935), no Título VI – "Das letras, Livranças e Cheques"; a França incorporou a LU a seu Código de Comércio, em 1935.

Não tendo o Brasil, ao contrário do que se fez em matéria de Ch – cuja legislação foi consolidada por meio de uma lei ordinária (Lei n. 7.357/85) –, editado uma lei interna sobre LC e NP, a lei vigente no País sobre a matéria é a própria LU, juntamente com as reservas formuladas pelo governo brasileiro no ato de aderir à respectiva Convenção.

Assim, o intérprete ou aplicador da LU é obrigado a consultar as reservas a ela anexas, em torno das quais há questões controversas, para verificar a norma vigente no Brasil.

Mais ainda, integram a legislação em vigor no País sobre LC e NP as normas não revogadas da LS (Decreto n. 2.044, de 1908).

Em suma, o conjunto normativo constituído da LU, das alterações decorrentes das reservas e da parte não revogada da LS forma um cipoal, que dificilmente se consegue penetrar.

Título I

DA LETRA DE CÂMBIO

Nova tradução	Tradução oficial
Da letra de câmbio[1-2]*	Das letras

1. DENOMINAÇÃO DO TÍTULO: LETRA OU LETRA DE CÂMBIO?

A denominação do título – *letra* ou *letra de câmbio* –, lançada em seu próprio texto, é condição *sine qua non* para sua eficácia como LC, como se verá oportunamente.

O paradigma francês menciona *lettre de change*; o inglês, *bill of exchange*. A TO, anexada ao DLU, consigna *letra*, simplesmente, em lugar de *letra de câmbio*.

Haveria, na língua portuguesa, duas denominações equivalentes a *lettre de change* ou a *bill of exchange*: *letra*, em Portugal, que já era o nome dado

---

* Os números sobrescritos remetem aos comentários do autor ordenados numericamente logo após os quadros explicativos.

a esse título de crédito pelo Código Comercial português de 1888, vigente ao tempo da adoção da LU por aquele país; *letra de câmbio*, no Brasil, que já era o nome dado ao mesmo título pela LS, vigente ao tempo da adoção da LU em nosso país.

Segundo a respeitável opinião de Mercado Júnior, *letra de câmbio* deve ser considerada a tradução oficial do título no Direito brasileiro, argumentando que a redução da cláusula cambial à simples palavra *letra*, além de ser contrária à denominação tradicional do título em nosso Direito, desde o Decreto n. 2.044, de 1908, contravém à Convenção de Genebra, e é, por isso, considerada inoperante, prevalecendo a denominação *letra de câmbio* quando o título for redigido em nossa língua (MERCADO JÚNIOR, 1971, p. 93).

No mesmo sentido e com argumentação substancialmente igual, colocam-se Borges (1979, p. 54) e Duarte Costa (2008, p. 146). Fran Martins, após criticar a tradução oficial, entende que a tradução correta, no Brasil, deveria ser *letra de câmbio*, e não simplesmente *letra*, como está na TO, que reproduz a versão adotada por Portugal. Conquanto admitindo que a TO foi aprovada pelo Congresso Nacional e tornada obrigatória pelo Decreto n. 57.663/66, o professor cearense, com base no texto original da LU e na tradição de nosso Direito, denomina o título, em sua obra, de *letra de câmbio* (FRAN MARTINS, 1985, n. 29, *a*, nota 5).

Quanto é pela nossa parte, embora nos pareça correta a adoção do nome *letra* no Brasil, com base no precedente luso e na *recomendação* contida na Ata Final da Conferência de Genebra, anteriormente referida, consideramos que seria preferível a denominação *letra de câmbio*, como esse título de crédito é tradicionalmente chamado entre nós, desde o Código Comercial de 1850 e da LS.

Convém lembrar, porém, que a Convenção genebrina foi aprovada pelo Decreto Legislativo n. 54/64, ficando, pois, revogadas as disposições em contrário da LS, inclusive quanto à denominação *letra de câmbio*.

A favor da denominação tradicional, pesa o fato de que leis posteriores se referem ao título como *letra de câmbio*, por exemplo:

a. A Lei n. 5.474/68, que dispõe sobre a duplicata, manda aplicar a esse título de crédito, no que couber, "os dispositivos da legislação sobre emissão, circulação e pagamento das *letras de câmbio*" (art. 25).

b. O CPC (Lei n. 5.869/73) menciona a *letra de câmbio* entre os títulos executivos extrajudiciais (art. 585, I).

c. A Lei de Protesto (Lei n. 9.492/97) refere-se à *letra de câmbio* no art. 21, §§ 3º e 4º, que dispõem sobre o protesto de título remetido ao aceite do sacado e não devolvido.

Com base na legislação superveniente, afigura-se lícito concluir que prevalece internamente o nome *letra de câmbio*. No plano externo, essa denominação poderia não ser reconhecida, porque difere do texto depositado pelo Governo brasileiro na Secretaria Geral da Liga das Nações (sucedida pela Secretaria Geral das Nações Unidas), ao tempo da adesão do Brasil à Convenção de Genebra (1942).

2. REVOGAÇÃO DE LEI ORIUNDA DE TRATADO

A questão, em suma, consiste em saber se uma lei oriunda de tratado ou convenção internacional pode ser revogada por uma lei originária de fonte interna, sem a prévia denúncia do tratado.

Não pretendemos aqui aprofundar a questão. Basta dizer que, conforme decisão do Supremo Tribunal Federal, não há hierarquia entre a norma originária de tratado ou convenção internacional e a originária de fonte interna, do ponto de vista constitucional, aplicando-se o princípio segundo o qual a lei posterior derroga a anterior (*lex posterior derogat priori*), expresso no art. 2º da Lei de Introdução ao Código Civil (LICCiv) – hoje, Lei de Introdução às Normas do Direito Brasileiro (LINDB) –, independentemente de denúncia do ato internacional.

Assim entendeu o STF no RE n. 80.004, ao julgar constitucional, em face da LU, o Decreto-lei n. 427/69, que exigia o registro das NP e LC, no prazo de quinze dias de sua emissão, na repartição competente, definida pelo Ministério da Fazenda, sob pena de nulidade. Com isso, o Decreto-lei estabelecia, para a cambial, um requisito de validade não exigido na LU.

Basicamente, disse o Tribunal que não há subordinação da ordem interna à ordem externa, no sistema constitucional brasileiro. A violação de normas internacionais desencadeia sanções internacionais, e a violação de normas internas desencadeia sanções internas.

É desnecessário dizer que a interpretação da Suprema Corte brasileira, nessa matéria, não prevalece em território estrangeiro. Convém notar, no entanto, que ela é compatível com o que decidiu a Suprema Corte dos Estados Unidos ao apreciar lá a mesma controvérsia.

Capítulo I

DA EMISSÃO E DA FORMA DA LETRA DE CÂMBIO

Nova tradução	Tradução oficial
Da emissão e da forma da letra de câmbio[1-2]	Da emissão e forma da letra

1. CRIAÇÃO E EMISSÃO

Criação e *emissão* são conceitos distintos na teoria geral dos títulos de crédito. Segundo a *teoria da criação*, a cambial considera-se perfeita com a subscrição de seu autor, encerrando-lhe a escrita.

Para a *teoria da emissão*, não basta a assinatura de seu autor; a cambial só se torna perfeita quando o subscritor a coloca em circulação, entregando-a ao beneficiário ou tomador. Se o documento saiu involuntariamente da posse de seu subscritor, por motivo de furto, roubo, apropriação indébita ou extravio, não lhe cria obrigação.

Contudo, a teoria da emissão tem de ressalvar a posse do terceiro de boa--fé, e a da criação vê-se obrigada a excluir de sua proteção o possuidor de má-fé, com o que ambas as teorias se aproximam.

Embora se aproximem, *criação* e *emissão* referem-se a dois momentos distintos na vida da cambial: o do encerramento de sua redação e da sua entrada em circulação, respectivamente. A importância dessa diferenciação será vista adiante.

2. TRADUÇÃO DA EPÍGRAFE

Segundo Fran Martins, a LU, no Título I, Capítulo I, trata da *Criação e forma da letra de câmbio*, tendo a tradução oficial portuguesa indevidamente substituído a palavra *criação* por *emissão* (FRAN MARTINS, 1985, n. 25).

Realmente, no original francês lê-se *De la création et de la forme de la lettre de change*; todavia, o original inglês consigna *Issue and form of a bill of exchange*, ou seja, "Emissão e forma da letra de câmbio".

Embora *criação* e *emissão* sejam conceitos jurídicos distintos, o legislador brasileiro, ao optar pelo termo *emissão* (termo, aliás, empregado na LS alternadamente com *saque*), fez uma escolha juridicamente válida.

Como já mencionado, os paradigmas francês e inglês da LU fazem igualmente fé, podendo cada país optar, na tradução para sua língua nacional, pelo modelo francês ou pelo inglês.

Dadas as possibilidades abertas à legislação de cada país pelos textos genebrinos, pode o país contratante preferir o termo *criação* (*création*), segundo o padrão francês, ou o termo *emissão* (*issue*), segundo o padrão inglês.

Dos países europeus que adotaram a LU, tanto quanto saibamos, somente usam a palavra *criação* (*création*), nesse contexto, aqueles que têm o francês como língua oficial, como a Bélgica e a Suíça, em sua versão francesa da LU, além da própria França, em seu Código de Comércio.

A Lei cambial italiana consigna *emissione*; a alemã, *Ausstellung*, isto é, *emissão* (< *ausstellen* = sacar, emitir < *aus* = fora, para fora + *stellen* = pôr, colocar).

DA EMISSÃO E DA FORMA DA LETRA DE CÂMBIO

Nova tradução	Tradução oficial
Art. 1º A letra de câmbio deve conter:[1-7]	1. a palavra "letra" inserta no próprio texto do título e expressa na língua empregada para a redação desse título;
1. a denominação *letra de câmbio*, inserta no próprio texto do título e expressa na língua em que este for redigido;[8]	
2. a *ordem* pura e simples de pagar uma determinada quantia;[9-11]	2. o *mandato* puro e simples de pagar uma quantia determinada;
3. o nome daquele que deve pagar (*sacado*);[12-13]	3. o nome daquele que deve pagar (sacado);
4. a indicação do vencimento;[14]	4. a época do pagamento;
5. a indicação do lugar do pagamento;[15]	5. a indicação do lugar em que se deve efetuar o pagamento;
6. o nome da pessoa a quem ou à ordem de quem deve ser paga;[16]	6. o nome da pessoa a quem ou à ordem de quem deve ser paga;
7. a indicação da data e do lugar da emissão;[17-18]	7. a indicação da data em que e do lugar onde a letra é passada;
8. a assinatura do emitente (*sacador*).[19-25]	8. a assinatura de quem passa a letra (sacador).

Nova tradução	Tradução oficial
Art. 75. A nota promissória deve conter:	Art. 75. A nota promissória contém:
1. a denominação *nota promissória*, inserta no próprio texto do título e expressa na língua em que este for redigido;	1. a denominação "nota promissória" inserta no próprio texto do título e expressa na língua empregada para a redação desse título;
2. a promessa pura e simples de pagar determinada quantia;	2. a promessa pura e simples de pagar uma quantia determinada;
3. a indicação do vencimento;	3. a época do pagamento;
4. a indicação do lugar do pagamento;	4. a indicação do lugar em que se deve efetuar o pagamento;
5. o nome da pessoa a quem ou à ordem de quem deve ser paga;	5. o nome da pessoa a quem ou à ordem de quem deve ser paga;
6. a indicação da data e do lugar da emissão;	6. a indicação da data em que e do lugar onde a nota promissória é passada;
7. a assinatura do emitente.	7. a assinatura de quem passa a nota promissória (subscritor).

1. REQUISITOS DA CAMBIAL

A cambial é um título de crédito rigorosamente formal, devendo conter determinados requisitos (cláusulas ou declarações), sem os quais o documento não produz efeito como LC ou NP.

O art. 1º enumera oito requisitos da LC, e o art. 75, sete da NP, os quais constituem as *declarações originárias*. O elemento a mais da LC é o nome do sacado.

Nem todas as cláusulas mencionadas nos arts. 1º e 75 são essenciais. Os arts. 2º e 76 ressalvam certas cláusulas, cuja omissão é suprida pela própria lei, como a indicação do vencimento, do lugar do pagamento e do lugar da emissão.

2. CAMBIAL INCOMPLETA

A cambial não precisa estar completa no momento da emissão. Pode o emitente entregá-la incompleta ao beneficiário. Para o exercício do direito, porém, como o protesto e a cobrança, é necessário que o título se apresente completo.

O art. 10 da LU prevê a hipótese de a cambial ser entregue incompleta ao tempo da emissão, dispondo sobre as consequências de seu preenchimento abusivo, ou seja, em desacordo com o convencionado entre o emitente e o beneficiário.

Esclarece Ascarelli que a cambial não precisa estar subscrita pelo emitente para estar completa. É necessária, de um lado, pelo menos uma firma de devedor, *formalmente válida*, seja esta do emitente ou mesmo do aceitante ou de um endossador; de outro, até o momento de sua apresentação, a cambial pode ser completada, quer pelo tomador, quer por um sucessivo portador (ASCARELLI, 1969, p. 25).

De acordo com o art. 3º c/c art. 56 da LS, os requisitos da LC e da NP consideram-se lançados ao tempo da emissão, admitida prova em contrário no caso de má-fé do portador.

Em conformidade com o art. 4º c/c art. 56 da LS, presume-se mandato ao portador para inserir a data e o lugar da emissão na cambial que não os contenha. Confirma essa regra a Súmula n. 387 do STF, segundo a qual a cambial emitida ou aceita com omissões, ou em branco, pode ser completada pelo credor de boa-fé antes da cobrança ou do protesto.

Tais normas de direito interno devem reputar-se em vigor, conforme o disposto no art. 3º da CCL, em que a *forma* da obrigação cambiária é regulada pela lei do país em cujo território tenha sido assumida.

3. REQUISITOS SUBSTANCIAIS E FORMAIS

A doutrina distingue os requisitos da cambial em *substanciais* (materiais ou intrínsecos) e *formais* (ou extrínsecos). Os *formais* compreendem os *essenciais* (isto é, aqueles cuja ausência importa a ineficácia cambiária) e os *naturais* (isto é, aqueles cuja ausência a lei supre com as presunções dos arts. 2º e 76 da LU) (SEGRETO, 2000, p. 111).

4. REQUISITOS SUBSTANCIAIS

Diversamente do disposto quanto aos *requisitos formais*, a LCambial não contém um catálogo expresso dos *requisitos substanciais*. A doutrina italiana identifica-os na *capacidade do agente*, na *livre manifestação da vontade* e na *licitude do objeto*, como nos negócios jurídicos em geral (SEGRETO, 2000, p. 111).

Nessas condições, tem-se por inválida a declaração cambiária firmada pelo incapaz, a eivada de erro, dolo ou coação, a concernente a objeto ilícito ou impossível, e ainda aquela em desacordo com a forma extrínseca, prescrita em lei.

Nos termos da CCL, regulam-se:

I. a *capacidade* da pessoa para obrigar-se cambialmente, pela respectiva lei nacional (art. 2º);

II. a *forma* da obrigação cambiária, pela lei do país em cujo território tenha sido contraída (art. 3º);

III. os *efeitos* da obrigação do devedor principal, pela lei do lugar onde a cambial seja pagável (art. 4º).

5. REQUISITOS FORMAIS

São requisitos formais da LC e da NP os enumerados nos arts. 1º e 75 da LU, respectivamente.

6. CLÁUSULAS FACULTATIVAS

A lei prevê a possibilidade de o emitente inserir no título determinadas *cláusulas facultativas*, como: a cláusula de juros (na cambial à vista ou *a tempo certo da vista*); a cláusula *sem despesas* ou *sem protesto*, pela qual o portador fica exonerado do ônus do protesto para exercer o direito de regresso; a cláusula de apresentação obrigatória da letra ao aceite; e a cláusula de não estar a letra sujeita ao aceite (*letra não aceitável*).

7. DECLARAÇÕES SUCESSIVAS

À medida que o título circula, vai recebendo novas declarações, não essenciais à sua eficácia como cambial, mas todas úteis pelo acréscimo de garantia que aportam à obrigação de pagamento. Tais são o *endosso*, o *aceite* e o *aval*.

O endossante, como oportunamente se verá, pode eximir-se da garantia do aceite ou do pagamento, ou de ambos.

O sacado, dando seu aceite, obriga-se como principal pagador.

O avalista coloca-se na mesma posição daquele cuja obrigação avaliza, sendo assim sua obrigação equiparada à do obrigado principal (aceitante da letra ou emitente da promissória) ou à de um coobrigado de regresso (endossante ou sacador).

8. DENOMINAÇÃO CAMBIAL

A denominação cambial (LC ou NP) deve constar, nos termos da LU, do *próprio texto* do título. Não produz efeito como cambial o título que não contenha, no próprio texto, a correspondente denominação na língua em que este for redigido.

Por exemplo, se redigida em francês, deve a letra de câmbio trazer, no próprio texto, a denominação *lettre de change*; se em inglês, a denominação *bill of exchange*; se em italiano, a denominação *cambiale*.

Se a LC for redigida em português, deve conter no próprio texto a palavra *letra*, segundo a tradução oficial portuguesa da LU, ou as palavras *letra de câmbio*, de acordo com a tradição do Direito brasileiro.

Na aplicação dessa norma, não se deve usar de excessivo rigor, tanto mais que, nessa questão, os doutos divergem. Seria render culto exagerado ao formalismo considerar ineficaz a cambial que, sacada no Brasil, contenha a denominação *letra de câmbio*, como é tradicional no Direito brasileiro, em lugar de *letra* simplesmente, como está na TO.

Em contrapartida, também seria demasiado formalismo considerar ineficaz a cambial que, sacada no Brasil, contenha a simples palavra *letra*, em lugar de *letra de câmbio*, como o título é designado no Brasil desde o Código Comercial e o Decreto 2.044/08, bem como na legislação posterior ao Decreto Legislativo n. 54/64 (*v.* nota 1 à epígrafe do Título I, *supra*). No mesmo sentido: Boiteux (2002, p. 61); Rosa Júnior (2009, p. 122); e Ulhoa Coelho (2010, vol. I, p. 402).

9. ORDEM OU PROMESSA DE PAGAR

Outro requisito é a *ordem* ou *a promessa de pagar* determinada quantia. Na NP, o emitente promete pagar diretamente; na LC, o emitente promete, implicitamente, pagar o título no vencimento (obrigação *ex lege*), caso o sacado não o faça.

A palavra *mandat*, do original francês, foi traduzida na versão oficial portuguesa por *mandato*, quando é de *ordem* ou *mandado* que se cuida (no texto inglês, *unconditional order to pay*).

A *ordem* ou a promessa de pagamento deve ser *pura e simples*, isto é, não subordinada a condição, em sentido amplo. Assim, não pode a ordem ou a promessa de pagar ser subordinada ao cumprimento de uma contraprestação.

9.1. Nota promissória vinculada a contrato

Como mencionamos, não pode a ordem ou a promessa de pagar estar subordinada ao cumprimento de uma contraprestação.

A referência à relação jurídica fundamental, que não chegue a condicionar o cumprimento da obrigação, não invalida a cambial, mas só produz efeito entre as partes interessadas (ASQUINI, 1966, p. 180).

Esse tipo de declaração é muito comum nas NP que representam prestações, como as emitidas em conexão com promessas de compra e venda de imóveis, que, na prática e na jurisprudência brasileiras, se convencionou chamar de *vinculadas*.

Questão interessante é saber se esses títulos, *vinculados* a um contrato subjacente, perdem a sua autonomia; em outras palavras, se, contra endossatário de boa-fé, pode ser oposta defesa com base no descumprimento da obrigação a que o título se refere.

De acordo com os princípios cambiais (ASQUINI, 1966, p. 180), o negócio jurídico subjacente pode ser discutido *inter partes*, mas não pode ser oposto ao terceiro de boa-fé.

No entanto, a jurisprudência do Superior Tribunal de Justiça (STJ) sobre a matéria parece distinguir duas situações: a) se o negócio jurídico subjacente constitui crédito líquido; b) se o negócio jurídico subjacente não constitui crédito líquido.

Assim, por exemplo, decidiu o STJ em um caso em que se discutia a executividade de uma NP vinculada a contrato de confissão de dívida: "Consoante entendimento desta Corte, o fato de achar-se a nota promissória vinculada a contrato não a desnatura como título executivo extrajudicial" (STJ, REsp. n. 259.819/PR, rel. Min. Jorge Scartezzini, *DJ* 05.02.2007, p. 237).

Todavia, de acordo com a Súmula n. 258 do STJ, a NP vinculada a contrato de abertura de crédito não goza de autonomia em razão da iliquidez do título que a originou.

10. ORDEM DE PAGAMENTO

A LU, por força da tradição, refere-se à *ordem de pagamento*, muito embora o sacado, enquanto não aceitante, não tenha obrigação cambial alguma de acatá-la.

Se, por contrato, houver sido pactuada obrigação dessa natureza, deverá ser exigido seu cumprimento com base no DComum, e não no DCambial.

A *ordem* do sacador não tem outro efeito senão de autorizar o pagamento, como na *delegação para pagar*. O sacado não assume, só por isso, a qualidade de obrigado cambiário (ASQUINI, 1966, p. 179).

Pode a *ordem* ser expressa com um "pague", "pagará V. Sa." ou, mais polidamente, com um "favor pagar", "queira pagar".

11. OBJETO DO PAGAMENTO

O objeto do pagamento é determinada quantia em dinheiro. Embora a lei não se refira a *quantia em dinheiro*, está implícito que se trata de *obrigação pecuniária* – no original inglês, *determinate sum of money*; na LS, *soma de dinheiro a pagar* (art. 1º, II).

Ao contrário do que dispunha a LS, no arts. 1º, *caput*, e 54, *caput*, a LU não exige que a importância a pagar seja lançada por extenso, mesmo que já tenha sido lançada em algarismos.

O art. 6º da LU, como se verá, não invalida a cambial em que haja divergência entre a soma lançada em algarismos e a lançada por extenso, ou entre as somas lançadas mais de uma vez, quer em algarismos, quer por extenso, dando soluções para sanar essas discrepâncias.

12. NOME DO SACADO

O terceiro requisito, na LC, é o nome do sacado. Enquanto não aceitante, o sacado não é *cambialmente obrigado*. Pela mesma razão apontada a respeito da inadequação da fórmula *ordem de pagamento*, é inadequada a expressão *nome daquele que deve pagar*, constante dos textos legais, inclusive dos padrões oficiais da LU.

Deve-se tal fórmula mais à tradição do que a alguma consideração de ordem dogmática, salvo, talvez, no Direito francês. Na França, em virtude da *provisão* que o sacador deve possuir em poder do sacado ao tempo do vencimento, considera-se o primeiro *credor*, à semelhança do emitente do Ch, que possua fundos disponíveis no banco sacado.

A LCambial italiana refere-se, com propriedade, ao "nome daquele que é designado para pagar" (*il nome di chi è designato a pagare*). Tal fórmula deve ser considerada adequada também no Brasil, porque o sacado não é obrigado cambial antes do aceite.

13. IDENTIFICAÇÃO DOCUMENTAL DO DEVEDOR

A Lei n. 6.268/75, que dispunha sobre a averbação, no registro de protesto, do pagamento de títulos protestados, estabeleceu devessem os títulos cambiais e as duplicatas conter o número de documento de identificação do devedor (art. 3º).

A matéria está hoje disciplinada na LP. Nos termos de seu art. 22, o registro do protesto e seu instrumento devem mencionar o número do documento de identificação e o endereço do devedor (inciso VII), considerando-se *devedor*, entre outros, o emitente, na NP, e o sacado, na LC ou na Dp, como declara o art. 21, § 4º.

Confirmando essa regra, estabelece o art. 27, § 1º, que, das certidões de protesto, deve constar a identificação do devedor pelo número de sua cédula de identidade (RG) ou inscrição fiscal (CPF ou CNPJ), cabendo ao requerente do protesto fornecer esses dados, sob pena de recusa.

A finalidade da lei, quanto à identificação precisa do devedor, é evitar as consequências indesejáveis da homonímia no registro de protesto; quanto ao endereço, evitar a intimação por edital.

Como a identificação do sacado ou do emitente diz respeito à *forma do protesto*, vem ao caso o art. 8º da CCL, segundo o qual a *forma* e os *prazos* do protesto obedecem à lei do país em cujo território se deva realizar. Portanto, deve reputar-se válida, perante o direito internacional, a exigência da lei brasileira quanto à identificação documental do sacado, na LC, e do emitente, na NP, para fins de protesto no território nacional.

Também na Itália, uma Lei de 2002 exige a indicação, no texto da cambial, do lugar e da data de nascimento do sacado, na LC, ou do emitente, na NP, ou, alternativamente, do respectivo código fiscal.

14. VENCIMENTO

Outro requisito é a indicação do vencimento. A lei admite quatro modalidades de vencimento da cambial (art. 33): *à vista* (isto é, contra a apresentação); *a tempo certo da vista* (isto é, a tantos dias ou meses da data da apresentação ao aceite do sacado, ou ao *visto* do emitente da NP); *a tempo certo da data* (isto é, a tantos dias ou meses da data da emissão); e *a dia certo* (isto é, com a especificação do dia, mês e ano do vencimento).

A indicação do vencimento é requisito não essencial, uma vez que, nos termos dos arts. 2º e 76, considera-se à vista o título que não indique o vencimento.

15. LUGAR DO PAGAMENTO

Por *lugar* de pagamento, deve-se entender o *município* onde a cambial é pagável.

A LCambial italiana encerra disposição interpretativa, segundo a qual se considera *lugar do pagamento*, para os efeitos legais, o território da comuna, equivalente, *grosso modo*, ao nosso município (art. 99).

Dispõe ainda, no art. 44, também de caráter interpretativo, que a cambial deve ser apresentada a pagamento *no lugar e no endereço* nela indicados, e, na falta desse endereço, no domicílio do sacado ou do terceiro indicado para efetuar o pagamento.

Essa interpretação parece válida também no Brasil. Assim, na falta de indicação precisa do local onde deva ser paga a obrigação, deve o pagamento ser procurado no domicílio do sacado ou do devedor principal (obrigação *quérable*).

O lugar do pagamento determina a competência territorial do tabelionato de protesto. No plano do direito internacional, estabelece o art. 4º da CCL que os *efeitos* das obrigações do obrigado principal são determinados pela lei do país onde o título seja pagável.

16. NOME DO BENEFICIÁRIO

A LC *ao portador* era admitida na LS, mas, no sistema da LU, é essencial a indicação do nome do beneficiário, que pode ser o próprio sacador (art. 3º), sendo também obrigatória a designação do beneficiário na NP.

17. LUGAR DA EMISSÃO

O lugar da emissão é relevante no plano internacional, pois, de acordo com o art. 3º da CCL, a *forma* da obrigação cambiária é regulada pela lei do país em cujo território tenha sido assumida.

Esse elemento é de indicação suprível, uma vez que a lei, na sua falta, considera lugar da emissão o lugar designado junto ao nome do emitente (arts. 2º e 76). Se também não constar designação de lugar junto ao nome emitente, o escrito não produzirá o efeito como cambial.

18. DATA DA EMISSÃO

Ao contrário do disposto quanto ao lugar da emissão, a lei não contém norma supletiva da falta de *data da emissão*, sendo tal elemento necessário e, portanto, não produzirá efeito como cambial o documento sem esse requisito.

A data da emissão é importante como dado temporal para aferir a capacidade do emitente. Além disso, é a partir da data da emissão que se conta o prazo para apresentação ao aceite da letra *a tempo certo da vista* (art. 23). É também da data da emissão que começa a correr o prazo para apresentação a pagamento da cambial à vista (art. 34), assim como o prazo de vencimento da cambial *a tempo certo da data* (art. 36). Mais ainda, se o título contém cláusula de juros, começam estes a fluir, salvo indicação em contrário, da data da emissão (art. 5º).

19. ASSINATURA DO EMITENTE

O último requisito, que encerra a feitura da cambial, é a assinatura do emitente, que deve ser de próprio punho (*assinatura autógrafa*), como dispõem os arts. 1º, V, e 54, IV, da LS, normas que podem ser consideradas integrativas do direito uniforme, não se admitindo, pois, impressão digital ou assinatura a rogo.

Com efeito, segundo o disposto no art. 3º da CCL, a *forma* da obrigação cambiária é regulada pela lei do país em cujo território tenha sido assumida.

20. NOME DO EMITENTE

Embora a LU só se refira à *assinatura* do emitente, e não a seu *nome e assinatura*, a doutrina e a jurisprudência, na Itália, têm reputado essencial a indicação do nome do emitente.

O princípio da literalidade torna indispensável que, no próprio título, se possa identificar o subscritor, não bastando, para tanto, a simples assinatura (SEGRETO, 2000, p. 133).

A LCambial italiana contém disposição segundo a qual toda subscrição cambiária deve conter o nome e o sobrenome ou a firma (nome comercial) de quem se obriga (art. 8º).

Não nos convence essa tese. Em primeiro lugar, como referido, o princípio orientador que inspirou os formuladores da LU foi reduzir ao mínimo as hipóteses de nulidade da cambial, em benefício da circulação do crédito.

Em segundo lugar, se a menção do nome do emitente fosse de fato necessária, a LU não seria omissa em questão de tamanha importância. Basta que, pela assinatura, se possa identificar o emitente. Ainda que sua assinatura seja ilegível ou se trate da assinatura de uma pessoa fictícia, nem por isso deixam de ser válidas as obrigações dos demais signatários (LU, art. 7º). No mesmo sentido, Whitaker (1963, p. 63).

21. ASSINATURA POR MANDATÁRIO

A LS, de modo amplo, prevê a assinatura por mandatário especial (*rectius*: mandatário com poderes especiais) do signatário da cambial (sacador ou emitente, aceitante, endossante ou avalista).

A assinatura por mandatário ou representante legal está autorizada implicitamente no art. 8º da LU, que trata das consequências da assinatura aposta na cambial por aquele que a assina em nome de outrem sem estar devidamente autorizado.

Seria um embaraço à circulação do crédito exigir que o portador exiba, com o título, a procuração de seu endossante ou do emitente. Por isso, a doutrina, conforme se verá oportunamente a respeito do endosso (art. 16, nota 4), considera dispensável tal apresentação. No mesmo sentido, Whitaker (1963, p. 81).

O adquirente do título faz bem, contudo, em verificar os poderes do emitente ou endossador, para se prevenir contra eventual alegação de nulidade por parte daquele em cujo nome foi a declaração cambiária subscrita.

O sacado ou o devedor tem obrigação de verificar os poderes daquele que se apresenta como representante do credor antes de pagar o título (v. art. 39, nota 3).

22. ANALFABETO OU IMPOSSIBILITADO DE ASSINAR

Em se tratando de analfabeto, pode a cambial ser subscrita por procurador com poderes especiais, outorgados por instrumento público; idem, em relação ao cego ou, de modo mais amplo, ao impossibilitado de assinar (FRAN MARTINS, 1985, vol. I, n. 29, *f*).

23. MENOR

Contrair obrigação cambiária é ato que ultrapassa os limites de simples administração, razão pela qual não podem os pais, no exercício do poder de representação dos filhos menores (CCiv, art. 1.690), salvo autorização judicial (art. 1.691), firmar, em nome deles, obrigação cambiária. No mesmo sentido, quanto ao poder familiar, está o trabalho de Whitaker (1963, p. 78, nota 99).

No entanto, a obrigação cambial assumida por menor relativamente incapaz pode ser confirmada nos termos dos arts. 172 a 176 do CCiv, e será válida, independentemente de confirmação, se houver sido assumida por menor entre 16 e 18 anos de idade que haja declarado ser maior ou ocultado dolosamente sua idade (CCiv, art. 180).

24. CHANCELA MECÂNICA

O Brasil formulou a reserva prevista no An2, art. 2º, que faculta a cada país, no que respeita às obrigações em matéria cambial contraídas em seu território, determinar a maneira de suprir a falta de assinatura, "desde que por uma declaração autêntica escrita na letra se possa constatar a vontade daquele que deveria ter assinado". Essa norma é extensiva à NP, por força da reserva prevista no An2, art. 20, também subscrita pelo Governo brasileiro.

Assim, poderá o Brasil, valendo-se da reserva, dispor sobre a assinatura da cambial por chancela mecânica, a exemplo da autorização existente em matéria de Ch (FRAN MARTINS, 1985, vol. I, n. 20, *a*).

A Lei n. 5.589/70 autoriza o uso de chancela mecânica para a autenticação da firma do sacador de duplicata, bem como da assinatura de quaisquer documentos firmados pelas instituições financeiras (art. 1º).

Podem, assim, as instituições financeiras sacar, emitir, endossar, aceitar ou avalizar cambiais por meio de chancela mecânica, observadas as disposições legais específicas.

25. ASSINATURA DIGITAL

A Medida Provisória n. 2.200-2, de 2001, dispõe sobre a certificação de documentos públicos ou particulares em forma eletrônica, que envolve a certificação da assinatura digital.

Esse ato continua em vigor, por força do disposto no art. 2º da Emenda Constitucional n. 32/2001, segundo o qual as medidas provisórias editadas em data anterior à publicação dessa Emenda continuam em vigor até que outra medida provisória as revogue explicitamente ou até deliberação definitiva do Congresso Nacional.

Isso posto, coloca-se a questão de saber se a *assinatura autógrafa* da cambial pode ser suprida pela *assinatura digital.*

O CCiv prevê a possibilidade de o título de crédito ser emitido em forma eletrônica (art. 889, § 3º), mas essa norma não se estende aos títulos cambiais, por estarem sujeitos a lei especial (art. 903). Considerando-se ainda que a Medida Provisória regula unicamente a certificação de documentos eletrônicos, parece que, também no Direito brasileiro, a assinatura digital não supre a assinatura autógrafa da cambial.

Nova tradução	Tradução oficial
Art. 2º Não produzirá efeito como letra de câmbio o título a que faltar qualquer dos requisitos enumerados no artigo anterior, salvo o disposto nas alíneas seguintes.[1]	Art. 2º O escrito em que faltar algum dos requisitos indicados no artigo anterior não produzirá efeito como letra, salvo nos casos determinados nas alíneas seguintes:
Considera-se à vista a letra sem indicação do vencimento.	A letra em que se não indique a época do pagamento entende-se pagável à vista.
Na falta de indicação especial, considera-se o lugar designado junto ao nome do sacado como o lugar do pagamento e, ao mesmo tempo, como o do domicílio do sacado.	Na falta de indicação especial, o lugar designado ao lado do nome do sacado considera-se como sendo o lugar do pagamento, e, ao mesmo tempo, o lugar do domicílio do sacado.
Considera-se emitida no lugar designado junto ao nome do sacador a letra que não indique o lugar de sua emissão.	A letra sem indicação do lugar onde foi passada considera-se como tendo-o sido no lugar designado, ao lado do nome do sacador.

Nova tradução	Tradução oficial
Art. 76. Não produzirá efeito como nota promissória o título a que faltar qualquer dos requisitos enumerados no artigo anterior, salvo o disposto nas alíneas seguintes.	Art. 76. O título em que faltar algum dos requisitos indicados no artigo anterior não produzirá efeito como nota promissória, salvo nos casos determinados das alíneas seguintes.
Considera-se à vista a nota promissória sem indicação do vencimento.	A nota promissória em que não se indique a época do pagamento será considerada pagável à vista.
Na falta de indicação especial, considera-se o lugar da emissão como o lugar do pagamento e, ao mesmo tempo, como o do domicílio do emitente.	Na falta de indicação especial, lugar onde o título foi passado considera-se como sendo o lugar do pagamento e, ao mesmo tempo, o lugar do domicílio do subscritor da nota promissória.
Considera-se emitida no lugar designado junto ao nome do emitente a nota promissória que não indique o lugar de sua emissão.	A nota promissória que não contenha indicação do lugar onde foi passada considera-se como tendo-o sido no lugar designado ao lado do nome do subscritor.

1. INDICAÇÕES SUPRÍVEIS

Após declarar, no art. 2º, que o título a que faltar qualquer dos requisitos indicados no art. 1º não produzirá efeito como LC, a lei ressalva a exigência, dispondo sobre o modo de suprimento das seguintes indicações: o vencimento, o lugar em que a letra é pagável e o lugar da emissão. Disposição análoga contém o art. 76, relativa à NP.

Assim, à míngua de indicação do vencimento, considera-se à vista a cambial. Não indicado o lugar do pagamento, considera-se como tal o lugar designado junto ao nome do sacado, na LC, ou do emitente, na NP, que será também considerado o lugar de seu domicílio.

Não indicado o lugar da emissão, considera-se a cambial emitida no lugar designado junto ao nome do emitente. Se igualmente não estiver designado nenhum lugar junto ao nome do emitente, o documento não produzirá efeitos como cambial.

Nova tradução	Tradução oficial
Art. 3º A letra pode ser sacada:	Art. 3º A letra pode ser a ordem do próprio
– à ordem do próprio sacador;[1-2]	sacador.
– sobre o próprio sacador;[3]	Pode ser sacada sobre o próprio sacador.
– por conta de terceiro.[4]	Pode ser sacada por ordem e conta de terceiro.

1. LETRA À ORDEM DO SACADOR

A LCambial admite expressamente a letra sacada à ordem do próprio sacador, ou seja, a LC em que o sacador se designe beneficiário.

Como as declarações cambiárias são atos unilaterais, não se confunde a figura do sacador com a do beneficiário, que, embora sejam a mesma pessoa, ocupam posições jurídicas distintas.

2. NOTA PROMISSÓRIA À ORDEM DO EMITENTE

O art. 3º, que autoriza a emissão de LC à ordem do próprio sacador, não está incluído entre as normas sobre esse título de crédito aplicáveis à NP, arroladas no art. 77. Assim, põe-se a questão da possibilidade jurídica de ser a NP emitida a favor do próprio emitente.

Na Itália, segundo Segreto, não só a doutrina majoritária, como também a jurisprudência, inclusive a da Corte de Cassação, tem considerado inadmissível a emissão de NP em que o emitente se designe beneficiário, por falta de amparo legal, porquanto o art. 3º, que permite a emissão de LC à ordem do sacador, não está catalogado entre as normas aplicáveis à NP (SEGRETO, 2000, p. 124).

A lei admite a emissão de LC à ordem do sacador, porque este pode precisar do aceite para negociar o título e, assim, realizar antecipadamente seu valor, motivo inexistente em relação à NP.

Ainda de acordo com a doutrina italiana, não parece aplicável por analogia uma norma de natureza excepcional, como é a do art. 3º da LCambial, pois o emitente da NP, assumindo o papel de beneficiário e endossando-a em branco, acabaria por obter resultado análogo ao da emissão de título ao portador, não consentida na LCambial.

Nessas condições, a NP ao portador – acrescenta o jurista italiano – transformar-se-ia em título concorrente com a *nota de banco* (papel-moeda emitido por um banco de depósito, com lastro em metal nobre, como o ouro e a prata).

Remonta ao primeiro quartel do século XVIII a proibição de emitir cambiais ao portador. Segundo Julliot De La Morandière, a interdição tem raiz em uma carta real de 1716, que conferia a John Law o privilégio exclusivo de emissão de papel-moeda ("bilhetes do Banco Real") na França, vedando, consequentemente, a emissão de cambial ao portador, que poderia concorrer com as notas ou bilhetes de banco (apud REQUIÃO, 2003, vol. II, n. 540).

A LS, que permitia expressamente a emissão de LC ao portador, tornava aplicáveis à NP, *mutatis mutandis*, todos os dispositivos sobre a primeira, exceto os referentes ao aceite e aos exemplares múltiplos (art. 56), admitindo, pois, implicitamente, a emissão de NP à ordem do próprio emitente.

Como a LU não admite a NP ao portador, ficou revogada a disposição permissiva da LS, não sendo lícita, assim, também no Direito brasileiro, a emissão de NP ao portador.

3. LETRA SACADA SOBRE O SACADOR

Pelo mesmo princípio segundo o qual o sacador pode designar-se beneficiá-rio, é-lhe facultado indicar-se a si mesmo como sacado. Com tal expedien-te, pode o sacador aceitar a letra e negociá-la de pronto, sem depender do aceite de terceiro.

4. LETRA SACADA POR CONTA DE TERCEIRO

A LCambial admite a LC sacada por conta de terceiro. O terceiro, indicado no título, não é cambialmente obrigado, porque não assina declaração cambial alguma.

A utilidade desse tipo de saque pode ser ilustrada quando: *A*, credor de *B*, é devedor de *C*, que, por sua vez, é devedor de *D*. *A* emite uma letra contra *B*, pagável a *D*, por conta de *C*.

A letra pode ser redigida nestes termos: "No vencimento, queira pagar por esta Letra de Câmbio a importância acima indicada a *D*, por conta de *C*". Pagando a *D*, *B* extingue, ao mesmo tempo, sua dívida com *A* e, até a concorrente quantia, a de *A* com *C* e a de *C* com *D*.

Nova tradução	Tradução oficial
Art. 4º A letra pode ser pagável no domicílio de terceiro,[1] quer na localidade onde o sacado tenha domicílio, quer noutra localidade.	Art. 4º A letra pode ser pagável no domicílio de terceiro, quer na localidade onde o sacado tem o seu domicílio, quer noutra localidade.

1. CAMBIAL DOMICILIADA

Diz-se *domiciliada* a cambial pagável no domicílio de terceiro, comumente um estabelecimento bancário. A lei admite a cambial *domiciliada*, pela qual o emitente, ou o aceitante (art. 27), designa como lugar do pagamento o domicílio de terceiro, dito *domiciliatário*, quer na mesma localidade em que o emitente ou o sacado possua domicílio, quer noutra localidade.

A *domiciliação* pode assumir duas formas: a simples e a qualificada. Con-siste a primeira na mera indicação do domicílio de terceiro como lugar do pagamento. Na segunda, o emitente ou o aceitante designa o terceiro incumbido de pagar o título. O *domiciliatário* não assume nenhuma responsabilidade cambial; limita-se a atuar como representante do emitente ou do obrigado principal. Hoje em dia, esse mecanismo é facilitado pelo sistema de liquidação e compensação interbancária, previsto no art. 38.

Nova tradução	Tradução oficial
Art. 5º Na letra à vista ou *a tempo certo da vista*, pode o sacador estipular que sua importância vencerá juros,[1] considerando-se não escrita a estipulação de juros em qualquer outra espécie de letra. A taxa de juros deve ser indicada na letra, reputando-se não escrita, na falta de indicação, a cláusula de juros. Não indicada outra data, contam-se os juros da data da letra.	Art. 5º Numa letra pagável à vista ou a um certo termo de vista, pode o sacador estipular que a sua importância vencerá juros. Em qualquer outra espécie de letra, a estipulação de juros será considerada como não escrita. A taxa de juros deve ser indicada na letra; na falta de indicação, a cláusula de juros é considerada como não escrita. Os juros contam-se da data da letra, se outra data não for indicada.

1. CLÁUSULA DE JUROS

A lei admite a estipulação de juros, pelo emitente, na cambial à vista ou *a tempo certo da vista*. Contam-se os juros, se outra data não for indicada, da data da cambial, ou seja, no Direito brasileiro, da data da emissão.

Nova tradução	Tradução oficial
Art. 6º A letra, cuja quantia estiver lançada simultaneamente por extenso e em algarismos, valerá, em caso de divergência, pela que estiver lançada por extenso. Indicada a quantia a pagar por mais de uma vez, quer por extenso, quer em algarismos, valerá a letra, em caso de divergência, pela menor quantia.[1]	Art. 6º Se na letra a indicação da quantia a satisfazer se achar feita por extenso e em algarismos, e houver divergência entre uma e outra, prevalece a que estiver feita por extenso. Se na letra a indicação da quantia a satisfazer se achar feita por mais de uma vez, quer por extenso, quer em algarismos, e houver divergências entre as diversas indicações, prevalecerá a que se achar feita pela quantia inferior.

1. VALORES DIVERGENTES

A lei não invalida a cambial emitida com indicação de valores divergentes, dando, no art. 6º, solução para os casos de divergência:

a. Havendo divergência entre a quantia indicada em algarismos e a indicada por extenso, prevalecerá a última.

b. Se a indicação da quantia a pagar se achar feita por mais de uma vez, seja por extenso, seja em algarismos, e houver divergência, prevalecerá a menor.

A primeira hipótese não oferece dificuldade de interpretação. Quanto à segunda, se a importância a pagar estiver escrita mais de uma vez por extenso, ou mais de uma vez em algarismos, e houver divergência de valores, a letra valerá pela menor quantia.

Por exemplo, se em uma letra de câmbio a importância a pagar estiver expressa duas vezes em algarismos, a primeira como US$ 20.000, e a segunda como US$ 18.000, prevalecerá a menor quantia, ou seja, US$ 18.000.

Nova tradução	Tradução oficial
Art. 7º Se a letra contiver assinaturas de pessoas incapazes de se obrigarem cambialmente, assinaturas falsas ou assinaturas de pessoas fictícias, ou assinaturas que, por qualquer outra razão, não possam obrigar as pessoas que a assinaram, ou em nome das quais foi assinada, as obrigações dos demais signatários serão, não obstante, válidas.[1]	Art. 7º Se a letra contém assinaturas de pessoas incapazes de se obrigarem por letras, assinaturas falsas, assinaturas de pessoas fictícias, ou assinaturas que por qualquer outra razão não poderiam obrigar as pessoas que assinaram a letra, ou em nome das quais ela foi assinada, as obrigações dos outros signatários nem por isso deixam de ser válidas.

1. AUTONOMIA DAS OBRIGAÇÕES

A norma transcrita constitui aplicação do *princípio da autonomia das obrigações cambiárias*. A LS o enuncia expressamente, ao declarar que "as obrigações cambiais são autônomas e independentes umas das outras" (art. 43).

Por isso, a nulidade de uma obrigação, por falsidade ou falsificação de assinatura, por incapacidade do signatário ou por qualquer outra causa, não se comunica às obrigações dos demais signatários.

Citamos um exemplo de Eunápio Borges:

> É falsa a assinatura do emitente de uma nota promissória ou é absolutamente incapaz o emitente; apesar disso, o título foi avalizado, circulou por meio de diversos endossos etc. Nada poderá o portador exigir do emitente, aparente ou incapaz, mas poderá cobrar tudo dos outros signatários, dos avalistas do emitente, inclusive (BORGES, 1971, p. 49).

Nesse exemplo, apesar de intrinsecamente irregular a declaração do emitente, a NP se apresenta a terceiros formal e extrinsecamente regular, vinculando cambialmente, por isso, os demais signatários.

Nova tradução	Tradução oficial
Art. 8º Aquele que apuser sua assinatura na letra, sem ter poderes para tanto, ou excedendo os que lhe foram conferidos, fica obrigado cambialmente em seu próprio nome e, se a pagar, terá os mesmos direitos que o suposto representado.[1]	Art. 8º Todo aquele que apuser a sua assinatura numa letra, como representante de uma pessoa, para representar a qual não tinha de fato poderes, fica obrigado em virtude da letra e, se a pagar, tem os mesmos direitos que o pretendido representado. A mesma regra se aplica ao representante que tenha excedido os seus poderes.

1. REPRESENTAÇÃO DEFEITUOSA

Também por aplicação do princípio da autonomia das obrigações, fica o representante sem poderes, seja a título de mandato, seja a título de representação legal, pessoalmente vinculado à obrigação que firmou em nome de outrem, como se a tivesse firmado em seu próprio nome.

Aplica-se a regra tanto ao representante que assina sem ter poderes como ao que os excede. Pagando o título, tem o falso representante os mesmos direitos que a pessoa em cujo nome assinou.

Nova tradução	Tradução oficial
Art. 9º O sacador responde pelo aceite e pelo pagamento.[1] Pode o sacador eximir-se da responsabilidade pelo aceite, reputando-se, porém, não escrita qualquer cláusula excludente de sua responsabilidade pelo pagamento.[2]	Art. 9º O sacador é garante tanto da aceitação como do pagamento de letra. O sacador pode exonerar-se da garantia da aceitação; toda e qualquer cláusula do pagamento considera-se como não escrita.

1. RESPONSABILIDADE DO SACADOR

O sacador, embora não prometa diretamente o pagamento, promete fato de terceiro (isto é, o pagamento pelo sacado), donde ser o sacador considerado por lei responsável pelo aceite e pelo pagamento, no caso de o sacado não aceitar ou não pagar.

2. EXONERAÇÃO PARCIAL

A lei admite que o sacador se exonere da garantia pelo aceite, mas considera não escrita qualquer cláusula excludente de sua responsabilidade pelo pagamento.

Nova tradução	Tradução oficial
Art. 10. Se a letra, incompleta ao tempo da emissão, tiver sido completada contrariamente ao pactuado, não pode a inobservância do ajuste ser oposta ao portador,[1] salvo se este adquiriu o título de má-fé ou, em sua aquisição, procedeu com culpa grave.[2-5]	Art. 10. Se uma letra incompleta no momento de ser passada tiver sido completada contrariamente aos acordos realizados não pode a inobservância desses acordos ser motivo de oposição ao portador, salvo se este tiver adquirido a letra de má-fé ou, adquirindo-a, tenha cometido uma falta grave.

1. CULPA GRAVE

A expressão *falta grave*, constante da versão oficial portuguesa, é tradução literal de *faute lourde*, do original francês, que juridicamente significa *culpa grave* (no original inglês, *gross negligence*; na LCambial italiana, *colpa grave*). No mesmo sentido, Fran Martins (1985, vol. I, n. 21, nota à LU, art. 10).

2. CAMBIAL INCOMPLETA

O art. 10 prevê a hipótese de a cambial estar incompleta ao tempo da emissão, declarando inoponível ao terceiro de boa-fé a exceção de preenchimento abusivo, ou seja, o de ter sido completada em desacordo com o convindo entre o emitente e o beneficiário ou entre o emitente e o aceitante.

3. RESERVA

O Brasil subscreveu a reserva autorizada pelo An2, art. 3º, que faculta a cada país inserir, ou não, o art. 10 da LU em sua lei nacional.

Dispõe a LS, no art. 3º c/c art. 56, que os requisitos da cambial se consideram lançados ao tempo da emissão, admitida prova em contrário em caso de má-fé do portador.

Na omissão da LU, entende-se em vigor, em face da reserva, o disposto na LS, de conteúdo mais amplo que o da LU. Enquanto esta se limita à hipótese de acordo existente sobre o preenchimento da cambial, a LS prescinde da existência de ajuste, protegendo, pelo princípio da literalidade, o possuidor de boa-fé (MERCADO JÚNIOR, 1971, p. 79).

4. MANDATO PRESUMIDO

Nos termos da LS, art. 4º c/c art. 54, § 1º, presume-se mandato ao portador para inserir a data e o lugar da emissão, na cambial que não os contenha.

Por se tratar de *forma* da obrigação, essa norma deve considerar-se também em vigor, nos termos do CCL, art. 3º, segundo o qual a *forma* da obrigação cambiária é regulada pela lei do país em cujo território tenha sido contraída.

5. SÚMULA 387

Corrobora esse entendimento a Súmula n. 387 do STF, segundo a qual a cambial emitida ou aceita com omissões, ou em branco, pode ser completada pelo credor de boa-fé antes da cobrança ou do protesto.

Capítulo II

DO ENDOSSO

Nova tradução	Tradução oficial
Art. 11. Toda letra de câmbio, mesmo que não contenha expressamente a cláusula *à ordem*, é transmissível por endosso.[1-3] Quando o sacador tiver inserido na letra cláusula *não à ordem*,[4] ou expressão equivalente, o título não será transmissível senão pela forma e com os efeitos de cessão de Direito comum. O endosso pode ser feito mesmo a favor do sacado, aceitante ou não, do sacador, ou de qualquer outro obrigado,[5] os quais podem reendossar.[6]	Art. 11. Toda letra de câmbio, mesmo que não envolva expressamente a cláusula à ordem, é transmissível por via de endosso. Quando o sacador tiver inserido na letra as palavras "não à ordem", ou uma expressão equivalente, a letra só é transmissível pela forma e com os efeitos de uma cessão ordinária de créditos. O endosso pode ser feito mesmo a favor do sacado, aceitando ou não, do sacador, ou de qualquer outro coobrigado. Estas pessoas podem endossar novamente a letra.

1. CONCEITO

Endosso é a declaração inserida em um título de crédito, pela qual o portador (*endossante*) autoriza o sacado ou devedor a pagar a outrem a importância mencionada no título.

É o modo específico de transmissão dos títulos de crédito à ordem. Toda cambial, mesmo que não contenha expressamente a cláusula *à ordem*, é transmissível por endosso.

2. ENDOSSO E CESSÃO COMUM

O *endosso* difere da *cessão* de DComum, porque, neste, o cessionário adquire direito derivado, e, no DCambial, o endossatário adquire direito originário e autônomo. Por isso, a posse do endossatário não é afetada por vício de precedente posse, nem seu direito restringido por limitações do direito de nenhum possuidor anterior. Essa norma derroga a do DComum, conforme a qual o cessionário recebe o direito com as restrições próprias do direito do transmitente (*nemo plus juris transferre potest quam ipse habet*), podendo, assim, opor ao cessionário as exceções que, contra o cedente, lhe competirem (CCiv, art. 294).

3. FUNÇÕES DO ENDOSSO

O endosso desempenha dupla função: a *translativa* e a de *garantia*. Pela primeira, que é sua função específica, o endosso transfere a propriedade do título, ou, nos termos da LU, todos os direitos dele resultantes (art. 14); pela segunda, elidível mediante cláusula em contrário, o endossante é responsável pelo aceite e pelo pagamento do título.

4. CLÁUSULA *NÃO À ORDEM*

A lei admite que o emitente, pela cláusula *não à ordem*, torne a cambial *não endossável*, caso em que não será transmissível senão pela forma e com os efeitos de cessão de DComum.

Nesse caso, o emitente poderá opor a qualquer endossatário as defesas que tiver, como se de cessão de direito se tratasse.

5. ENDOSSO DE RETORNO

A lei faculta o endosso a favor do sacado ou de qualquer signatário da cambial, inclusive o aceitante. Diz-se *de retorno* o endosso a favor de pessoa já mencionada no título, na qualidade de obrigado ou não.

6. REENDOSSO

Sendo o título endossado, o primeiro endossante é necessariamente o beneficiário ou tomador. O primeiro endossatário pode reendossar, e assim sucessivamente.

Nova tradução	Tradução oficial
Art. 12. O endosso deve ser puro e simples, reputando-se não escrita qualquer condição a que seja subordinado.[1] É nulo o endosso parcial.[2] Vale como ao portador endosso em branco.	Art. 12. O endosso deve ser puro e simples. Qualquer condição a que ele seja subordinado considera-se como não escrita. O endosso parcial é nulo. O endosso ao portador vale como endosso em branco.

1. REQUISITO INTRÍNSECO

O endosso deve ser *puro e simples* (isto é, incondicional). A lei considera não escrita qualquer condição (*lato sensu*) a que seja subordinado. Assim, considera-se não escrita a cláusula que subordine o endosso ao cumprimento de uma contraprestação.

2. ENDOSSO PARCIAL

O endosso deve compreender a transmissão do título pela totalidade de sua soma. A lei declara nulo o endosso parcial.

Nova tradução	Tradução oficial
Art. 13. O endosso deve ser lançado na letra ou em folha anexa (*alongamento*) e assinado pelo endossante.[1] Pode o endosso não designar o endossatário, ou consistir simplesmente na assinatura do endossante (*endosso em branco*), devendo,[2] neste último caso, para ser válido, ser lançado no verso da letra ou no alongamento.	Art. 13. O endosso deve ser escrito na letra ou numa folha ligada a esta (anexo). Deve ser assinado pelo endossante. O endosso pode não designar o beneficiário, ou consistir simplesmente na assinatura do endossante (endosso em branco). Neste último caso, o endosso para ser válido deve ser escrito no verso da letra ou na folha anexa.

1. FORMA DO ENDOSSO

Deve o endosso, pelo princípio da literalidade, ser lançado no próprio título, não se admitindo endosso por ato em separado. O endosso deve ser assinado pelo endossante, mas não precisa ser datado.

Para suprir a falta de espaço no título, a lei admite que se lhe anexe uma extensão (*alongamento*), que costuma ser colado à borda do instrumento.

Vale como endosso a simples assinatura do endossante no verso da cambial ou no alongamento.

2. ENDOSSO EM PRETO E EM BRANCO

Diz-se *em preto* o endosso completo, isto é, aquele que nomeie o endossatário, e *em branco* o que não o nomeie, consistindo simplesmente na assinatura do endossante.

Nova tradução	Tradução oficial
Art. 14. O endosso transmite todos os direitos resultantes da letra.[1-3] Se o endosso for em branco,[4-5] pode o portador:	Art. 14. O endosso transmite todos os direitos emergentes da letra. Se o endosso for em branco, o portador pode:
1. completá-lo com seu nome ou com o de outra pessoa;	1. preencher o espaço em branco, quer com o seu nome, quer com o nome de outra pessoa;
2. reendossar a letra em branco ou a favor de outrem;	2. endossar de novo a letra em branco ou a favor de outra pessoa;
3. entregar a letra a terceiro, sem completar o endosso e sem a endossar.	3. remeter a letra a um terceiro, sem preencher o espaço em branco e sem a endossar.

1. EFEITO TRANSLATIVO

A LU não se refere à *transmissão da propriedade*, mas, de modo equivalente, à transmissão, pelo endosso, *de todos os direitos resultantes da letra*, expressões que substancialmente se equivalem.

Nos termos da LS, "o endosso transmite a propriedade da letra de câmbio" (art. 8º).

2. TRADIÇÃO DO TÍTULO

Tendo em vista que, no Direito brasileiro, o título de crédito se considera *coisa móvel, suscetível de direitos reais,* como o penhor (CCiv, art. 1.458), a transmissão de sua propriedade por ato jurídico *inter vivos,* como o endosso, só se opera com a *tradição,* ou seja, com a transmissão da posse (CCiv, art. 1.267).

Corrobora tal entendimento o art. 910, § 2º, do CCiv, segundo o qual a transferência do título à ordem por endosso se completa com sua tradição.

3. OUTRAS FORMAS DE TRANSMISSÃO DO TÍTULO

As normas da LU sobre a função translativa do endosso não excluem a sucessão a título singular ou universal pelos meios do DComum, como a arrematação, a transmissão *causa mortis,* a decorrente de incorporação, fusão, cisão ou extinção de pessoas jurídicas, o casamento, etc.

Nesses casos, no entanto, o adquirente não se investe na qualidade de credor a *título autônomo,* mas a *título derivado,* estando assim sujeito às limitações oponíveis ao transmitente e devendo exibir ao devedor o título de aquisição.

4. TRANSFERÊNCIA DO TÍTULO ENDOSSADO EM BRANCO

A cambial recebida com endosso em branco pode ser transferida como se fosse ao portador, com sua simples entrega a terceiro.

O adquirente pode completar o endosso com o seu nome, transformando-o em endosso em preto, como pode simplesmente transferir a outrem, sem endossar, o título endossado em branco.

O endosso em branco, todavia, não transforma o título *à ordem* em título *ao portador,* que está sujeito a normas próprias de transmissão e legitimação (CCiv, arts. 904 a 909).

5. RESTRIÇÕES LEGAIS

No Direito brasileiro, existe disposição legal que veda não só o pagamento de título a beneficiário não identificado (Lei n. 8.021/90, art. 1º), como

LEI CAMBIAL COMENTADA

também a transmissão de títulos cambiais por endosso em branco (Lei n. 8.088/90, art. 19).

Não obstante, muitos títulos endossados em branco circulam manualmente, como se fossem ao portador, caso em que o endosso em branco tem de ser completado com o nome do último portador, para que se possa apresentar o título a protesto ou à execução.

A propósito, enuncia a Súmula n. 387 do STF que "pode a cambial emitida ou aceita com omissões, ou em branco, ser completada pelo credor de boa-fé, antes da cobrança ou protesto".

Nova tradução	Tradução oficial
Art. 15. Salvo cláusula em contrário, o endossante responde pelo aceite e pelo pagamento.[1-2]	Art. 15. O endossante, salvo cláusula em contrário, é garante tanto da aceitação como do pagamento da letra.
O endossante pode proibir novo endosso; neste caso, não dá garantia alguma às pessoas a quem, não obstante, for a letra posteriormente endossada.[3]	O endossante pode proibir um novo endosso, e, neste caso, não garante o pagamento às pessoas a quem a letra for posteriormente endossada.

1. RESPONSABILIDADE DO ENDOSSANTE

A lei dispõe sobre a responsabilidade do endossante, estabelecendo a regra de que, salvo cláusula em contrário, ele garante assim o aceite como o pagamento da cambial.

2. ENDOSSO SEM GARANTIA

Pode o endossante, pela cláusula *sem garantia, sem responsabilidade, sem retorno,* ou outra equivalente, exonerar-se da garantia do aceite e do pagamento, ou tão somente da garantia do aceite, ou tão somente da garantia do pagamento.

3. CLÁUSULA *NÃO À ORDEM*

Pela cláusula *não à ordem,* o endossante torna a cambial *não endossável,* mas não torna ineficaz o endosso posterior, ao contrário do que ocorre com a cláusula *não à ordem* lançada pelo emitente.

116

O endossante que subscreveu a cláusula fica obrigado *vis-à-vis* do endossatário imediato, mas não responde nem pelo aceite nem pelo pagamento, perante os novos endossatários.

4. ERRO DE TRADUÇÃO

Lê-se na TO que, proibindo novo endosso, o endossante *não garante o pagamento* às pessoas a quem a letra for posteriormente endossada, deixando implícita sua responsabilidade pelo aceite, quando nem o original francês, nem o inglês autorizam tal ilação.

Com efeito, estabelece o modelo francês:

Art. 15. L'endosseur est, sauf clause contraire, garant de l'acceptation e du payment.

Il peut interdire un nouveau endossement; dans ce cas, il n'est pas tenue à la garantie envers les personnes auxquelles la lettre est ultériorment endossée.

Nova tradução	Tradução oficial
Art. 16. O detentor da letra considera-se legítimo portador[1] se justifica seu direito por uma série ininterrupta de endossos, ainda que o último seja em branco. Consideram-se, para esse efeito, não escritos os endossos cancelados. Seguindo-se ao endosso em branco outro endosso, presume-se haver o signatário deste adquirido a letra por aquele.[2-4]	Art. 16. O detentor de uma letra é considerado portador legítimo se justifica o seu direito por uma série ininterrupta de endossos, mesmo se o último for em branco. Os endossos riscados consideram-se, para este efeito, como não escritos. Quando um endosso em branco é seguido de um outro endosso, presume-se que o signatário deste adquiriu a letra pelo endosso em branco.
Se alguém, por qualquer modo, perdeu a posse da letra, o novo portador, desde que justifique seu direito pela maneira indicada na alínea anterior, não é obrigado a restituí-la, salvo se a adquiriu de má-fé ou, em sua aquisição, procedeu com culpa grave.[5]	Se uma pessoa foi por qualquer maneira desapossada de uma letra, o portador dela, desde que justifique o seu direito pela maneira indicada na alínea precedente, não é obrigado a restituí-la, salvo se a adquiriu de má-fé ou se, adquirindo-a, cometeu uma falta grave.

1. CONCEITO DE PORTADOR

A LCambial refere-se frequentemente ao *portador*, que não deve ser confundido com o simples *detentor*, ou seja, aquele que tem o título apenas materialmente em seu poder. *Portador* está na lei no sentido de *possuidor*.

Sendo o título de crédito considerado coisa móvel, objeto de *direitos reais* (CCiv, art. 1.458), diz-se *proprietário* o titular do direito por ele conferido, e presume-se *proprietário* o seu possuidor.

Nessa ordem de ideias, a LS considera *legítimo proprietário* o possuidor da cambial endossada em branco, assim como o último endossatário da endossada em preto (art. 39).

Vista a questão do ângulo do Direito das obrigações, considera-se *credor* o portador. O conceito de *portador* é, porém, mais amplo do que o de *credor*.

Em relação ao sacado, o portador tem uma expectativa de direito; seu crédito só se torna exigível se o sacado der seu aceite. Em relação aos endossantes anteriores e ao sacador, é credor eventual. Seu crédito só se torna exigível em caso de recusa do aceite ou do pagamento pelo sacado, provada mediante oportuno protesto.

2. PORTADOR LEGÍTIMO E LEGITIMADO

Portador legítimo é o titular do direito, qualidade atribuída ao proprietário do título; *legitimado* é o portador autorizado a exercer o direito conferido pelo título, mesmo não sendo seu proprietário.

Presume-se portador legítimo o que justifica seu direito por uma série contínua de endossos (LU, art. 16, alínea 1ª). No entanto, essa presunção é *juris tantum*.

O possuidor será vencido em conflito com o proprietário, provando-se não ser o possuidor o proprietário do título (ASCARELLI, 1969, p. 191).

3. AÇÃO REIVINDICATÓRIA

Harmoniza-se com a ideia mencionada no item anterior o disposto no art. 16, alínea 2ª, da LU, segundo o qual o portador, que justifique seu direito por uma série ininterrupta de endossos, não é obrigado a restituir o título a quem perdeu a posse, salvo se o adquiriu de má-fé ou, em sua aquisição, procedeu com culpa grave.

Nesse ponto, a LCambial difere do DComum. Segundo o disposto no art. 1.228 do CCiv, o proprietário tem direito de reaver a coisa de quem quer que injustamente a possua ou detenha.

4. OBRIGAÇÃO DO DEVEDOR PERANTE O PORTADOR LEGITIMADO

O portador formalmente legitimado está apto a cobrar o título ao devedor, que estará obrigado a pagá-lo, se não tiver motivos suficientes para suspeitar de sua procedência, caso em que, para liberar-se, deve depositar-lhe o valor (LU, art. 42).

Por exemplo, se o título, endossado em branco, se extraviou, ou foi furtado, o descobridor ou o adquirente está habilitado a embolsar-lhe a importância, desde que o tenha adquirido de boa-fé e esteja legitimado na forma do art. 16.

5. POSSE DO TÍTULO: CONDIÇÃO NECESSÁRIA, MAS NÃO SUFICIENTE AO EXERCÍCIO DO DIREITO

A posse do título é *condição necessária, mas não suficiente* ao exercício do direito dos títulos à ordem, como são os cambiais. Para estes, não basta a posse; a lei condiciona o exercício do direito à *legitimação formal*, que se verifica pela continuidade dos endossos.

6. VERIFICAÇÃO DE PODERES

A doutrina majoritária, priorizando a mobilização do crédito sobre as exigências do DComum, propende para a desnecessidade da verificação dos poderes do endossante que assina em nome de outrem na qualidade de mandatário ou representante legal (SALVATORE DE VITIS, 2003, p. 152).

7. AQUISIÇÃO A *NON DOMINO*

Para atender às exigências do trato mercantil, o DCambial confere autonomia à posse de cada possuidor por seu *valor aparente*, mesmo à do adquirente *a non domino*, se a obteve de boa-fé.

Nova tradução	Tradução oficial
Art. 17. Não pode o devedor, demandado em ação cambial, opor ao portador exceções fundadas nas relações pessoais do próprio demandado com o sacador ou os portadores anteriores, salvo se o portador, ao adquirir a letra, procedeu conscientemente em detrimento do devedor.[1]	Art. 17. As pessoas acionadas em virtude de uma letra não podem opor ao portador as exceções fundadas sobre as relações pessoais delas com o sacador ou com os portadores anteriores, a menos que o portador ao adquirir a letra tenha procedido conscientemente em detrimento do devedor.

1. INOPONIBILIDADE DE EXCEÇÕES PESSOAIS

Em decorrência do princípio da *autonomia do direito* de cada possuidor, não pode o devedor, demandado em ação cambial, opor ao terceiro de boa-fé exceções fundadas nas relações pessoais do próprio demandado com o sacador da LC ou com o emitente da NP, ou ainda com os portadores anteriores, ou seja, exceções relacionadas com negócios que deram origem à emissão ou ao endosso. É a regra da *inoponibilidade de exceções pessoais ao terceiro de boa-fé*.

Por exemplo, uma nota promissória emitida em favor de *A* e por este endossada em branco é furtada. Algum tempo depois, ela é enviada por um detentor de boa-fé a *B* em pagamento de uma dívida. *B*, no entanto, está ciente do furto da promissória. Pode *B*, com base na responsabilidade do endossante anterior, cobrá-la de *A*?

A resposta é negativa. Nesse caso, a exceção de má-fé pode ser oposta a *B*, porque este, ao adquirir o título, procedeu conscientemente em detrimento de *A*.

DO ENDOSSO

Nova tradução	Tradução oficial
Art. 18. Se o endosso contém a cláusula *valor em cobrança, para recebimento, por procuração*, ou qualquer outra indicativa de simples mandato,[1] pode o endossatário exercer todos os direitos resultantes da letra, mas só pode endossá-la na qualidade de procurador.	Art. 18. Quando o endosso contém a menção "valor a cobrar" (*valeur en recouvrement*), "para cobrança" (*pour encaissement*), "por procuração" (*par procuration*), ou qualquer outra menção que implique um simples mandato, o portador pode exercer todos os direitos emergentes da letra, mas só pode endossá-la na qualidade de procurador.
Os coobrigados, nesse caso, só podem invocar contra o portador as exceções que seriam oponíveis ao endossante.[2]	Os coobrigados, neste caso, só podem invocar contra o portador as exceções que eram oponíveis ao endossante.
O mandato contido no endosso--procuração não se extingue pela morte ou superveniente incapacidade do mandante.[3-5]	O mandato que resulta de um endosso por procuração não se extingue por morte ou sobrevinda incapacidade legal do mandatário.

1. ENDOSSO-MANDATO

A LCambial refere-se a *mandato*, o que deve ser entendido em termos. Externamente, o endosso-procuração pode envolver, e normalmente envolve, *mandato*, que é um contrato bilateral, pois cria obrigações (*extracambiárias*) para ambas as partes (CCiv, art. 653 e segs.), enquanto o endosso formalmente é um *ato unilateral*.

Com essa ressalva, usaremos alternativamente as expressões *endosso--mandato* ou *endosso-procuração*. O endosso-mandato, um endosso de eficácia limitada, usualmente é clausulado com as palavras *valor em cobrança*, ou *para recebimento*. O endossante não transmite a propriedade do título, nem contrai obrigação cambiária alguma com o endossatário.

Não se deve confundir o *endosso-procuração* com o *endosso por procuração*. O primeiro nomeia o procurador; o segundo já é o exercício da procuração.

2. CLÁUSULA *POR PROCURAÇÃO*

A cláusula *por procuração* (nos originais, *par procuration, by procuration*) é ambígua, pois parece indicar que o endossante atua como *procurador de outrem*, quando, na realidade, se trata de *cláusula constitutiva de procuração*. No mesmo sentido, Pontes de Miranda (1954, vol. I, p. 235).

Para evitar ambiguidade, convém usar a cláusula *valor em cobrança*, ou *para cobrança*, em lugar de *por procuração*. A cláusula *por procuração* é apropriada quando o endossatário-procurador reendossa o título, substabelecendo os poderes recebidos.

3. PODERES DO ENDOSSATÁRIO-PROCURADOR

O endossatário-procurador, comumente um estabelecimento financeiro, exerce, em nome do outorgante, todos os direitos resultantes do título, bem entendido, todos os poderes necessários à realização do crédito.

Pode, assim, praticar todos os atos necessários à cobrança do título, enviá-lo a protesto, receber-lhe o valor e dar quitação, não tendo, porém, poder de disposição. Por isso, não pode endossá-lo, senão *na qualidade de procurador*.

4. EXCEÇÕES OPONÍVEIS AO ENDOSSATÁRIO

Por ser o endossatário-procurador mero representante do *dominus*, os obrigados só podem opor ao endossatário as exceções que seriam oponíveis ao endossante.

5. MORTE OU INTERDIÇÃO DO MANDANTE

Derrogando a norma do DComum, dispõe a LU que o mandato resultante do endosso-procuração não se extingue pela morte ou incapacidade superveniente (interdição) do mandante, possibilitando destarte ao endossatário-procurador proceder, em tempo hábil, à realização do crédito.

A TO refere-se à morte ou sobrevinda incapacidade do *mandatário*, quando, evidentemente, se trata da morte ou incapacidade do *mandante* (no original francês, *mandant*).

DO ENDOSSO

Nova tradução	Tradução oficial
Art. 19. Se o endosso contiver a cláusula *valor em garantia*, *valor em penhor*, ou qualquer outra que implique caução pignoratícia,[1] pode o portador exercer todos os direitos resultantes da letra, mas o endosso que lançar só terá eficácia de endosso a título de procuração. Os coobrigados não podem opor ao portador exceções fundadas nas relações pessoais deles com o endossante, salvo se o portador, ao receber a letra, procedeu conscientemente em detrimento do devedor.[2]	Art. 19. Quando o endosso contém a menção "valor em garantia", "valor em penhor" ou qualquer outra menção que implique uma caução, o portador pode exercer todos os direitos emergentes da letra, mas um endosso feito por ele só vale como endosso a título de procuração. Os coobrigados não podem invocar contra o portador as exceções fundadas sobre as relações pessoais deles com o endossante, a menos que o portador, ao receber a letra, tenha procedido conscientemente em detrimento do devedor.

1. ENDOSSO PIGNORATÍCIO

Outro endosso de caráter restritivo é o *pignoratício*, expresso pela cláusula *valor em garantia*, *valor em penhor*, ou qualquer outra que indique caução pignoratícia.

Por ser um endosso de caráter limitado, o endossatário só pode reendossar a cambial *a título de procuração*, ou seja, *para cobrança*.

2. EXCEÇÕES OPONÍVEIS AO ENDOSSATÁRIO

Ao contrário do endossatário-procurador, que exerce *direito alheio*, o endossatário-pignoratício exerce *direito próprio*, de modo que o devedor não pode invocar contra o portador de boa-fé exceção oponível ao endossante, mas tão somente ao próprio endossatário.

Nova tradução	Tradução oficial
Art. 20. O endosso posterior ao vencimento produz os mesmos efeitos que o anterior, mas, se posterior ao protesto por falta de pagamento ou ao decurso do prazo para efetuar o protesto, produz somente os efeitos de cessão de Direito comum. Salvo prova em contrário, presume-se que o endosso sem data foi feito antes de expirado o prazo para protesto.[1]	Art. 20. O endosso posterior ao vencimento tem os mesmos efeitos que o endosso anterior. Todavia, o endosso posterior ao protesto por falta de pagamento, ou feito depois de expirado o prazo fixado para se fazer o protesto, produz apenas os efeitos de uma cessão ordinária de créditos. Salvo prova em contrário, presume-se que um endosso sem data foi feito antes de expirado o prazo fixado para se fazer o protesto.

1. ENDOSSO TARDIO

Diz-se *tardio* o endosso posterior ao protesto por falta de pagamento ou ao decurso do termo para o protesto. O endosso tardio só produz efeito de cessão de DComum. Com isso, o devedor poderá apresentar contra o endossatário as defesas que tiver contra o autor do endosso.

Nos termos da LCambial, presume-se o endosso sem data ter sido anterior ao termo fixado para fazer lavrar o protesto, salvo prova em contrário.

Capítulo III

DO ACEITE

Nova tradução	Tradução oficial
Art. 21. Até o vencimento, pode a letra ser apresentada ao aceite do sacado,[1-2] no seu domicílio,[3] pelo portador ou mesmo por um simples detentor.	Art. 21. A letra pode ser apresentada, até o vencimento, ao aceite do sacado, no seu domicílio, pelo portador ou até por um simples detentor.

1. CONCEITO

O *aceite* pode ser conceituado como a declaração cambial pela qual o sacado se obriga ao pagamento da LC no vencimento.

O sacado não tem nenhuma obrigação cambial de aceitar a letra. Mesmo que esteja obrigado contratualmente a fazê-lo, não tem o portador nenhuma ação cambial contra o sacado. A ação que porventura tiver será *extracambial*.

Recusado o aceite, pode o portador fazer protestar o título e então proceder regressivamente contra os endossantes e o sacador, mas o protesto nenhum efeito cambial produz sobre o sacado não aceitante.

2. APRESENTAÇÃO AO ACEITE

Salvo disposição legal ou cláusula cambial em contrário, a apresentação da letra ao aceite é facultativa, quando certa a data do vencimento (a dia certo ou *a tempo certo da data*), podendo a letra ser apresentada ao aceite até o vencimento.

A letra à vista dispensa o aceite. A letra a tempo certo da vista deve ser apresentada ao aceite no prazo legal ou no estipulado em cláusula cambiária, como se verá oportunamente.

3. LUGAR DA APRESENTAÇÃO AO ACEITE

Diferentemente do lugar indicado para o pagamento, que pode ser o domicílio de terceiro, o *domicílio do sacado* é necessariamente o lugar de apresentação da letra ao aceite. O sacado, aliás, não é obrigado a saber onde e em poder de quem se encontra a letra a ser aceita.

Nova tradução	Tradução oficial
Art. 22. O sacador pode estipular que a letra seja apresentada ao aceite, com ou sem fixação de prazo.[1]	Art. 22. O sacador pode, em qualquer letra, estipular que ela será apresentada ao aceite, com ou sem fixação de prazo.
Salvo tratando-se de letra pagável no domicílio de terceiro ou fora da localidade onde o sacado tenha domicílio, ou ainda de letra sacada *a tempo certo da vista*, pode o sacador proibir na letra sua apresentação ao aceite.[2]	Pode proibir na própria letra a sua apresentação ao aceite, salvo se se tratar de uma letra pagável em domicílio de terceiro, ou de uma letra pagável em localidade diferente da do domicílio do sacado, ou de uma letra sacada a certo termo de vista.
O sacador pode também proibir a apresentação da letra ao aceite antes de determinada data.	O sacador pode também estipular que a apresentação ao aceite não poderá efetuar-se antes de determinada data.
Qualquer endossante pode estipular que a letra seja apresentada ao aceite, com ou sem fixação de prazo, salvo se o sacador a tiver declarado não aceitável.	Todo endossante pode estipular que a letra deve ser apresentada ao aceite, com ou sem fixação de prazo, salvo se ela tiver sido declarada não aceitável pelo sacador.

DO ACEITE

1. APRESENTAÇÃO OBRIGATÓRIA AO ACEITE

Pode o sacador, mediante cláusula *ad hoc*, tornar *obrigatória* a apresentação da letra ao aceite, com ou sem fixação de prazo. No primeiro caso, deve a letra ser apresentada ao aceite até o dia do vencimento; no segundo, dentro do prazo marcado pelo sacador. Não apresentada a letra ao aceite no prazo legal ou no estipulado pelo sacador, perde o portador o direito de regresso (art. 53).

A cláusula pode ser também aposta por um endossante, salvo se o sacador tiver declarado a letra não aceitável. A estipulação feita pelo endossante só aproveita ao próprio endossante, que não estará sujeito a pagar a letra em via de regresso, se não apresentada ao aceite no prazo hábil (art. 53).

Prova-se a recusa do aceite, em qualquer dos casos, pelo protesto tempestivo, condição necessária ao exercício do direito de regresso (art. 44 c/c art. 53).

2. LETRA *NÃO ACEITÁVEL*

Assim como pode o sacador tornar obrigatória a apresentação da letra ao aceite, pode também *proibi-la* (dizendo-se então a letra *não aceitável*), salvo tratando-se de letra *domiciliada*, isto é, pagável no domicílio de terceiro, ou de letra pagável fora da localidade do domicílio do sacado, ou, ainda, de letra sacada *a tempo certo da vista*.

Como consectário da proibição, não pode a letra ser protestada, tampouco executada por falta de aceite. Se o sacado, não obstante, der o aceite, este será válido.

Nova tradução	Tradução oficial
Art. 23. A letra pagável a tempo certo da vista deve ser apresentada ao aceite dentro de um ano de sua data.	Art. 23. As letras a certo termo de vista devem ser apresentadas ao aceite dentro do prazo de um ano das suas datas.
O sacador pode reduzir ou ampliar esse prazo.	O sacador pode reduzir este prazo ou estipular um prazo maior.
Esses prazos podem ser reduzidos pelos endossantes.[1]	Esses prazos podem ser reduzidos pelos endossantes.

1. LETRA A TEMPO CERTO DA VISTA

A letra a tempo certo da vista deve ser apresentada ao aceite no prazo legal (um ano da data da emissão) ou no estipulado pelo sacador ou por algum endossante.

Não apresentada a letra ao aceite no devido tempo, perde o portador o direito de regresso. Se fixado o prazo por um endossante, só a este beneficia a perda do direito (art. 53).

Prova-se pela data do aceite a apresentação, ao sacado, da letra a tempo certo da vista, e, não sendo o aceite datado, prova-se a apresentação pelo *protesto por falta de data*, interposto em tempo hábil (art. 25).

Se o sacado simplesmente se nega a dar o aceite, deve o portador, para conservar o direito de regresso, fazer protestar tempestivamente a letra por falta de aceite (art. 44 c/c art. 53).

Nova tradução	Tradução oficial
Art. 24. O sacado pode pedir que a letra lhe seja reapresentada no dia seguinte ao da primeira apresentação ao aceite. Os obrigados em via de regresso não podem alegar desatendimento dessa pretensão, salvo constando o pedido do ato do protesto.	Art. 24. O sacado pode pedir que a letra lhe seja apresentada uma segunda vez no dia seguinte ao da primeira apresentação. Os interessados somente podem ser admitidos a pretender que não foi dada satisfação a este pedido no caso de ele figurar no protesto.
O portador não é obrigado a deixar com o sacado a letra apresentada ao aceite.[1]	O portador não é obrigado a deixar nas mãos do aceitante a letra apresentada ao aceite.

1. SEGUNDA APRESENTAÇÃO AO ACEITE

A lei faculta ao sacado pedir a reapresentação da letra no dia seguinte ao da primeira apresentação, atendendo-se a que o sacado pode ter necessidade de verificar o estado de seus negócios com o sacador antes de dar o aceite. E, como o portador não é obrigado a deixar letra em poder do sacado, a lei prevê uma segunda apresentação.

A TO diz, equivocadamente, que o portador não é obrigado a deixar a letra nas mãos do *aceitante*, quando, evidentemente, a referência correta é ao *sacado* (no original francês, *tiré*). Todavia, pode o portador, pressupondo que o sacado não esteja disposto a aceitar, fazer protestar o título por falta de aceite e, então, agir desde logo contra os obrigados de regresso. Estes não podem alegar desatendimento à pretensão do sacado, salvo constando do ato do protesto a exigência de segunda apresentação.

Nova tradução	Tradução oficial
Art. 25. O aceite deve ser lançado na letra, exprimindo-se pela palavra aceite, ou termo equivalente, com a assinatura do sacado. Vale como aceite a simples assinatura do sacado no anverso da letra.[1]	Art. 25. O aceite é escrito na própria letra. Exprime-se pela palavra "aceite" ou qualquer outra palavra equivalente; o aceite é assinado pelo sacado. Vale como aceite a simples assinatura do sacado aposta na parte anterior da letra.
Tratando-se de letra a tempo certo da vista ou de letra em que se estipule prazo para apresentação ao aceite, deve este ser datado do dia em que for dado, salvo se o portador exigir que a data seja a da apresentação. Na falta de data, deve o portador, para conservar seu direito de regresso contra os endossantes e o sacador, fazer constar a omissão de um protesto promovido em tempo hábil.[2]	Quando se trate de uma letra pagável a certo termo de vista, ou que deva ser apresentada ao aceite dentro de um prazo determinado por estipulação especial, o aceite deve ser datado do dia em que foi dado, salvo se o portador exigir que a data seja a da apresentação. À falta de data, o portador, para conservar os seus direitos de recurso contra os endossantes e contra o sacador, deve fazer constatar essa omissão por um protesto feito em tempo útil.

1. FORMA DO ACEITE

Exprime-se o aceite pela palavra *aceite*, ou termo equivalente, como *aceito*, *aceitamos*, com a assinatura do sacado. Vale como *aceite* a simples assinatura do sacado no anverso do título.

A propósito, a palavra *aceite*, além de substantivo, sinônimo de *aceitação*, é também particípio passado de *aceitar*, forma pouco usada no Brasil, mas de uso corrente em Portugal.

O aceite não precisa ser datado, salvo em duas hipóteses:

I. quando, por estipulação do sacador ou de algum endossante, deva a letra ser apresentada ao aceite dentro de certo prazo (art. 22);
II. quando se tratar de letra a tempo certo da vista (art. 23).

Nessas duas hipóteses, deve o aceite *ser datado*. Na primeira, para provar o cumprimento do prazo e, assim, conservar o portador o direito de regresso (art. 25); na segunda, para marcar *dies a quo* do prazo de vencimento (art. 35).

2. PROTESTO POR FALTA DE DATA

Se, em qualquer das duas hipóteses, o sacado tiver dado o aceite, mas sem data, incumbe ao portador, para não perder o direito de regresso, fazer constar a omissão de oportuno protesto (*protesto por falta de data*).

Se o sacado simplesmente se nega a dar o aceite, deve a recusa ser provada pelo protesto tempestivo (*protesto por falta de aceite*, art. 44).

Nova tradução	Tradução oficial
Art. 26. O aceite deve ser puro e simples,[1] podendo, porém, o sacado limitá-lo a uma parte da importância sacada.[2] Equivale à recusa do aceite qualquer outra modificação introduzida pelo sacado no teor do título, ficando o aceitante, contudo, obrigado nos termos do seu aceite.[3]	Art. 26. O aceite é puro e simples, mas o sacado pode limitá-lo a uma parte da importância sacada. Qualquer outra modificação introduzida pelo aceite no enunciado da letra equivale a uma recusa de aceite. O aceitante fica, todavia, obrigado nos termos do seu aceite.

1. REQUISITO INTRÍNSECO

O aceite deve ser *puro e simples* (isto é, incondicional), considerando-se como recusa do aceite qualquer condição (*lato sensu*) a que seja subordinado. Assim, equivale à recusa do aceite a vinculação deste a uma contraprestação.

2. ACEITE PARCIAL

A lei faculta ao sacado limitar o aceite a uma parte da importância da letra. Neste caso, deve o portador aguardar o vencimento para cobrá-la ao aceitante pela parte aceita. Pode, porém, proceder desde logo contra os obrigados de regresso pelo valor residual, fazendo antes protestar o título pela soma não coberta pelo aceite.

3. CLÁUSULA MODIFICATIVA DA LETRA

A lei considera *recusa do aceite* qualquer outra cláusula modificativa do teor da letra, introduzida pelo sacado, ficando este, não obstante, vinculado nos termos de seu aceite. Assim, tem o portador a opção de proceder de imediato contra os obrigados de regresso, para haver a importância da obrigação cambiária, após oportuno protesto, ou contra o sacado, nos termos do aceite.

Por exemplo, se o sacado aceita a letra com outra data de vencimento, pode o portador cobrar a cambial ao sacado no vencimento por este estipulado.

Nova tradução	Tradução oficial
Art. 27. Quando o sacador tiver indicado na letra um lugar de pagamento fora do domicílio do sacado, sem designar terceira pessoa em cujo domicílio deva ser paga, pode o sacado nomeá-la no ato do aceite, entendendo-se, na falta dessa nomeação, estar o aceitante obrigado a pagar, ele próprio, no lugar designado para o pagamento.[1] Sendo a letra pagável no domicílio do sacado, pode este, no ato do aceite, indicar outro endereço do mesmo lugar, onde se deva efetuar o pagamento.	Art. 27. Quando o sacador tiver indicado na letra um lugar de pagamento diverso do domicílio do sacado, sem designar um terceiro em cujo domicílio o pagamento se deva efetuar, o sacado pode designar no ato do aceite a pessoa que deve pagar a letra. Na falta desta indicação, considera-se que o aceitante se obriga, ele próprio, a efetuar o pagamento no lugar indicado na letra. Se a letra é pagável no domicílio do sacado, este pode, no ato do aceite, indicar, para ser efetuado o pagamento, um outro domicílio no mesmo lugar.

1. ACEITE DOMICILIADO

Tendo o sacador indicado na letra lugar de pagamento outro que não o domicílio do sacado, a lei faculta ao segundo, na falta de designação pelo primeiro, designar na letra o terceiro incumbido de pagá-la.

Trata-se do aceite domiciliado. É outra hipótese de *domiciliação*, além daquela de iniciativa do sacador da LC ou do emitente da NP (art. 4º c/c art. 77).

Comumente, terceiro indicado é um banco. O terceiro, designado para pagar, não é obrigado cambial, limitando-se seu papel ao de representante do sacador de LC ou do emitente da NP, ou ainda, na hipótese do art. 27, de representante do sacado.

Nova tradução	Tradução oficial
Art. 28. O sacado obriga-se, pelo aceite, a pagar a letra no vencimento.[1] Na falta de pagamento, tem o portador, mesmo sendo o sacador, ação cambial direta contra o aceitante, em relação a tudo o que pode ser exigido nos termos dos arts. 48 e 49.[2,3]	Art. 28. O sacado obriga-se pelo aceite pagar a letra à data do vencimento. Na falta de pagamento, o portador, mesmo no caso de ser ele o sacador, tem contra o aceitante um direito de ação resultante da letra, em relação a tudo que pode ser exigido nos termos dos arts. 48 e 49.

1. OBRIGAÇÃO DO ACEITANTE

Com o aceite, passa o sacado, que antes não tinha nenhuma obrigação cambial, a responder como *principal obrigado* pelo pagamento do título.

2. AÇÃO CAMBIAL DIRETA E DE REGRESSO

O inadimplemento da obrigação no vencimento movimenta a *ação cambial direta* contra o aceitante e seus avalistas, e a *ação cambial de regresso* contra os endossantes, o sacador e respectivos avalistas, todos solidariamente responsáveis perante o credor (art. 47).

Com relação aos obrigados de regresso, a lei impõe ao portador o ônus de fazer protestar o título em tempo hábil para propor a ação cambial (art.

43 c/c 44, alínea 1ª). A ação cambial contra o principal obrigado (aceitante da LC ou emitente da NP) não depende de prévio protesto.

3. PARCELAS EXIGÍVEIS PELO PORTADOR

Os arts. 48 e 49 especificam as parcelas que o portador pode pedir na ação cambial: além do principal (a importância da cambial ou a soma que pagou em via de regresso), os juros compensatórios (se estipulados), os juros legais e as despesas, inclusive as do protesto.

Lê-se na TO que o portador tem contra o aceitante *direito de ação resultante da letra*. Trata-se, na realidade, de *ação cambial direta* (no original francês, *action directe résultant de la lettre de change*), assim chamada porque pode ser proposta *diretamente* contra o obrigado principal e seus avalistas, isto é, independentemente de prévio protesto. Essa ação se distingue da *ação cambial indireta*, ou *de regresso*, que o portador pode mover contra os coobrigados após oportuno protesto. No mesmo sentido, Fran Martins (1985, vol. I, n. 124, *a*, nota 2).

Nova tradução	Tradução oficial
Art. 29. Se o sacado, antes da restituição da letra, cancelar seu aceite, considera-se este recusado, presumindo-se, salvo prova em contrário, feito o cancelamento antes da restituição.[1] Tendo, o sacado, porém, informado o portador ou qualquer signatário, de seu aceite dado por escrito, fica obrigado para com estes nos termos do seu aceite.[2]	Art. 29. Se o sacado, antes da restituição da letra, riscar o aceite que tiver dado, tal aceite é considerado como recusado. Salvo prova em contrário, a anulação do aceite considera-se feita antes da restituição da letra. Se, porém, o sacado tiver informado por escrito o portador ou qualquer outro signatário da letra de que a aceita, fica obrigado para com estes, nos termos do seu aceite.

1. CANCELAMENTO DO ACEITE

O sacado pode cancelar seu aceite antes da restituição do título, caso em que se tem o aceite como recusado (art. 29, alínea 1ª).

2. CANCELAMENTO INEFICAZ

A alínea 2ª diz com a hipótese de o sacado cancelar seu aceite, após tê-lo comunicado ao portador ou qualquer signatário. Nesse caso, o cancelamento é ineficaz em relação aos que foram, pelo sacado, informados do aceite dado por escrito.

Esse dispositivo causou perplexidade a alguns autores, que, em uma primeira leitura, viram exceção ao princípio da literalidade ao dar eficácia a um aceite escrito fora do título.

Na realidade, a obrigação do sacado não resulta de aceite em separado, mas de *aceite por escrito no título*, e em seguida ineficazmente cancelado (em relação àqueles a quem foi o aceite comunicado).

Trata-se de caso particular, protegendo a lei a terceiros de boa-fé, que confiaram na informação do sacado. Fran Martins relata a observação do jurista português Pinto Coelho, segundo o qual a expressão *por escrito*, no art. 29, está deslocada na tradução portuguesa; o *por escrito*, nos textos originais, refere-se ao *aceite*, e não à *informação* (FRAN MARTINS, 1985, vol. I, n. 21, nota ao art. 29).

O original francês confirma a cincada do tradutor: *si le tiré a fait connaître son acceptation par écrit*. Naturalmente, o *par écrit* qualifica o substantivo *acceptation*, não a locução verbal *a fait connaître* (fez conhecer).

A TO comete outro equívoco ao referir-se ao destinatário da informação como *o portador ou qualquer outro signatário*, e não *o portador ou qualquer signatário* (no original, *au porteur ou à un signataire quelconque*). Ora, o portador não é signatário da letra. Só excepcionalmente o será, na hipótese de endosso de retorno (art. 11).

Capítulo IV

DO AVAL

Nova tradução	Tradução oficial
Art. 30. O pagamento da letra pode ser garantido, no todo ou em parte de sua soma, por aval.	Art. 30. O pagamento de uma letra pode ser no todo ou em parte garantido por aval.
Essa garantia pode ser prestada por terceiro ou mesmo por um signatário da letra.[1-3]	Esta garantia é dada por um terceiro ou mesmo por um signatário da letra.

1. CONCEITO

Entende-se por *aval*, na LC ou na NP, a declaração cambiária pela qual alguém promete pagar, total ou parcialmente, a obrigação cambiária de terceiro, caso este não pague.

2. AVAL E FIANÇA

O *aval* difere da *fiança* sob mais de um aspecto. Entre outras diferenças, o aval é ato unilateral, e a fiança resulta de contrato; o aval é obrigação autônoma, a fiança, obrigação acessória; o aval é dado necessariamente no título, e a fiança pode ser prestada em instrumento separado.

3. AVAL DE PESSOA CASADA

O Código Civil de 2002 trouxe uma novidade em matéria de aval, ato jurídico até então estranho à legislação civil codificada. De acordo com seu art. 1.647, III, a pessoa casada não pode prestar fiança ou *aval* sem autorização de seu consorte, salvo se o regime de bens adotado for o de separação absoluta, sendo anulável o ato praticado com preterição dessa formalidade (art. 1.649).

O Código Civil de 1916 exigia a outorga uxória ou marital para a prestação de *fiança*, não mencionando o *aval*, que não dependia de tal formalidade.

Rachel Stajn e Haroldo Verçosa opinam pela invalidade da inovação introduzida no Código Civil de 2002 em face da Lei Uniforme de Genebra, por se tratar de exigência formal não prevista na respectiva Convenção Internacional (STAJN e VERÇOSA, RDM 128, 2002).

Não nos convence essa tese, pois não há, no sistema constitucional brasileiro, subordinação da norma de origem interna à originária de tratado ou convenção internacional, aplicando-se, portanto, o princípio segundo o qual a lei posterior derroga a anterior, independentemente de denúncia do tratado ou convenção.

A anuência conjugal é regida pelo DComum. Ao cônjuge anuente, convém que a autorização seja feita em instrumento separado, e não no próprio título, pois o DCambial não conhece a figura do *anuente*. Quem assina a cambial como anuente do avalista pode ser havido como coavalista.

A consequência da falta de vênia conjugal na dação de aval é a mesma cominada para a fiança sem o consentimento do outro cônjuge: a anulação do ato, e não apenas a sua ineficácia em relação ao cônjuge não anuente, de modo que a decretação de invalidade exclui da execução não só a meação do cônjuge que não assentiu, mas também a daquele que deu a garantia.

Nesse sentido é a Súmula n. 332 do STJ, relativa à fiança, mas aplicável também ao aval: "A fiança prestada sem a autorização de um dos cônjuges implica a ineficácia total da garantia".

A decretação de invalidade do aval prestado sem outorga só pode ser demandada pelo cônjuge a quem cabia concedê-la, ou por seus herdeiros, de acordo com o CCiv, art. 1.650.

Nova tradução	Tradução oficial
Art. 31. O aval deve ser dado na própria letra ou no seu alongamento. Exprime-se pelas palavras *por aval*, ou fórmula equivalente, com a assinatura do avalista. Vale como aval a simples assinatura no anverso da letra, desde que não seja a do sacado ou a do sacador.[1]	Art. 31. O aval é escrito na própria letra ou numa folha anexa. Exprime-se pelas palavras "bom para aval" ou por qualquer fórmula equivalente; e assinado pelo dador do aval. O aval considera-se como resultante da simples assinatura do dador aposta na face anterior da letra, salvo se se trata das assinaturas do sacado ou do sacador.
O avalista deve indicar a pessoa a quem avaliza, entendendo-se, na falta de indicação, avalizado o sacador.[2]	O aval deve indicar a pessoa por quem se dá. Na falta de indicação entender-se-á ser pelo sacador.

1. FORMA DO AVAL

Pelo princípio da literalidade, deve o aval ser lançado no próprio título ou no seu alongamento. Exprime-se pelas palavras *por aval*, ou fórmula equivalente. Vale como aval a simples assinatura no anverso da LC, desde que não seja a do sacado ou a do sacador, ou no anverso da NP, desde que não seja a do emitente (art. 31 c/c art. 77, última alínea).

2. INDICAÇÃO DO AVALIZADO

Se o avalista quer garantir a obrigação de determinado signatário, deve indicá-lo no aval. Na falta de indicação, presume-se avalizado o sacador da LC ou o emitente da NP (art. 31 c/c art. 77, última alínea).

LEI CAMBIAL COMENTADA

Nova tradução	Tradução oficial
Art. 32. O avalista obriga-se do mesmo modo que a pessoa por ele avalizada.[1]	Art. 32. O dador de aval é responsável da mesma maneira que a pessoa por ele afiançada.
Subsiste sua obrigação, ainda que nula a por ele garantida, salvo se por vício de forma.[2]	A sua obrigação mantém-se, mesmo no caso de a obrigação que ele garantiu ser nula por qualquer razão que não seja um vício de forma.
Pagando a letra, adquire o avalista os direitos dela resultantes contra o avalizado e contra todos os obrigados cambialmente para com este.[3]	Se o dador de aval paga a letra, fica sub-rogado nos direitos emergentes da letra contra a pessoa a favor de quem foi dado o aval e contra os obrigados para com esta em virtude da letra.

1. OBRIGAÇÃO DO AVALISTA

Equipara-se o avalista, quanto à sua obrigação cambial, à pessoa por ele avalizada. Portanto, a obrigação do avalista pode ser igual à do principal devedor ou à de um obrigado de regresso.

A TO refere-se à *pessoa afiançada*, quando o correto é *pessoa avalizada*, visto não se confundir o aval com a fiança.

2. OBRIGAÇÃO AUTÔNOMA

O art. 32 constitui aplicação do princípio da autonomia das obrigações cambiárias, declarando subsistente a obrigação do avalista, ainda que nula a por ele garantida, salvo se por vício de forma.

3. DIREITOS DO AVALISTA

Pagando o título, adquire o avalista os direitos dele resultantes contra o avalizado e contra os obrigados cambialmente para com este.

Incide também em equívoco a TO ao referir-se à *sub-rogação* de direitos pelo avalista. Não há sub-rogação, que é *modo derivado* de aquisição de direito. O avalista que paga adquire *direito originário e autônomo*, podendo, assim, agir contra o avalizado e contra as pessoas cambialmente obrigadas para com este.

Capítulo V

DO VENCIMENTO[1]

1. CONCEITO

No DComum, entende-se por *vencimento* o dia em que a obrigação se torna exigível. No Direito Uniforme, o dia do vencimento não coincide necessariamente com aquele em que o título é pagável.

Tanto é assim que, nos termos do art. 72 da LU, o pagamento da LC, cujo vencimento caia em dia de feriado por lei, só pode ser exigido no primeiro dia útil seguinte. Nessa hipótese, portanto, o título é *pagável* (isto é, torna-se *exigível*) no primeiro dia útil após o vencimento. Em outras palavras, o dia do vencimento é fixo; o que se adia é a exigibilidade do pagamento.

A LS adota praticamente a mesma noção da LU, ao estabelecer que a LC deve ser apresentada ao sacado ou ao aceitante, para pagamento, no dia do vencimento ou, sendo este feriado por lei, no primeiro dia útil imediato (art. 20).

Convém notar, desde logo, que os prazos de prescrição, na LU, contam-se do dia do vencimento, não do dia em que a cambial é pagável (art. 70).

LEI CAMBIAL COMENTADA

Nova tradução	Tradução oficial
Art. 33. A letra pode ser sacada:[1] – à vista; – a tempo certo da vista; – a tempo certo da data; – a dia certo. São nulas as letras com outros vencimentos ou com vencimentos sucessivos.[2]	Art. 33. Uma letra pode ser sacada: – à vista; – a um certo termo de vista; – a um certo termo de data; – pagável num dia fixado. As letras, quer com vencimentos diferentes, quer com vencimentos sucessivos, são nulas.

1. PRAZOS DE VENCIMENTO

A LCambial admite quatro modalidades de vencimento da LC, aplicáveis à NP (art. 77): à vista, a tempo certo da vista, a tempo certo da data e a dia certo.

Entende-se por *vista* a apresentação do título para aceite ou pagamento. Assim, por exemplo, a cambial à vista é pagável no ato de sua apresentação, seja ao sacado, na LC, seja ao emitente, na NP (arts. 34 e 77).

A letra a tempo certo da vista deve ser apresentada ao aceite no prazo do art. 23, contando-se da data do aceite o prazo de vencimento (art. 35). Conta-se da data da emissão o prazo de vencimento da cambial a tempo certo da data (p.ex., *a 90 dias desta data*). O vencimento a dia certo, que é o mais comum, consiste na especificação do dia, do mês e do ano do pagamento (p.ex., *a 31 de outubro de 2014*).

2. ENUMERAÇÃO TAXATIVA

A lei declara nula a cambial com qualquer outra modalidade de vencimento, que não uma das previstas no art. 33, alínea 1ª, assim como a cambial com vencimentos sucessivos, ou seja, a prestações.

DO VENCIMENTO

Nova tradução	Tradução oficial
Art. 34. A letra à vista é pagável no ato da apresentação,[1] devendo ser apresentada a pagamento dentro de um ano, contado de sua data. O sacador pode reduzir ou ampliar esse prazo. Esses prazos podem ser reduzidos pelos endossantes. Pode o sacador determinar que a letra à vista não seja apresentada a pagamento antes de certa data, caso em que o prazo para apresentação se conta dessa data.	Art. 34. A letra à vista é pagável à apresentação. Deve ser apresentada a pagamento dentro do prazo de um ano, a contar da sua data. O sacador pode reduzir este prazo ou estipular um outro mais longo. Estes prazos podem ser encurtados pelos endossantes. O sacador pode estipular que uma letra pagável à vista não deverá ser apresentada a pagamento antes de uma certa data. Nesse caso, o prazo para a apresentação conta-se dessa data.

1. CAMBIAL À VISTA

A cambial à vista é pagável no ato de sua apresentação ao sacado, na LC, ou ao emitente, na NP (arts. 34 c/c art. 77).

Conforme o disposto nos arts. 2º e 76, considera-se à vista a cambial sem indicação do vencimento. Salvo estipulação em contrário, deve a cambial à vista ser apresentada a pagamento dentro de um ano, a contar de sua data (no Direito brasileiro, da data da emissão).

O sacador pode reduzir ou ampliar o prazo legal (um ano da data da emissão). Qualquer endossante pode reduzir, mas não ampliar, o prazo legal, assim como pode reduzir, mas não ampliar, o prazo estabelecido pelo sacador.

Não sendo a cambial à vista apresentada para pagamento no prazo legal ou no fixado pelo sacador, perde o portador o direito de regresso contra os endossantes e o sacador. Estabelecido o prazo por um endossante, a perda do direito de regresso só a este aproveita (art. 53).

Nova tradução	Tradução oficial
Art. 35. Determina-se o vencimento da letra a tempo certo da vista pela data do aceite ou do protesto. Na falta de protesto, presume-se que o aceite sem data, no que respeita ao aceitante, haja sido dado no último dia do prazo para apresentação ao aceite.[1]	Art. 35. O vencimento de uma letra a certo termo de vista determina-se quer pela data do aceite, quer pela do protesto. Na falta de protesto, o aceite não datado entende-se, no que respeita ao aceitante, como tendo sido dado no último dia do prazo para a apresentação ao aceite.

1. CAMBIAL A TEMPO CERTO DA VISTA

Tratando-se de cambial a tempo certo da vista, conta-se o prazo de vencimento da data do aceite, do protesto por falta de aceite ou da data do protesto por falta de data (arts. 25 e 35).

Não promovido o protesto por falta de aceite ou por falta de data do aceite em tempo hábil, perde o portador o direito de regresso contra os endossantes e o sacador (art. 25, última alínea, e art. 53, penúltima alínea). Se estipulado o prazo por um endossante, só a este favorece a perda do direito (art. 53, última alínea).

Essas normas se aplicam à NP, substituindo-se *aceite* por visto e *protesto por falta de data do aceite* por *protesto de falta de data do visto* (art. 78).

Nova tradução	Tradução oficial
Art. 36. A letra sacada a um ou mais meses da data ou da vista vence-se na data correspondente do mês do pagamento, ou, na falta desta, no último dia desse mês.[1]	Art. 36. O vencimento de uma letra sacada a um ou mais meses de data ou de vista será na data correspondente do mês em que o pagamento se deve efetuar. Na falta de data correspondente, o vencimento será no último dia desse mês.
Sendo a letra sacada a um ou mais meses e meio da data ou da vista, contam-se primeiro os meses inteiros.	Quando a letra é sacada a um ou mais meses e meio de data ou de vista, contam-se primeiro os meses inteiros.

DO VENCIMENTO

Se fixado o vencimento para o começo, meado ou fim do mês, entendem-se por esses termos o dia primeiro, o dia quinze ou o último dia do mês, respectivamente. As expressões *oito dias* ou *quinze dias* interpretam-se não como uma ou duas semanas, mas como um prazo de oito ou quinze dias efetivos. A expressão *meio mês* significa um prazo de quinze dias.	Se o vencimento for fixado para o princípio, meado ou fim do mês, entende-se que a letra será vencível no primeiro, no dia quinze, ou no último dia desse mês. As expressões "oito dias" ou "quinze dias" entendem-se não como uma ou duas semanas, mas como um prazo de oito ou quinze dias efetivos. A expressão "meio mês" indica um prazo de quinze dias.

1. DATA CORRESPONDENTE

O vencimento da cambial emitida a um ou mais meses da data ou da vista ocorre na *data correspondente* do mês de pagamento ou, na falta de data correspondente, no último dia desse mês (art. 36).

A primeira parte da norma é igual, na substância, à do art. 132, § 3º, do CCiv, segundo a qual os prazos de meses e anos expiram no dia de igual número do de início. A segunda parte difere do enunciado no mesmo dispositivo do CCiv, de acordo com o qual o prazo se vence *no dia imediato*, na falta de dia correspondente ao do início.

Suponhamos, a título de exemplo, uma cambial vencível a 30 dias da vista, aceita a 30 de janeiro. A data correspondente a 30 de janeiro seria 30 de fevereiro. Como não existe essa data no calendário gregoriano, ocorreria o vencimento, de acordo com o CCiv, no *primeiro dia útil seguinte*. Segundo a LU, o título se vence no último dia do mês do pagamento, ou seja, a 28 ou 29 de fevereiro.

Suponhamos agora uma NP emitida a 30 de janeiro, vencível a um mês da data do *visto* (que é a apresentação do título ao emitente). O vencimento cairia em 30 de fevereiro. Como não existe esse dia no calendário gregoriano, ocorreria o vencimento, de acordo com o CCiv, no dia imediato seguinte, ou seja, a 1º de março; conforme a LU, o vencimento cai no último dia do mês correspondente, ou seja, a 28 ou 29 de fevereiro.

Nova tradução	Tradução oficial
Art. 37. Sendo a letra pagável a dia certo em lugar onde vigore calendário diferente daquele do lugar da emissão, considera-se fixada a data do vencimento segundo o calendário vigente no lugar do pagamento.[1]	Art. 37. Quando uma letra é pagável num dia fixo num lugar em que o calendário é diferente do lugar de emissão, a data do vencimento é considerada como fixada segundo o calendário do lugar de pagamento.
Quando a letra, sacada entre duas praças com calendários diferentes, é pagável a tempo certo da data, deve o dia da emissão ser referido ao dia correspondente no calendário do lugar do pagamento, para o efeito de determinar a data do vencimento.	Quando uma letra sacada entre duas praças que em calendários diferentes é pagável a certo termo de vista, o dia da emissão é referido ao dia correspondente do calendário do lugar de pagamento, para o efeito da determinação da data do vencimento.
Os prazos para apresentação da letra devem ser computados segundo o disposto na alínea precedente.	Os prazos de apresentação das letras são calculados segundo as regras da alínea precedente.
Essas normas deixam de ser aplicáveis se uma cláusula da letra, ou o teor do título, indicar a intenção de adotar normas diferentes.	Estas regras não se aplicam se uma cláusula da letra, ou até o simples enunciado do título, indicar que houve intenção de adotar regras diferentes.

1. CALENDÁRIOS DIFERENTES

Este artigo enuncia normas específicas sobre o cômputo do prazo de vencimento entre praças onde vigorem calendários diferentes.

A TO da alínea 2ª encerra uma falha grave. Onde, nos originais, se diz *a tempo certo da data*, a versão portuguesa diz *a certo termo de vista*, o que não faz sentido no contexto. Mediante interpretação corretiva, deve-se ler *a tempo certo da data*, como consta dos originais (na versão francesa, *à un certain délai de la date*; na inglesa, *at a fixed period after date*).

Capítulo VI

DO PAGAMENTO[1]

1. CONCEITO

Pagamento é o resgate da cambial pela satisfação, em dinheiro, da respectiva importância. Não é o meio único, mas a forma normal de extinção da obrigação cambial (WHITAKER, 1963, n. 132).

Nova tradução	Tradução oficial
Art. 38. O portador da letra pagável a dia certo ou a tempo certo da data ou da vista deve apresentá-la a pagamento no dia em que ela é pagável ou num dos dois dias úteis seguintes.[1-4]	Art. 38. O portador de uma letra pagável em dia fixo ou a certo termo de data ou de vista deve apresentá-la a pagamento no dia em que ela é pagável ou num dos dois dias úteis seguintes.
Equivale a apresentação para pagamento a apresentação da letra a uma câmara de compensação.[5-7]	A apresentação da letra a uma câmara de compensação equivale à apresentação a pagamento.

1. PRAZO DE APRESENTAÇÃO

Nos termos da LU, a cambial pagável a dia certo ou a tempo certo da data ou da vista deve ser apresentada a pagamento no *dia em que ela é pagável ou em um dos dois dias úteis seguintes.*

Como observado em nota ao art. 33, o conceito de *vencimento*, na LU, não coincide necessariamente com o do dia em que o título é *pagável*. Se, por exemplo, o vencimento cai em dia feriado por lei, o título só se torna exigível (isto é, pagável) no primeiro dia útil seguinte (art. 72).

2. RESERVA

O Brasil subscreveu a reserva do art. 5º do An2, que diz:

> Qualquer das Altas Partes Contratantes pode completar o art. 38 da LU, dispondo que, em relação às letras pagáveis no seu território, o portador deverá fazer a apresentação no *próprio dia do vencimento*; a inobservância desta obrigação *só acarretará responsabilidade por perdas e danos.* [grifo nosso]

Embora a reserva determine que a apresentação seja feita *no próprio dia do vencimento*, deve entender-se que ela se faça *no dia em que a letra é pagável*, pois, de outra forma, sendo feriado o dia do vencimento, a apresentação deveria fazer-se nesse mesmo dia, situação fora de propósito.

A LS, no art. 20, prescreve:

> A letra deve ser apresentada ao sacado ou ao aceitante para pagamento, no lugar designado e *no dia do vencimento* ou, sendo este feriado por lei, no primeiro dia útil imediato, *sob pena de perder o portador o direito de regresso contra o sacador, endossantes e avalistas.* [grifo nosso]

O art. 38 da LU assina ao portador *três dias* para apresentação a pagamento da cambial não à vista (a dia certo ou a tempo certo da data ou da vista): o dia em que ela é pagável ou um dos dias úteis seguintes. A LS só lhe re-

DO PAGAMENTO

serva *um dia*: o próprio dia do vencimento ou, sendo este feriado por lei, o primeiro dia útil seguinte.

Prevê a LS a *perda do direito de regresso* do portador pela inobservância do prazo. De acordo com a reserva, o descumprimento do prazo somente acarreta *responsabilidade por perdas e danos*.

Estaria em vigor o disposto no art. 20 da LS? Parece-nos que a resposta deve ser negativa. Com efeito, o Brasil não poderia adotar a reserva *pela metade*, pois isso seria contrário aos princípios do direito das gentes. O art. 5º do An2, que autoriza a reserva, forma um complexo *unitário e incindível*.

Incindível deve reputar-se a reserva, pois nada nos textos das Convenções de Genebra sobre títulos cambiais autoriza a aceitá-la *em parte*, como não autoriza a só em parte aceitar qualquer outra reserva constante do An2.

Tendo o Brasil qualificado sua adesão à Convenção de Genebra, reservando-se a faculdade contida no art. 5º no An2, é usar da reserva *por inteiro*, ou abster-se, já que se trata de mera autorização.

Como o Brasil não editou nenhuma lei para exercer a faculdade contemplada na reserva, deve-se considerar em vigor, sem alteração, o disposto no art. 38 da LU, conforme o qual o portador de uma letra pagável, a dia certo, a termo certo da data ou a termo certo da vista, há de apresentá-la a pagamento no dia em que ela é pagável ou em um dos dois dias úteis seguintes.

Corrobora esse entendimento o fato de que o último dia para apresentação a pagamento coincide com o último dia para apresentação da letra a protesto (LU, art. 44, alínea 3ª).

Essas considerações aplicam-se, *mutatis mutandis*, à NP, por força do disposto no art. 77 da LU. No mesmo sentido: Mercado Júnior (1971, p. 80), Fran Martins (1985, vol. I, n. 20, *c*) e Grinberg (1983, p. 7).

Rosa Júnior considera em vigor, em virtude da reserva, o disposto no art. 20 da LS, salvo no que se refere à sanção da perda do direito de regresso pela inobservância do prazo (2009, p. 357). São da mesma opinião: Bulgarelli (1998, p. 183) e Ulhoa Coelho (2010, vol. I, p. 431).

Para Requião, continua em vigor o disposto no art. 20 da LS, *inclusive a consequência de perda do direito de regresso* pelo descumprimento do prazo (REQUIÃO-REQUIÃO, 2003, ns. 579 e 580).

3. LUGAR DA APRESENTAÇÃO A PAGAMENTO

A cambial deve ser apresentada a pagamento no lugar nela indicado para esse fim. No indicado local de pagamento, deve o título ser apresentado no lugar designado junto ao nome do sacado, na LC (art. 2º), ou do emitente, na NP (art. 76).

Na falta de indicação precisa do lugar do pagamento, deve a cambial ser apresentada no domicílio do sacado, na LC, ou do emitente, na NP.

4. EFEITOS DO PAGAMENTO

Ante o laconismo da LU, convém explicitar os efeitos do pagamento. Nos termos do art. 24 da LS, o pagamento produz as seguintes consequências:

> O pagamento feito pelo aceitante ou pelos respectivos avalistas desonera da responsabilidade cambial todos os coobrigados.
>
> O pagamento feito pelo sacador, pelos endossantes ou respectivos avalistas desonera da responsabilidade cambial os coobrigados posteriores.
>
> Parágrafo único. O endossador ou seu avalista, que paga ao endossatário ou ao avalista posterior, pode riscar o próprio endosso ou aval e os dos endossadores ou dos respectivos avalistas posteriores.

Essas normas, que, por sua clareza, dispensam explicação, estão implícitas no sistema da LU. Para completar, cabe dizer:

1. O pagamento feito pelo obrigado principal extingue a obrigação.
2. Tem igualmente efeito extintivo o pagamento feito pelo sacado não aceitante. Embora não seja cambialmente obrigado, o sacado não aceitante, pagando o título, exonera todos os coobrigados. Não tem o sacado, em

tal caso, ação cambial contra o sacador, por não ter este efetuado a provisão. Se o sacado tiver alguma ação contra o sacador, será extracambial.

3. O pagamento feito pelo avalista do obrigado principal desonera da responsabilidade cambial todos os demais obrigados, salvo o avalizado, contra o qual tem o avalista direito de regresso.

4. O sacador que paga tem ação cambial direta contra o aceitante (LU, art. 28).

No segundo item, embora não seja cambialmente obrigado, o sacado não aceitante, pagando o título, exonera todos os coobrigados. Não tem o sacado, em tal caso, ação cambial contra o sacador, por falta de provisão. Se o sacado tiver alguma ação contra o sacador, esta será *extracambiária*.

5. CÂMARA DE COMPENSAÇÃO

Segundo o art. 38, alínea 2ª, equivale a apresentação para pagamento a apresentação do título a uma *câmara de compensação*. O Brasil formulou a reserva prevista no art. 6º do An2, segundo a qual compete à lei de cada país determinar quais instituições devem ser consideradas câmaras de compensação.

6. SISTEMA BRASILEIRO DE COMPENSAÇÃO

O Banco Central do Brasil, pela Circular n. 3.255, de 2004, com fundamento no art. 11, VI, da Lei n. 4.595/64, no art. 10 da Lei n. 10.214/2001 e na Resolução n. 2.888, de 2001, do Conselho Monetário Nacional, regulou a *liquidação*, mediante *compensação interbancária*, de obrigações relacionadas com operações de compra e venda ou de prestação de serviços, como Dp e NP.

Fazem parte do sistema de liquidação e compensação os bancos comerciais, os bancos múltiplos com carteira comercial e a Caixa Econômica Federal.

Em virtude da autorização contida na LU, art. 38, 2ª alínea, pode o portador apresentar o título, para pagamento, em qualquer estabelecimento que faça parte do sistema de compensação, podendo o sacado ou o devedor, por sua vez, pagá-lo em qualquer banco associado ao sistema.

7. AVISO BANCÁRIO

A faculdade de apresentação da cambial para cobrança, a uma câmara ou sistema de compensação, circunscreve-se a rigor aos títulos *domiciliados*, isto é, pagáveis no domicílio de terceiro, no caso, um estabelecimento de crédito (arts. 4º e 27).

Tal formalidade, *de facto*, foi suplantada pelo *aviso*, o chamado *boleto*, no jargão bancário, com o beneplácito dos Tribunais. Como é notório, os bancos costumeiramente expedem aviso ao sacado ou ao devedor, comunicando que se encontra em cobrança em suas agências determinado título ou documento, muito embora não indique este como lugar de pagamento o estabelecimento bancário.

Em tais condições, a obrigação, de *quérable* (isto é, exigível no domicílio do devedor) passa a *portable*. O STF sancionou esse costume *praeter legem*, decidindo: "Dívida *quérable*. Tolerância, tornando-se hábito, tem força modificadora de cláusula escrita" (RE n. 40.113, RTJ 11/57).

Nova tradução	Tradução oficial
Art. 39. Pagando a letra, pode o sacado exigir que ela lhe seja entregue quitada pelo portador.[1-2]	Art. 39. O sacado que paga uma letra pode exigir que ela lhe seja entregue com a respectiva quitação.
O portador não pode recusar pagamento parcial.[3]	O portador não pode recusar qualquer pagamento parcial.
Em caso de pagamento parcial, pode o sacado exigir que se anote na letra o valor pago e se lhe dê quitação do que foi pago.[4]	No caso de pagamento parcial, o sacado pode exigir que desse pagamento se faça menção na letra e que dele lhe seja dada quitação.

1. PROVA DO PAGAMENTO

Pelo princípio da literalidade, deve a quitação, para ser eficaz em relação a terceiros, ser dada no próprio título. A quitação em separado é inoponível ao terceiro de boa-fé.

2. DIREITO DO SACADO OU DO DEVEDOR

Nota De Lucca que o direito do sacado, contido no art. 39, enseja duas situações jurídicas distintas, fundadas no mesmo princípio:

I. ou o sacado, tendo pago a letra, exige-lhe a remessa posterior; ou

II. não efetua o pagamento, senão contra a entrega da cambial quitada (DE LUCCA, 1979, p. 45).

Na realidade, podemos discernir no mesmo artigo um direito do sacado ou do devedor – o de receber, contra o pagamento, a cambial quitada pelo portador (*direito de resgate*) – o qual se desdobra em três faculdades:

I.   a de exigir a exibição do título pelo que se apresenta como credor;

II. a de exigir-lhe a entrega, uma vez pago;

III. a de exigir a quitação no título.

A primeira faculdade deriva da consideração de ser a posse do documento condição necessária ao exercício do direito pelo credor; a segunda, do interesse do devedor em que o título não volte a circular, e caia indevidamente em posse de terceiro; a terceira, da noção de que, embora a entrega do título ao devedor faça presumir o pagamento (CCiv, art. 324), tal presunção é *juris tantum*.

Em face do princípio da literalidade, convém ao *solvens* que seja a quitação firmada no próprio título, contra eventual alegação de estar a cambial indevidamente em seu poder (p.ex., por motivo de extravio, furto ou apropriação indébita).

3. COBRANÇA BANCÁRIA

Na prática, esses princípios tradicionais foram suplantados pelo sistema de cobrança bancária, em que o título original, seja cambiário, seja de outra natureza, é substituído pelo *aviso bancário*, também chamado *boleto*.

A experiência mostra, aqui e alhures, que raramente o devedor se opõe a essa forma de cobrança. Entre as razões para o conformismo ou inércia do devedor, ou suposto devedor, podem ser apontadas as seguintes:

a. Na maior parte das vezes, reconhece a dívida e paga logo, ou faz acordo, para não lhe crescerem as despesas e o descrédito.

b. O devedor não é localizado ou está insolvente, casos em que não resta ao credor senão lançar o prejuízo em "créditos duvidosos", eufemismo contábil para créditos incobráveis.

De fato, não tem mais lugar a exibição material do título ao sacado ou ao devedor, em que o título-papel já não circula no meio bancário, como é o caso da LCR na França e da Dp no Brasil. O título eletrônico é uma imposição da era dominada pela informática.

4. PAGAMENTO PARCIAL

O portador não pode recusar pagamento parcial, pois a quitação parcial favorece os obrigados de regresso, cuja responsabilidade fica reduzida pelo mesmo tanto.

Essa norma derroga a do DComum, segundo a qual o credor não pode ser obrigado a receber por partes, se assim não se ajustou (CCiv, art. 314).

Em caso de pagamento parcial, pode o sacado ou o devedor exigir:

I. o recibo do que pagou;

II. a anotação do pagamento no título.

Com efeito, a quitação parcial em separado não pode ser oposta ao terceiro de boa-fé, sendo de interesse do sacado ou do devedor que o valor pago também seja mencionado na cambial.

Nova tradução	Tradução oficial
Art. 40. O portador não pode ser obrigado a receber o pagamento da letra antes do vencimento. O sacado que paga antes do vencimento o faz por sua conta e risco.[1] Fica validamente liberado aquele que paga no vencimento, salvo havendo de sua parte dolo ou culpa grave.[2] Cumpre-lhe verificar a regularidade da série de endossos, não, porém, a assinatura dos endossantes.[3]	Art. 40. O portador de uma letra não pode ser obrigado a receber o pagamento dela antes do vencimento. O sacado que paga uma letra antes do vencimento fá-lo sob sua responsabilidade. Aquele que paga uma letra no vencimento fica validamente desobrigado, salvo se da sua parte tiver havido fraude ou falta grave. É obrigado a verificar a regularidade da sucessão dos endossos, mas não a assinatura dos endossantes.

1. PAGAMENTO ANTECIPADO

Assim como não pode o portador exigir o pagamento antes do tempo, não pode também ser obrigado a receber antes do vencimento. No que se refere ao direito de não receber antes do vencimento, a norma do DCambial difere da estabelecida no DComum, segundo a qual o prazo, em princípio, se presume em proveito do devedor (CCiv, art. 133).

Se o título contém cláusula de juros, pode convir ao credor continuar a fruí-los. Mesmo que a cambial não renda juros, se a obrigação é exequível em moeda estrangeira, o credor pode preferir:

I. vender o título, se o câmbio lhe é favorável;
II. aguardar o vencimento, na expectativa de melhor cotação.

Essa é basicamente a mesma explicação de Carvalho de Mendonça, referindo-se ao disposto no art. 22 da LS, que contém norma de igual teor ao do art. 40, *caput*, da LU (notando-se que a LS não admite cláusula de juros):

> O devedor [...] não pode obrigar o credor a receber o pagamento antes do vencimento, pois a este muitas vezes convém não antecipar o embolso, por exemplo, se deseja especular sobre a cotação do câmbio, se não tem imediata colocação para o dinheiro etc. (CARVALHO DE MENDONÇA, 1960, vol. V, 2ª parte, p. 377).

Quem paga antes do tempo arrisca-se a ter de pagar duas vezes, se o portador não está legitimado a receber.

2. VALIDADE DO PAGAMENTO

A lei considera validamente liberado aquele que paga o título no vencimento, salvo havendo, de sua parte, dolo ou culpa grave.

Se o devedor cumpriu a prestação, com dolo ou culpa grave, a quem não é titular do direito, fica obrigado pagá-la ao verdadeiro credor. A obrigação de pagar outra vez não surge a título de responsabilidade por culpa, mas a título de cumprimento da obrigação originária mal adimplida (SEGRETO, 2000, p. 368).

Tendo havido *extravio*, o sacado ou o devedor não só está legalmente autorizado a abster-se, como fica impedido de pagar ao apresentante, se foi regularmente intimado na forma do art. 36 da LS.

Dispõe a LS, mais precisamente, que só se admite oposição ao pagamento no caso de extravio da cambial, de falência ou de incapacidade do portador para receber (art. 23, parágrafo único, c/c art. 56).

Essas normas devem reputar-se em vigor, de acordo com o art. 9º da CCL, segundo o qual a lei do país em que a cambial é pagável determina as medidas a tomar em caso de perda ou roubo (*rectius*, perda, furto ou roubo).

3. ÔNUS DO *SOLVENS*

Quem paga é obrigado a verificar a regularidade formal da série de endossos, mas não tem obrigação de conferir a autenticidade das firmas dos endossantes (LU, art. 40, alínea 3ª, 2ª parte).

DO PAGAMENTO

Dispõe a LS: "Art. 40. Quem paga não está obrigado a verificar a autenticidade dos endossos." Desonera-se, portanto, o devedor, pagando ao *portador legitimado* na forma do art. 16 da LU, ainda que a cambial tenha sido furtada ou perdida. Se o devedor, porém, tem motivo suficiente para suspeitar ou, se pelas circunstâncias, deva suspeitar da procedência do título, tem o dever jurídico de abster-se de pagar, sob pena de ter de pagar duas vezes.

Mais precisamente, o ônus de verificação, a cargo do devedor, compreende, de acordo com Segreto (2000, p. 369):

I. o dever de verificar se o portador do título está legitimado a pedir-lhe o pagamento, com base na continuidade dos endossos (art. 16);

II. o dever de examinar identidade do portador da cambial.

Se o devedor omite a verificação, não é liberatório o pagamento ao portador não legitimado. Com efeito – prossegue Segreto –, só é liberatório o pagamento feito ao legítimo beneficiário, precedido de diligente verificação, conforme o dever de ordinária diligência.

Verifica-se o cumprimento desse dever, em relação às cautelas suscitadas pelas circunstâncias do caso concreto, com particular referência ao lugar do pagamento, à pessoa do apresentante, ao valor do título e à natureza do documento de identificação exibido pelo possuidor (SEGRETO, 2000, p. 309).

Incumbe ao *solvens* o ônus da prova da identificação do portador (PELLIZZI, apud SEGRETO, ibidem).

Quanto ao cumprimento do dever de ordinária diligência na identificação do portador – continua Segreto –, incumbe a quem conteste a legitimidade do pagamento o ônus de demonstrar-lhe a inobservância, porque é de presumir-se a boa-fé e a ausência de culpa do devedor.

Em caso de dúvida sobre a legitimidade do portador ou sobre quem possa legitimamente receber a importância devida, convém ao devedor depositá-la (LU, art. 42), para não pagar juros, que são devidos desde o vencimento (art. 48, n. 2).

Nova tradução	Tradução oficial
Art. 41. Estipulado na letra pagamento em moeda sem curso no lugar onde deva realizar-se, pode sua importância ser paga na moeda do país, segundo seu valor no dia do vencimento.[1] Estando o devedor em atraso, pode o portador, à sua escolha, exigir-lhe o pagamento na moeda do país ao câmbio do dia do vencimento ou ao do dia do pagamento.	Art. 41. Se numa letra se estipular o pagamento em moeda que não tenha curso legal no lugar do pagamento, pode a sua importância ser paga na moeda do país, segundo o seu valor no dia do vencimento. Se o devedor está em atraso, o portador pode, à sua escolha, pedir que o pagamento da importância da letra seja feito na moeda do país ao câmbio do dia do vencimento ou ao câmbio do dia do pagamento.
Determina-se o valor da moeda estrangeira segundo os usos do lugar do pagamento, podendo o sacador, contudo, estipular que a importância a pagar seja calculada segundo o câmbio fixado na letra. Não se aplica o acima disposto, se o sacador estipulou o pagamento em certa e determinada moeda (*cláusula de pagamento efetivo em moeda estrangeira*).[2]	A determinação do valor da moeda estrangeira será feita segundo os usos do lugar de pagamento. O sacador pode, todavia, estipular que a soma a pagar seja calculada segundo um câmbio fixado na letra. As regras acima indicadas não se aplicam ao caso em que o sacador tenha estipulado que o pagamento deverá ser efetuado numa certa moeda especificada (cláusula de pagamento efetivo numa moeda estrangeira).
Indicada a importância da letra em moeda com a mesma denominação, mas valor diferente no país da emissão e no do pagamento, presume-se feita a referência à moeda do lugar do pagamento.	Se a importância da letra for indicada numa moeda que tenha a mesma denominação mas valor diferente no país de emissão e no pagamento, presume-se que se fez referência à moeda do lugar de pagamento.

1. MOEDA DE PAGAMENTO

A LU prevê a hipótese de a obrigação cambial ser expressa em moeda que não tenha curso no lugar do pagamento, caso em que este pode ser feito na moeda do país, segundo seu valor no dia do vencimento.

O art. 315 do CCiv contém praticamente a mesma regra, ao dispor que as dívidas em dinheiro devem ser pagas em moeda corrente, excetuados, conforme acrescenta o art. 318, os casos previstos em lei especial.

2. PAGAMENTO EM MOEDA ESTRANGEIRA

Quanto à *cláusula de pagamento efetivo em moeda estrangeira*, o Brasil subscreveu a reserva prevista no art. 7º do An2, que faculta a cada país signatário sustar-lhe os efeitos, relativamente às cambiais pagáveis em seu território.

A Lei n. 10.192/2001, que dispõe sobre medidas complementares ao Plano Real, após estabelecer, no art. 1º, a regra de que as obrigações pecuniárias exequíveis no território nacional devem ser pagas em real, no parágrafo único veda, sob pena de nulidade, quaisquer obrigações vinculadas a moeda estrangeira, ressalvadas as exceções previstas no Decreto-lei n. 857/69 e na parte final do art. 6º da Lei n. 8.880/94.

O Decreto-lei n. 857/69 admite o pagamento de obrigações em moeda estrangeira nas seguintes hipóteses (art. 2º):

I. contratos e títulos referentes a importação ou exportação de mercadorias;

II. contratos de financiamento ou de prestação de garantias relativos às operações de exportação de bens de produção nacional vendidos a crédito para o exterior;

III. contratos de compra e venda de câmbio em geral;

IV. empréstimos e quaisquer outras obrigações cujo credor ou devedor seja pessoa residente e domiciliada no exterior, excetuados os contratos de locação de imóveis situados no território nacional;

V. contratos que tenham por objeto a cessão, transferência, delegação, assunção ou modificação das obrigações referidas no item anterior, ainda que ambas as partes contratantes sejam pessoas residentes ou domiciliadas no país.

A Lei n. 8.880/94, que instituiu a URV (unidade real de valor), precursora do real, após declarar nula de pleno direito a contratação de reajuste vinculado à variação cambial, no art. 6º ressalva, na parte que interessa, os contratos de arrendamento mercantil celebrados entre pessoas residentes e domiciliadas no País, com base na captação de recursos provenientes do exterior.

O art. 10 da LP admite o protesto de títulos pagáveis em moeda estrangeira, emitidos fora do Brasil. O pagamento em cartório, se houver, deve ser feito em moeda nacional, competindo ao requerente fazer a conversão da moeda na data da apresentação do título a protesto.

A conversão em moeda nacional deve ser feita segundo o câmbio do dia do vencimento, ou, se o devedor está em atraso, segundo o câmbio do dia do vencimento ou do pagamento, à opção do credor (LU, art. 41, alínea 1ª), mas, de acordo com a LP, não compete ao tabelião de protesto examinar a exatidão do cálculo, responsabilidade do apresentante do título a protesto (art. 10, § 2º).

Nova tradução	Tradução oficial
Art. 42. Não apresentada a letra a pagamento dentro do prazo fixado no art. 38, é lícito a qualquer devedor consignar-lhe a importância junto à autoridade competente, por conta e risco do portador.[1]	Art. 42. Se a letra não for apresentada a pagamento dentro do prazo fixado no art. 38, qualquer devedor tem a faculdade de depositar a sua importância junto da autoridade competente, à custa do portador e sob a responsabilidade deste.

1. CONSIGNAÇÃO EM PAGAMENTO

Caso não lhe seja apresentada a cambial a pagamento no prazo legal (art. 38), pode o devedor consignar-lhe a importância perante a autoridade competente (art. 42), liberando-se da obrigação e, consequentemente, da incidência de juros, que começam a fluir do dia do vencimento (art. 48, n. 2).

De acordo com o art. 890, § 1º, do CPC, com a redação da Lei n. 8.951/94, pode o devedor fazer o depósito da quantia devida, em estabelecimento bancário oficial, onde o houver, situado no lugar do pagamento.

Corrobora esse entendimento o disposto no art. 334 do CCiv, segundo o qual se considera pagamento, extinguindo a obrigação, o depósito judicial da importância devida ou seu depósito em *estabelecimento bancário*, nos casos e formas legais.

Capítulo VII

DO DIREITO DE REGRESSO POR FALTA DE ACEITE OU DE PAGAMENTO

Nova tradução	Tradução oficial
Do direito de regresso[1] por falta de aceite ou de pagamento.	Da ação por falta de aceite e de pagamento.

1. DIREITO DE REGRESSO

A TO refere-se à *ação por falta de aceite ou de pagamento*, quando o presente Capítulo trata mais amplamente do *direito de regresso* (no original francês, *recours*), que pode ser exercido judicial ou extrajudicialmente. No mesmo sentido, Fran Martins (1985, vol. I, n. 21, nota à epígrafe do Capítulo VII).

Versa de fato o Capítulo VII sobre o exercício do *direito de regresso* e seus pressupostos, um dos quais é o protesto por falta de aceite ou de pagamento. A LU assegura ao credor, satisfeitos tais pressupostos, *ação de regresso* contra os endossantes anteriores e o sacador, sem prejuízo da *ação direta* contra o principal obrigado.

O direito regressivo pode ser também exercido por meio do *ressaque* (art. 52), que nada mais é que o saque de nova LC, à vista, sobre qualquer dos obrigados.

Pode, naturalmente, o obrigado de regresso pagar espontaneamente a obrigação, evitando, destarte, acréscimo de despesas e os incômodos de uma ação judicial. A LU lhe faculta, por sua vez, exercer o direito regressivo contra os obrigados anteriores (*regresso ulterior*), independentemente da ação direta, que lhe compete, contra o obrigado principal, como será visto ao examinarmos o art. 52.

Nova tradução	Tradução oficial
Art. 43. O portador pode exercer o direito de regresso contra os endossantes, o sacador e os demais coobrigados:[1]	Art. 43. O portador de uma letra pode exercer os seus direitos de ação contra os endossantes, sacador e outros coobrigados:
– no vencimento, se o pagamento não foi efetuado;[2]	– no vencimento: se o pagamento não foi efetuado;
– mesmo antes do vencimento:[3-7]	– mesmo antes do vencimento:
1. se houve recusa total ou parcial do aceite;	1. se houve recusa total ou parcial do aceite;
2. nos casos de falência do sacado, aceitante ou não, de suspensão de seus pagamentos, ainda que não judicialmente declarada, ou de execução frustrada de seus bens;	2. nos casos de falência do sacado, quer ele tenha aceite, quer não, de suspensão de pagamentos do mesmo, ainda que não constatada por sentença, ou de ter sido promovida, sem resultado, execução dos seus bens;
3. nos casos de falência do sacador de letra não aceitável.	3. nos casos de falência do sacador de uma letra não aceitável.

1. EXERCÍCIO DO DIREITO DE REGRESSO

O direito de regresso pode ser exercido no vencimento, se o pagamento não foi efetuado, ou mesmo antes do vencimento, nas hipóteses que a lei menciona.

O exercício do direito regressivo depende de certos *pressupostos substanciais* e de um *pressuposto formal*, que é o protesto tempestivo por falta de aceite ou de pagamento.

Os pressupostos substanciais dizem respeito às hipóteses legais autorizadoras do exercício do direito de regresso e à inocorrência de caducidade.

Convém esclarecer que a ação direta do portador contra o obrigado principal e seus avalistas não está sujeita à decadência, mas à prescrição trienal (art. 70). Já a ação de regresso está sujeita à *decadência*, cuja causa principal é a falta de oportuno protesto (art. 53), bem como à *prescrição* (art. 70).

2. REGRESSO NO VENCIMENTO

Vencido o título e não pago, pode o credor propor ação cambial direta contra o obrigado principal, e ação cambial de regresso contra os endossantes, o sacador e respectivos avalistas.

3. REGRESSO ANTECIPADO

As hipóteses de regresso antes do vencimento (*regresso antecipado*) alinham-se em três grupos:

1. recusa total ou parcial do aceite;
2. falência do sacado, aceitante ou não, suspensão de seus pagamentos ou execução frustrada de seus bens;
3. falência do sacador de letra não aceitável.

A LU não se refere ao *vencimento antecipado*, como estabelecia a LS (art. 19), mas ao *regresso antecipado*, que são conceitos distintos. Assim, por exemplo, o aceite parcial não acarreta o vencimento antecipado do título, como ocorria na vigência da LS, mas abre ensejo ao regresso antecipado.

A doutrina brasileira, sem discrepância, admite o exercício antecipado do direito de regresso – embora se continue a falar em *vencimento anteci-*

pado –, quando protestado o título por falta ou recusa (total ou parcial) do aceite ou pela falência do aceitante (LS, art. 19).

Em relação às demais hipóteses, há divergências em face da reserva, formulada pelo Brasil, constante do art. 10 do An2, que veremos a seguir.

4. RESERVA

O Brasil subscreveu a reserva mencionada no art. 10 do An2, segundo o qual compete à lei de cada país a *determinação precisa das situações jurídicas* a que se referem os ns. 2 e 3 do art. 43.

O n. 2 refere-se às hipóteses de *falência do sacado*, aceitante ou não, de *suspensão de seus pagamentos* ou de *execução frustrada* de seus bens; o n. 3, à hipótese de *falência do sacador de letra não aceitável*.

Estariam em vigor, no Brasil, esses dispositivos? Parece que sim, como veremos em seguida. Procederemos por partes, expondo: *primo*, a doutrina nacional e a estrangeira; *secundo*, a tese; finalmente, a conclusão.

5. DOUTRINA NACIONAL

A doutrina nacional está dividida, havendo opiniões em vários sentidos:

a. Fran Martins, por entender que a reserva tem eficácia imediata, considera em vigor o disposto no art. 43, ns. 2 e 3, sem necessidade de norma complementar (1985, vol. I, n. 74).

b. Mercado Júnior admite o regresso antecipado nos dois casos previstos na LS, ou seja, *recusa do aceite* e *falência do aceitante*, deixando em aberto a questão de saber se é possível proceder ao regresso imediato na hipótese de falência do sacador de letra não aceitável, por não ter o Brasil editado norma que regule a matéria (1971, p. 107).

c. Paes de Almeida entende possível o regresso antecipado nos casos de falência do sacado e de falência do sacador de letra não aceitável, mas faz restrição à hipótese de *suspensão de pagamentos*, reputando-a inaplicável no Direito brasileiro. Não menciona, contudo, a hipótese de *execução frustrada* (2009, p. 38).

d. Requião considera a letra exequível por antecipação contra os devedores regressos, em todas as hipóteses do art. 43, ns. 2 e 3, da LU, excluída a de *suspensão de pagamentos* (2003, vol. II, n. 578).

e. Para Ulhoa Coelho, o regresso antecipado só é possível em duas oportunidades: na *recusa do aceite* e na *falência do aceitante* (2010, p. 428). No mesmo sentido: Boiteux (2002, p. 93); Bulgarelli (1998, p. 181); Duarte Costa (2008, p. 217); Rosa Júnior (2009, p. 348); Tomazette (2009, vol. II, p. 141).

6. DOUTRINA ESTRANGEIRA

Na Itália, a doutrina parece unânime em admitir o exercício antecipado do direito de regresso em todas as hipóteses previstas no art. 43 da LU (que corresponde textualmente ao art. 50 da LCambial italiana).

Asquini, entre outros, considera equivalente ao *estado de insolvência*, autorizando o regresso imediato, a *suspensão de pagamentos* do sacado, como na concordata suspensiva, assim como a *execução infrutífera* de seus bens, entendida como todo procedimento executivo, mobiliário ou imobiliário, movido contra o sacado, naturalmente por outros créditos, sem que o credor obtenha satisfação integral de seu crédito (ASQUINI, 1966, n. 129, p. 287). No mesmo sentido: Carrato (*in* SEGRETO e CARRATO, 2000, p. 483); Esposito (*in* LAURINI, 2003, p. 175).

Quanto à letra não aceitável, nota Asquini, seu crédito repousa essencialmente no crédito do sacador, uma vez que o aceite está *ex hypothesi* excluído. A lei admite, por isso, o exercício imediato do direito de regresso, quando decretada a falência do sacador da letra não aceitável (ibidem).

7. TESE

Está em vigor, no Brasil, o disposto no art. 43, ns. 2 e 3, da LU.

7.1. Premissas

a. As situações jurídicas a que se refere o art. 10 do An2 resolvem-se em *hipóteses de insolvência*, nos termos da LF (Lei n. 11.101/2005), e do CPC.

b. O disposto na LS sobre o regresso antecipado não prejudica o disposto em outras leis sobre as situações jurídicas a que se refere o art. 10 do An2.

c. Estão precisamente determinadas no direito positivo brasileiro as referidas situações jurídicas.

7.2. Prova

a. A falência constitui situação jurídica precisamente determinada no Direito brasileiro, sendo irrelevante, para esse efeito, que seja a falência do aceitante, a do sacado não aceitante ou a do sacador de letra não aceitável.

b. A *impontualidade injustificada* do empresário ou da sociedade empresária no pagamento de obrigação líquida representa hipótese de *insolvência presumida*, nos termos da LF, art. 94, I.

c. Constitui igualmente hipótese de *insolvência presumida* a *execução frustrada* dos bens do devedor, isto é, do empresário que, "executado por qualquer quantia líquida, não paga, não deposita e não nomeia à penhora bens suficientes no prazo legal" (LF, art. 94, II), compreendendo-se no termo *empresário* também a sociedade empresária.

d. Presume-se a *insolvência civil* do devedor que não possua outros bens livres e desembaraçados para nomear à penhora (CPC, art. 750, I).

e. Inclui-se na hipótese de *suspensão de pagamentos* a *recuperação judicial* do devedor, quando deferido seu processamento, porque implica a *suspensão de todas as ações ou execuções* contra ele propostas (LF, art. 6º).

f. Independentemente do disposto na LS sobre as hipóteses de recusa (total ou parcial) do aceite e de falência do aceitante, as situações jurídicas a que se refere o art. 10 do An2 estão precisamente determinadas no direito positivo brasileiro (*a* a *e*).

Mais:

1. O sacado ou o devedor principal em estado de insolvência presumida, ou de recuperação judicial (*suspensão legal de pagamentos*), provavelmente não honrará a cambial no vencimento, o que justifica o regresso antecipado contra os coobrigados.

2. É razão suficiente para o exercício do regresso antecipado a decretação da falência do sacador de letra não aceitável, pois não pode o credor, em tal hipótese, contar com o pagamento pelo sacado, cujo aceite está excluído *a priori*.

3. Incorre em petição de princípio a afirmação de que o Brasil, com o disposto no art. 19 da LS, já exerceu a reserva prevista no art. 10 do An2. Resta indicar em qual princípio jurídico tal proposição se fundamenta. Gratuitamente afirmado, gratuitamente negado (*gratis affirmatur, gratis negatur*).

7.3. Conclusão

a. Estão precisamente determinadas no direito positivo brasileiro as situações jurídicas a que se refere o art. 10 do An2.

b. Logo, está em vigor, no Brasil, o disposto no art. 43, ns. 2 e 3, da LU.

Nova tradução	Tradução oficial
Art. 44. A recusa do aceite ou do pagamento deve ser certificada por um ato autêntico (protesto por falta de aceite ou por falta de pagamento).[1-8]	Art. 44. A recusa de aceite ou de pagamento deve ser comprovada por um ato formal (protesto por falta de aceite ou falta de pagamento).
O protesto por falta de aceite deve ser efetuado nos prazos fixados para apresentação ao aceite. No caso do art. 24, alínea 1ª, feita a primeira apresentação no último dia do prazo, pode efetuar-se o protesto ainda no dia seguinte.[9]	O protesto por falta de aceite deve ser feito nos prazos fixados para a apresentação ao aceite. Se, no caso previsto na alínea 1 do artigo 24, a primeira apresentação da letra tiver sido feita no último dia do prazo, pode fazer-se ainda o protesto no dia seguinte.

O protesto por falta de pagamento da letra sacada a dia certo ou a tempo certo da data ou da vista deve ser efetuado em um dos dois dias úteis seguintes àquele em que a letra é pagável.[10] Tratando-se de letra à vista, deve o protesto ser efetuado nas condições indicadas na alínea anterior para o protesto por falta de aceite.[11]

O protesto por falta de aceite dispensa a apresentação a pagamento e o protesto por falta de pagamento.[12]

No caso de suspensão de pagamentos por parte do sacado, aceitante ou não, assim como no de execução frustrada de seus bens, não pode o portador exercer o direito de regresso, senão após a apresentação da letra ao sacado para pagamento e depois de lavrado o protesto.[13]

No caso de falência declarada do sacado, aceitante ou não, bem como no de falência declarada do sacador de uma letra não aceitável, é suficiente a apresentação da sentença declaratória de falência para habilitar o portador ao exercício do direito de regresso.[12]

O protesto por falta de pagamento de uma letra pagável em dia fixo ou a certo termo de data ou de vista deve ser feito em um dos dois dias úteis seguintes àquele em que a letra é pagável. Se se trata de uma letra pagável à vista, o protesto deve ser feito nas condições indicadas na alínea precedente para o protesto por falta de aceite.

O protesto por falta de aceite dispensa a apresentação a pagamento e o protesto por falta de pagamento.

No caso de suspensão de pagamentos do sacado, quer seja aceitante, quer não, ou no caso de lhe ter sido promovida, sem resultado, execução dos bens, o portador da letra só pode exercer o seu direito de ação após apresentação da mesma ao sacado para pagamento e depois de feito o protesto.

No caso de falência declarada do sacado, quer seja aceitante, quer não, bem como no caso de falência declarada do sacador de uma letra não aceitável, a apresentação da sentença de declaração de falência é suficiente para que o portador da letra possa exercer o seu direito de ação.

1. LEI APLICÁVEL

De acordo como art. 8º da CCL, *a forma e os prazos do protesto* obedecem à lei do país em cujo território se deva realizar.

No Brasil, as formalidades do protesto são reguladas pela LP, que estabelece o prazo de três dias úteis para a realização do protesto pelo oficial competente (tabelião de protesto), contados da protocolização do título em cartório (LP, art. 12), que deve ocorrer dentro de 24 horas de seu recebimento (LP, art. 5º).

2. CONCEITO DE PROTESTO CAMBIAL

A LP define o protesto como "ato formal e solene pelo qual se prova a inadimplência e o descumprimento de obrigação originada de títulos e outros documentos de dívida" (art. 1º). Essa definição não é das mais felizes. O protesto serve para provar não só a inadimplência, mas também a falta de aceite, no caso da LC, que o sacado não é obrigado legalmente a aceitar.

O *protesto de títulos*, ou o *protesto notarial*, pode ser conceituado como o ato autêntico que comprova a recusa do aceite ou do pagamento de um título. Mais precisamente, *protesto notarial* é um ato *público, autêntico, formal* e *solene*, que certifica a recusa do aceite ou do pagamento de um título de crédito ou de outro documento.

É ato *público*, porque é realizado por agente público, atuando nessa qualidade, e do qual pode qualquer pessoa pedir certidão; *autêntico*, porque é dotado de fé pública; *formal*, porque, para sua validade, devem-se observar determinadas formalidades prescritas em lei; e *solene*, porque é praticado com a colaboração de autoridade, como é o tabelião de protesto.

A TO consigna "ato formal", onde no original se lê "ato autêntico" (*acte authentique*), embora sejam conceitos distintos. Com efeito, um ato pode ser *formal*, como a LC, sem ser *autêntico*, isto é, dotado de fé pública. O protesto cambial é ao mesmo tempo um ato *autêntico* e *formal*.

O protesto notarial, ato extrajudicial, não deve ser confundido com o protesto judicial, medida cautelar assegurada a todo aquele que deseja prevenir responsabilidade, prover a conservação e ressalva de seus direitos ou manifestar qualquer intenção de modo formal (CPC, art. 867).

3. RECUSA DO ACEITE OU DO PAGAMENTO

Para a efetivação do protesto, não é necessário que a pessoa indicada para aceitar ou pagar se recuse expressamente a fazê-lo. Basta que, intimada pelo oficial competente da apresentação do título a protesto, deixe de aceitar ou pagar.

A intimação é ato essencial ao protesto. Com efeito, no registro e no instrumento do protesto devem constar a certidão da intimação feita e a resposta eventualmente dada pelo intimado (LP, art. 22, IV).

4. PROTESTO CAMBIAL

O protesto já descrito era tradicionalmente denominado *protesto cambial*. Assim era, realmente, na vigência da LS – que, entre outras providências, dispunha sobre a LC e a NP – até a entrada em vigor da LP, que passou a regular o protesto de títulos.

Com o advento da LP, a expressão *protesto cambial* tornou-se inadequada, por ser somente aplicável aos *títulos cambiais* (LC, NP, Ch e Dp) e, por extensão, a outros títulos de crédito, como as cédulas de crédito rural, comercial, industrial, à exportação e bancário.

Onde o CCiv menciona *protesto cambial* (art. 202, III), deve-se entender *protesto notarial*, por ser a LP a lei específica sobre a matéria.

O termo *protesto notarial* abrange não só o protesto dos títulos cambiais e dos demais títulos de crédito, mas também o protesto de "outros documentos de dívida" – segundo se lê na ementa da LP *et passim* – como, entre outros, o protesto de contrato de câmbio e o de crédito de aluguel.

Nesse contexto, diremos *protesto de títulos, brevitatis causa*, para significar o *protesto de títulos e outros documentos de dívida*.

5. TEMPO DO PROTESTO

Consoante o disposto na LU e na LP, que a integra (CCL, art. 8º), o tempo do protesto, no Direito brasileiro, deve ser entendido em duplo sentido: quanto ao portador, como o termo fixado para pedir o protesto, com a apresentação do título, ao oficial competente; quanto ao oficial processante, como o prazo para lavrar e registrar o protesto. No mesmo sentido, Pontes de Miranda (1954, vol. I, p. 361), Mercado Júnior (1971, p. 108) e Grinberg (1983, p. 3).

DO DIREITO DE REGRESSO POR FALTA DE ACEITE OU DE PAGAMENTO

No que concerne ao *termo legal para pedir o protesto* ao oficial competente, referido na LU como *prazo para fazer o protesto*, a LU contém normas específicas, conforme se trate de protesto por falta de aceite ou de protesto por falta de pagamento.

A vigência dessas normas deve ser confrontada com o disposto na LS sobre o prazo para requerer o protesto por falta de pagamento, objeto da reserva, subscrita pelo Brasil, prevista no art. 9° do An2, que será examinado mais adiante.

Quanto ao *prazo legal para lavrar e registrar o protesto*, a LS estabelecia três dias úteis, contados do dia da entrega do título ao oficial competente. A LP apenas alterou o termo *a quo*, que passou a ser o dia da protocolização do título (art. 12), devendo ocorrer dentro de 24 horas da sua apresentação a protesto (art. 5°).

6. SISTEMA DIVERGENTE

Para mencionar um exemplo divergente do sistema brasileiro, na Espanha, o protesto é lavrado pelo notário no ato da apresentação do título a protesto, competindo ao notário notificar do protesto a pessoa indicada para aceitar ou pagar. Pago ou aceito o título no termo legal, o protesto é cancelado.

7. NATUREZA JURÍDICA

No Direito brasileiro, o protesto cambial é *ato do notário ou tabelião de protesto de títulos* (Lei n. 8.935/94, art. 5°, III, e LP, art. 3°), ato privativo de tal agente, antes designado *serventuário da Justiça*, investido na delegação para o exercício da atividade notarial pelo poder público, de acordo com a Constituição Federal (CF, art. 236) e com a Lei n. 8.935/94, tendo suas atribuições definidas em lei federal.

No Direito pátrio, o portador não protesta o título *perante o notário*, como na antiga *protestatio*. De modo semelhante, no sistema do Código Comercial brasileiro de 1850 (CCom), o protesto da LC se fazia perante o escrivão privativo dos protestos, onde o houvesse, e, não o havendo, perante qualquer tabelião do lugar (art. 405).

No sistema jurídico brasileiro em vigor, o portador *pede* ao notário, com a apresentação do título, que proceda ao protesto por falta de aceite ou pagamento, cabendo a este, cumpridas as formalidades legais, lavrar e registrar o protesto, se, decorrido o *tríduo legal*, o título não for aceito ou pago, salvo desistência do requerente ou sustação judicial do protesto (LP, art. 20). No mesmo sentido, Grinberg (1983, p. 3).

Também não se deve confundir a *protocolização* do título, que, no Código Comercial de 1850, correspondia ao *apontamento*, com o *ato do protesto* propriamente dito, que, na LP vigente, corresponde à sua *lavratura e registro*.

8. NOTÁRIO OU TABELIÃO

Notário e *tabelião* são termos sinônimos, de acordo com a Lei n. 8.935/94, que dispõem sobre os serviços notariais e de registro.

Embora exerça múnus público, o notário não é funcionário público em sentido estrito, mas delegado do Poder Público. Nessas condições, exerce função pública e, para os efeitos da lei penal, equipara-se a funcionário público (CP, art. 327).

O notário não é remunerado pelos cofres públicos, mas pelos emolumentos recebidos dos usuários do serviço, cabendo-lhe custear as despesas administrativas, como o aluguel do imóvel e a aquisição de equipamentos e material de expediente.

Sua atividade é fiscalizada pelo Poder Judiciário dos Estados ou do Distrito Federal, por intermédio das respectivas Corregedorias, que, no exercício da função fiscalizadora, expedem normas de serviço de natureza administrativa.

9. PROVA INSUBSTITUÍVEL

O Brasil não subscreveu a reserva constante do art. 8º do An2, que faculta a cada país determinar a possibilidade de substituição do protesto por uma declaração de recusa do aceite ou do pagamento, datada e firmada na LC pelo sacado ou devedor.

Nessas condições, a recusa do aceite ou do pagamento, tratando-se de título pagável no Brasil, só pode ser provada pelo protesto, para o efeito de assegurar o direito de regresso.

Sobre a utilidade do protesto cambial, disse José Maria Whitaker, com eloquência:

> Na vertigem da vida moderna, que tudo sacrifica à celeridade, o protesto parece, à primeira vista, exigência arcaica e dispensável, sobrevivência supersticiosa de um período de exagerado formalismo.
>
> Há, entretanto, interesse real em fixar de modo incontestável o momento em que a letra se transforma de coisa móvel em crédito exigível.
>
> Compreende-se, em rigor, a inutilidade de fazê-lo em face do aceitante, isto é, daquele que diretamente prometeu realizar, e não realizou, o valor que a letra representa; mas não se pode negar aos outros signatários o direito de se certificarem se esse valor foi efetivamente reclamado no dia e lugar designados, ou se só não foi recebido em virtude de negligência do portador, ou da confiança que ele depositara no devedor principal (WHITAKER, 1963, p. 146).

A finalidade da lei, com a instituição do protesto, foi proporcionar ao obrigado de regresso uma prova segura da recusa do aceite ou do pagamento, e, ao portador, uma prova célere e indiscutível de tal fato.

10. ORIGEM DO PROTESTO

Originou-se o protesto cambial da necessidade de o portador da letra provar a recusa do pagamento pelo sacado, a fim de haver do sacador a sua importância.

O meio prático encontrado foi a *protestatio*, pela qual o notário, na presença de testemunhas, portava por fé a declaração, por estas prestada, da recusa do pagamento pelo sacado. Tal solenidade, que remonta aos primórdios da LC, surgiu nas comunas italianas, ainda na Idade Média.

Segundo José Antônio Saraiva, era o protesto lavrado diante de testemunhas pelo notário, que copiava a LC e relatava o fato da recusa do pagamento (SARAIVA, 1918, p. 416).

Acrescenta João Eunápio Borges que "em pouco tempo – dispensada a presença do portador – o protesto assumiu a feição hodierna, sendo a apresentação do título ao sacado feita pelo notário" (BORGES, 1983, p. 115).

Algum tempo depois – acrescentamos –, feita a apresentação da cambial ao sacado pelo notário ou seu preposto, dispensou-se a presença de testemunhas.

Em seguida, assim como no sistema atual, o notário passou a intimar o sacado da apresentação do título a protesto, em seu tabelionato, com determinado prazo para aceitar ou pagar, cabendo ao sacado ali comparecer para fazê-lo, sob pena de protesto por falta de aceite ou de pagamento, conforme o caso.

11. HIPÓTESES LEGAIS DE PROTESTO

O art. 44 da LU contempla duas hipóteses básicas de protesto:

I. por falta de aceite;
II. por falta de pagamento.

A segunda hipótese desdobra-se em outras duas, cada qual com o respectivo prazo:

I. por falta de pagamento da cambial a dia certo, a tempo certo da data ou a tempo certo da vista;
II. por falta de pagamento da cambial à vista.

A LU prevê ainda o protesto por falta de *data do aceite* do sacado, na LC, ou do *visto* datado do emitente, na NP (arts. 25 e 78).

12. LUGAR DO PROTESTO

Sendo a LP omissa quanto ao lugar onde se deva lavrar o protesto, vigora o disposto no art. 28, parágrafo único, da LS, segundo o qual o protesto deve ser tirado no lugar indicado na cambial para o aceite ou para o pagamento. Mais precisamente, a letra que haja de ser protestada por falta de aceite deve ser apresentada ao tabelião de protesto do domicílio do sacado, que é o lugar onde a letra deve, em princípio, ser apresentada ao aceite (LU, art. 21).

A cambial que haja de ser protestada por falta de pagamento deve ser apresentada ao oficial de protesto do lugar indicado na LC ou na NP para pagamento.

13. TERMO E REGISTRO DO PROTESTO

Termo do protesto, no sentido em que a expressão é usada na LP, é a declaração escrita, feita pelo notário, da recusa do aceite ou do pagamento do título, com menção às diligências realizadas para a localização e intimação do sacado ou do devedor, e ao cumprimento das demais formalidades legais (LP, art. 22).

O termo do protesto deve ser uno, embora possa ser precedido de mais de uma diligência (LP, art. 22, IV), e deve ser registrado em livro próprio, mantido pelo tabelionato (art. 23). Do termo o oficial extrai o respectivo instrumento, para ser entregue ao requerente do protesto (art. 20).

14. INSTRUMENTO DO PROTESTO

A LP refere-se ao *instrumento do protesto* (arts. 20 e 22), isto é, a primeira certidão do seu registro, que deve conter os requisitos dele constantes, de acordo com o art. 22, entre os quais está a reprodução ou a transcrição do título (art. 22, III).

É dispensada a transcrição literal do título, no registro e no instrumento do protesto, se o tabelião de protesto conserva em seus arquivos gravação eletrônica ou fotográfica do título (art. 22, parágrafo único).

Nesse caso, no registro e no instrumento do protesto, far-se-á menção a tal circunstância, conforme estabelecido em norma de serviço da Corregedoria-Geral da Justiça do Estado de São Paulo, ante a omissão da lei.

15. PROTESTO NECESSÁRIO E NÃO NECESSÁRIO

Entende-se por *necessário* o protesto para habilitar o portador ao exercício do direito de regresso, ou, em outros termos, para o portador conservar o direito de regresso contra os endossantes, o sacador e respectivos avalistas (LU, art. 53).

O protesto é *não necessário* em relação ao devedor principal e a seus avalistas, porque o exercício da ação cambial contra esses obrigados não depende de protesto. Esse tipo de protesto é usualmente considerado *facultativo*, o que não é de todo exato, visto que todo protesto é facultativo, ou seja, o portador não tem obrigação, senão o ônus de interpor o protesto, para assegurar o direito de regresso. Feita essa ressalva, usaremos indistintamente as locuções *protesto não necessário* e *protesto facultativo*.

Ao contrário do disposto quanto ao protesto necessário, a lei não estabelece a decadência do direito pela não interposição do protesto facultativo.

Embora não necessário ao exercício da ação direta contra o obrigado principal e seus avalistas, o protesto exerce pressão psicológica no devedor para evitar o descrédito decorrente da inadimplência, além de produzir outros efeitos, como interromper a prescrição, possibilitar o pedido de decretação de falência do devedor empresário e constituir o devedor em mora.

16. EFEITOS DO PROTESTO

Ao protesto cambial, coligam-se os seguintes efeitos jurídicos:

I. assegurar o exercício do direito de regresso (LU, arts. 43 e 44, alínea 1ª);
II. interromper a prescrição (CCiv, art. 202, III);
III. possibilitar o pedido de decretação de falência do devedor (LF, art. 94, § 3º);
IV. constituir o devedor em mora.

17. CONSTITUIÇÃO DO DEVEDOR EM MORA

De acordo com o art. 397, *caput*, do CCiv, o inadimplemento da obrigação, positiva e líquida, em seu termo, constitui de pleno direito em mora o devedor.

Nos termos do art. 397, parágrafo único, não havendo termo, a mora se constitui mediante interpelação judicial ou extrajudicial. O protesto cambial não deixa de ser uma forma de interpelação extrajudicial do devedor, constituindo-o destarte em mora. Corrigimos aqui um erro da primeira edição, onde dissemos que o protesto notarial *não constitui* o devedor em mora.

18. FUNÇÕES DO TABELIÃO DE PROTESTO

De acordo com a LP, incumbe ao tabelião de protesto:

I. intimar o sacado ou o obrigado principal para aceitar ou pagar, conforme o caso (art. 14);

II. receber o pagamento do título e dar quitação (art. 19);

III. decorrido o tríduo legal, sem ter havido aceite ou pagamento, salvo desistência do requerente ou sustação judicial, lavrar e registrar o protesto (art. 20);

IV. devolver ao requerente o título protestado, acompanhado do instrumento de protesto (idem);

V. remeter, quando requerida, certidão diária, em forma de relação, dos protestos lavrados, assim como dos cancelados, às organizações de proteção do crédito (art. 29);

VI. fornecer a qualquer pessoa certidão, requerida por escrito, de protesto registrado e não cancelado, sem necessidade de o requerente declarar o motivo do pedido (art. 31).

19. FORMALIDADES EXTRÍNSECAS

Conforme dispõe a LP, no exame do título apresentado a protesto, deve o notário ater-se às formalidades extrínsecas, recusando o título que apresente vício de forma (LP, art. 9º).

Deve, assim, recusar o título que apresente vício de forma (p. ex., ausência de denominação da cambial). Nos termos da lei, não lhe compete investigar a ocorrência de prescrição ou caducidade.

Ao oficial de protesto, não é lícito recusar os títulos cambiais que lhe sejam apresentados, salvo se por vício de forma, como referido, cobrados antes do vencimento, exceto nas hipóteses de regresso antecipado (LU, art. 43, n. 2), ou apresentados a protesto fora do lugar indicado para o aceite ou o pagamento.

20. ÍNDICE DE INADIMPLENTES

Criado informalmente pelo comércio, tem o índice ou cadastro de inadimplentes grande importância do ponto de vista social, pelo descrédito que o mercado normalmente associa ao nome do devedor com título protestado.

O índice ou cadastro de inadimplentes possui, hoje, previsão legal. Além de previsto na Constituição Federal, art. 5º, LXXII, referente à concessão de *habeas data* para conhecimento ou retificação de informações constantes de bancos de dados de caráter público, seu funcionamento é regulado pela Lei n. 9.507/77 e pelo Código de Defesa do Consumidor (Lei n. 8.078/90, art. 43).

A LP determina que os tabeliães de protesto são obrigados a remeter às entidades representativas da indústria e do comércio, ou àquelas vinculadas à proteção do crédito, quando requerida, relação diária dos protestos lavrados (art. 29).

21. PROTESTO ABUSIVO

Constitui ato ilícito o protesto promovido com o fim de obter vantagem indevida, como a cobrança de dívida incerta ou inexistente.

Registramos o depoimento de Rubem Garcia, veterano Tabelião de Protesto de Títulos em São Paulo, sobre a realidade melancólica que passou a envolver essa instituição secular no Brasil.

Após assinalar que, de simples meio de *prova da impontualidade* do devedor, passou o protesto a servir de forma de *cobrança extrajudicial*, de *execução forçada*, acrescenta:

> Temos assistido ao abusivo saque de duplicatas sem [...] causa, ao saque indevido de letras de câmbio, cheques emitidos fraudulentamente, cobrança

de [...] recibos como se fossem duplicatas, títulos já pagos, enganos de emissão, duplicatas relativas a negócios desfeitos, mercadorias devolvidas, etc. (GARCIA, 1981, p. 10).

22. SUSTAÇÃO DE PROTESTO

Contra a cobrança indevida ou abusiva, tem a jurisprudência admitido medida cautelar inominada de *sustação de protesto*, mediante o depósito da quantia reclamada ou outra espécie de caução. Em casos excepcionais, tem-se concedido liminar não caucionada.

23. LETRA À ORDEM DO SACADOR

No Estado de São Paulo, uma norma de serviço da Corregedoria-Geral da Justiça proíbe o protesto, por falta de pagamento, de letra *sacada à ordem do próprio sacador*, salvo se tiver circulado por endosso.

Essa norma tem origem em Parecer do MM. Juiz Auxiliar da Corregedoria, Dr. José Roberto Bedran, mais tarde Desembargador, aprovado pelo Exmo. Senhor Corregedor-Geral, em 1983, no qual se assinalava o saque e o subsequente protesto, em tais condições, como fonte de abusos, notadamente a cobrança coativa de créditos duvidosos, sobrecarregando a Justiça com o julgamento de medidas cautelares e ações anulatórias de iniciativa dos supostos devedores.

24. CAMBIAL EM LÍNGUA ESTRANGEIRA

A LP admite o protesto de títulos em moeda estrangeira, emitidos fora do Brasil, *desde que acompanhados de tradução efetuada por tradutor público juramentado* (art. 10).

Deve-se considerar, porém, que a cambial pode ser redigida em língua estrangeira, mesmo quando emitida e pagável no Brasil (LU, arts. 1°, n. 1, e 75, n. 1). Ademais, não só pode a cambial ser redigida no Brasil em língua estrangeira, como pode ser redigida em português fora do Brasil.

Na realidade, o art. 10 da LP mistura coisas distintas: o protesto de título de dívida expressa em moeda estrangeira e o protesto de título redigido em língua estrangeira. Sobre o protesto de cambial em moeda estrangeira, já tivemos ocasião de falar, quando examinamos o art. 41 da LU (nota 2).

Para ser coerente, deveria o art. 10 da LP exigir tradução juramentada para o protesto não só de título de dívida expressa em moeda estrangeira, mas de qualquer título redigido em língua estrangeira, emitido no País ou fora dele.

É o caso típico do legislador que *dixit minus quam voluit*, isto é, que disse menos do que pretendia. Por analogia com o disposto no art. 157 do CPC, o documento redigido em língua estrangeira, para ser protestado, deve ser acompanhado de versão em vernáculo, firmada por tradutor juramentado.

Corrobora tal entendimento o disposto no art. 224 do CCiv, segundo o qual "os documentos redigidos em língua estrangeira serão traduzidos para o português para ter efeitos legais no País".

A razão de ser dessa exigência, quanto ao título ou documento apresentado a protesto, é óbvia. O registro do protesto de título redigido em língua estrangeira, desacompanhado de tradução para o vernáculo, seria incompatível com sua publicidade. Com efeito, como se daria certidão do protesto em tal hipótese?

Ainda que o notário conheça a língua estrangeira, não lhe é lícito receber, para protesto, o título ou documento desacompanhado da tradução oficial.

Dada a exiguidade do prazo para requerer o protesto por falta de pagamento, com o fim de assegurar o direito de regresso, o portador deve providenciar com urgência a tradução juramentada, convindo lembrar novamente que, para propor ação cambial contra o principal obrigado, não é necessário o protesto.

Não querendo perder o direito de regresso, não se dê o portador por achado; é importante procurar com antecedência um tradutor oficial (*dormientibus non sucurrit ius*).

25. PROTESTO POR INDICAÇÕES

Segundo o disposto no art. 21, § 3º, da LP, quando o sacado retiver a LC ou a Dp enviada para o aceite e não a devolver no prazo legal, poderá o protesto ser baseado na *segunda via da LC* ou nas indicações feitas pelo apresentante da Dp a protesto.

DO DIREITO DE REGRESSO POR FALTA DE ACEITE OU DE PAGAMENTO

Aqui também incidiu em equívoco o legislador. Pode ser que os exemplares adicionais da letra (segunda via, terceira via, etc.), referidos nos arts. 64 a 66 da LU, ainda tenham alguma serventia. Em tempos idos, quando os meios de transporte eram precários e inseguros, serviam tais expedientes para acautelar-se o beneficiário da letra, sacada sobre uma praça distante, contra roubo ou perecimento, mas há muito caíram em desuso, com o moderno sistema de transporte e comunicações.

Sobrevivem, porém, no comércio internacional, sendo conhecidas as diversas vias como *first of exchange, second of exchange*, etc.

A norma correspondente da LS foi mal ajustada ao texto da LP. Dispunha a primeira:

> Art. 31. Recusada a entrega da letra por aquele que a recebeu para firmar o aceite ou para efetuar o pagamento, o protesto pode ser tirado por outro exemplar ou, na falta, pelas indicações do protestante.

Aparentemente, o legislador confundiu *outro exemplar* (segunda via) com *cópia* da letra: aquele, descrito no art. 64 da LU; esta, no art. 67. Não prevista na LS, pode a cópia ser extraída a qualquer tempo pelo portador, que nela deve reproduzir exatamente o original, com a indicação dos endossos e de todas as outras menções que nele figurem.

A cópia difere do exemplar adicional, porque, neste, são autênticas as assinaturas reproduzidas pelos signatários, o que representa um processo demorado, e, naquela, não há reprodução, tão-só referência às assinaturas, passando a cópia, assinada pelo portador, a circular paralelamente ao original. Portanto, não devolvido pelo sacado o original remetido ao aceite ou para pagamento, poderia o protesto, se vigente o art. 31 da LS, ser tirado pelas *indicações* do portador ou, equivalentemente, por uma *cópia* da letra, que, para esse fim, nada mais é que a reprodução das indicações literais, assinada pelo portador.

Como a lei não deve ser interpretada de maneira que leve a conclusão contrária à sua finalidade, paradoxalmente impossibilitando o protesto, razão é que, para dar-lhe *enteléquia*, onde, no art. 21, § 3º, da LP, se lê "segunda via", leia-se "cópia".

Tendo o sacado retido a letra, cumpre ao portador pedir, em tempo hábil, o protesto por falta de aceite ou, se vencido o título, por falta de pagamento, para assegurar o direito de regresso. Denegado o protesto pelas indicações do portador, ou, de maneira equivalente, pela cópia da letra, cabe-lhe alegar força maior (*factum principis*), caso em que fica prorrogado o prazo para o protesto (LU, art. 54, alínea 1ª).

Prolongando-se a força maior por mais de 30 dias da data do vencimento, pode o direito regressivo ser exercido independentemente de protesto (ibidem, alínea 4ª).

Convém esclarecer que os bancos enviam as duplicatas a protesto, quase sempre por indicação. Na verdade, eles remetem boletos eletrônicos aos sacados e depois enviam a protesto, por indicação, as duplicatas não pagas. O título em papel está virtualmente extinto no meio bancário.

26. PRAZO PARA PEDIR O PROTESTO

O prazo para pedir o protesto varia, conforme se trate de protesto por falta de aceite ou de protesto por falta de pagamento (cf., a seguir, notas 26 e 27).

Não providenciado o protesto em tempo útil, seja por falta de aceite, seja por falta de pagamento, perde o portador o direito de regresso contra os endossantes, o sacador e respectivos avalistas (art. 53).

Não será demais lembrar, novamente, que o protesto não necessário, por falta de pagamento, pode ser pedido a qualquer tempo, depois de vencido o título, naturalmente.

27. PRAZO PARA PEDIR O PROTESTO POR FALTA DE ACEITE

O protesto por falta de aceite da LC com data certa de vencimento (a dia certo e a tempo certo da data) pode ser pedido dentro do prazo para sua apresentação ao aceite, cujo limite final é o dia do vencimento (art. 21).

Salvo cláusula cambial em contrário, é *facultativa* a apresentação ao aceite de LC com data certa de vencimento, tendo assim o portador a opção de aguardar o vencimento e, sendo o caso, promover o protesto por falta de pagamento.

Pode o sacador, todavia, tornar *obrigatória* a apresentação ao aceite, com ou sem fixação de prazo (art. 22). Na primeira hipótese, deve o aceite ser pedido até a data do vencimento; na segunda, deve o aceite ser pedido dentro do prazo marcado pelo sacador. E, dentro dos referidos prazos, cumpre ao portador requerer o protesto, em caso de recusa do aceite, sob pena de perder o direito de regresso (art. 53).

Pode também a apresentação da LC ao aceite ser declarada obrigatória por um endossante, com ou sem fixação de prazo (art. 22), casos em que se aplicam as mesmas regras anteriormente indicadas a respeito da estipulação feita pelo sacador, mas a perda do direito de regresso só aproveita ao respectivo endossante (art. 53).

Tratando-se de LC pagável a tempo certo da vista, deve o aceite ser tomado dentro do prazo legal (um ano da data da emissão) ou no estabelecido pelo sacador ou por algum endossante (art. 23), e, nesse prazo, ser requerido o protesto para assegurar o direito de regresso. Também nessa hipótese, se fixado o prazo por um endossante, só a este beneficia a perda do direito de regresso (art. 53).

Com relação à NP a tempo certo da vista, deve ser pedido o *visto* do emitente, de acordo com o art. 78, dentro do prazo do art. 23 para a LC a tempo certo da vista, sob pena de perder o portador o direito de regresso.

Como o aceite é instituto próprio da LC, não cabe o protesto por falta de aceite da NP a tempo certo da vista e, sim, o protesto por falta de *visto* ou por falta de data do *visto*, valendo a data do protesto, em ambos os casos, como termo *a quo* do prazo de vencimento (art. 78).

Refere-se à lei a hipótese de a primeira apresentação da LC ao sacado, para o aceite, ter sido feita no último dia do prazo para pedi-lo. Com efeito, o art. 24 contempla a possibilidade de o sacado pedir uma segunda apresentação ao aceite, a ser efetuada no dia seguinte ao da primeira. Feita esta no último dia do prazo, pode o protesto ser promovido ainda no dia seguinte (art. 44, alínea 2ª, segunda parte).

28. PRAZO PARA PEDIR O PROTESTO POR FALTA DE PAGAMENTO

O prazo para pedir o protesto por falta de pagamento é diverso, conforme se trate de cambial a dia certo, a tempo certo da data ou a tempo certo da vista ou de cambial à vista.

O protesto por falta de pagamento de cambial sacada a dia certo ou a tempo certo da data ou da vista deve ser pedido em um dos dois dias úteis seguintes àquele em que ela é pagável (art. 44, alínea 3ª, primeira parte). Como o pagamento só pode ser exigido em dia útil (art. 72), o prazo compreende efetivamente três dias úteis.

29. RESERVA

A aplicação do disposto no art. 44, alínea 3ª, sobre o prazo do protesto por falta de pagamento, é objeto de reserva, subscrita pelo Brasil, constante do art. 9º do An2, assim redigido:

> Art. 9º Por derrogação da alínea terceira do art. 44 da Lei uniforme, qualquer das Altas Partes Contratantes tem a faculdade de determinar que o protesto por falta de pagamento deve ser feito no dia em que a letra é pagável ou num dos 2 (dois) dias úteis seguintes.

Não conseguimos atinar com a razão de tal reserva subscrita pelo Brasil, nem somos os primeiros a manifestar estranheza por esse gesto do Governo brasileiro, pois a LS, que é anterior à Convenção de Genebra, não previa o protesto no próprio dia do vencimento. A reserva tinha por fim atender a interesses de uns poucos países, cuja lei admitia o protesto nesse mesmo dia. De acordo, pois, com a reserva, pode o país contratante incluir o *dia em que a letra é pagável* no prazo para o protesto. Essa norma se estende à NP, em virtude da reserva contida no art. 20 do An2, igualmente formulada pelo Brasil.

Diz a LS, no art. 28:

Art. 28. A letra que houver de ser protestada por falta de aceite ou de pagamento deve ser entregue ao oficial competente, no primeiro dia útil que se seguir ao da recusa do aceite ou ao do vencimento, e o respectivo protesto tirado dentro de três dias úteis.

A LS, como foi dito, não prevê o pedido de protesto no próprio dia em que a cambial é pagável, e o Brasil não promulgou nenhuma lei para exercer a reserva.

De acordo com o art. 8° da CCL, a forma e o prazo do protesto são regulados pela lei do país em cujo território o protesto deva realizar-se.

Segue-se que está em vigor no território brasileiro, sem alteração, o disposto no art. 44, alínea 3ª, da LU, de acordo com a qual o protesto por falta de pagamento da cambial pagável a dia certo ou a tempo certo da data ou da vista deve ser promovido *em um dos dois dias úteis seguintes àquele em que a letra é pagável.*

Corrobora esse entendimento o fato de que o prazo para pedir o protesto ao oficial competente, segundo a LU, se coaduna com o prazo para o portador apresentar a cambial ao sacado, para pagamento, coincidindo o termo final do primeiro com o termo final do segundo (LU, art. 38). No mesmo sentido: Grinberg (1983, p. 7), Mercado Júnior (1971, p. 82) e Ulhoa Coelho (2010, p. 434).

Rosa Júnior considera em vigor, em virtude da reserva, o prazo estabelecido no art. 28 da LS, ou seja, o primeiro dia útil após o vencimento (2009, p. 400). No mesmo sentido: Bulgarelli (1998, p. 193), Duarte Costa (2008, p. 262), Paes de Almeida (2009, p. 164) e Requião (2003, n. 591).

Em posição isolada, Fran Martins, que entende a reserva efetiva *ipso facto*, permitindo-se, pois, o protesto no dia em que a letra é pagável ou em um dos dois dias úteis seguintes (1972, 1985, vol. I, n. 20, *f*).

30. PRAZO PARA PEDIR O PROTESTO DA CAMBIAL À VISTA

A segunda parte da alínea 3ª do art. 44, em uma disposição não muito clara, estabelece que o protesto por falta de pagamento da letra à vista deve ser efetuado (isto é, requerido) *nas condições indicadas* na alínea anterior para o protesto por falta de aceite, norma extensiva à NP, em virtude da remissão determinada no art. 77.

Não diz a lei que o protesto da cambial à vista deva ser efetuado (leia-se "requerido") *nos prazos indicados* para o protesto por falta de aceite, senão *nas condições indicadas* para efetuar (requerer) o protesto por falta de aceite, que é o prazo para colher o aceite do sacado.

Mutatis mutandis, o protesto por falta de pagamento da cambial à vista (que dispensa o aceite) deve ser requerido no prazo em que ela é pagável. Como a cambial à vista é pagável no ato da apresentação, que deve ocorrer no prazo legal (um ano da data da emissão) ou no fixado pelo emitente ou por algum endossante (art. 34), resulta que o protesto por falta de pagamento da cambial à vista tem de ser pedido dentro desse prazo.

Em acréscimo, aplicando à LC pagável à vista, no que é pertinente, o disposto no art. 24, quanto à faculdade, conferida ao sacado, de pedir nova apresentação para o aceite, tem-se que, apresentada a LC no último dia do prazo para pedir-lhe o pagamento, pode o sacado exigir nova apresentação, e, nesse caso, poderá o protesto ser requerido ainda no dia seguinte.

31. NECESSIDADE DO PROTESTO

Além dos casos já examinados, em que o protesto é necessário para o exercício do direito de regresso, como o da falta de aceite ou de pagamento, o protesto é necessário no caso de suspensão de pagamentos pelo sacado, aceitante ou não, e no de execução frustrada de seus bens (art. 44, penúltima alínea).

32. DISPENSA DO PROTESTO

O protesto por falta de aceite dispensa o protesto por falta de pagamento (LU, art. 44, alínea 4ª). Também é dispensado o protesto no caso de falência declarada do sacado, aceitante ou não, bem como no de falência declarada do sacador de uma letra não aceitável. Nesses dois casos, basta a apresentação da sentença declaratória de falência para habilitar o portador ao exercício do direito de regresso (art. 44, última alínea).

DO DIREITO DE REGRESSO POR FALTA DE ACEITE OU DE PAGAMENTO

Nova tradução	Tradução oficial
Art. 45. O portador deve notificar a falta de aceite ou de pagamento àquele que lhe endossou a letra, bem como o sacador, dentro dos quatro dias úteis seguintes ao do protesto, ou, se a letra contiver a cláusula sem despesas, ao da apresentação. Cada endossante deve, por sua vez, dentro dos dois dias úteis seguintes ao do recebimento da notificação, transmiti-la ao endossante anterior, indicando os nomes e endereços dos que enviaram notificações anteriores, e assim sucessivamente, até remontar ao sacador. Contam-se do recebimento da notificação precedente os prazos acima indicados.[1]	Art. 45. O portador deve avisar da falta de aceite ou de pagamento o seu endossante e o sacador dentro dos quatro dias úteis que se seguirem ao dia do protesto ou da apresentação, no caso de a letra conter a cláusula "sem despesas". Cada um dos endossantes deve, por sua vez, dentro dos dois dias úteis que se seguirem ao da recepção do aviso, informar o seu endossante do aviso que recebeu, indicando os nomes e endereços dos que enviaram os avisos precedentes, e assim sucessivamente até se chegar ao sacador. Os prazos acima indicados contam-se a partir da recepção do aviso precedente.
Quando, em conformidade com o disposto na alínea anterior, foi notificado um signatário da letra, igual notificação, e no mesmo prazo, deve fazer-se também a seu avalista.	Quando, em conformidade com o disposto na alínea anterior se avisou um signatário da letra, deve avisar-se também o seu avalista dentro do mesmo prazo de tempo.
Caso um endossante não tenha indicado seu endereço, ou o tenha feito de modo ilegível, basta que a notificação seja feita ao endossante anterior.	No caso de um endossante não ter indicado o seu endereço, ou de o ter feito de maneira ilegível, basta que o aviso seja enviado ao endossante que o precede.
Quem tiver de fazer a notificação pode efetuá-la por qualquer forma, inclusive pela simples devolução da letra.	A pessoa que tenha de enviar um aviso pode fazê-lo por qualquer forma, mesmo pela simples devolução da letra.
Incumbe-lhe a prova de ter feito a notificação no prazo fixado, considerando-se este cumprido, se, dentro dele, uma carta de notificação tiver sido posta no correio.	Essa pessoa deverá provar que o aviso foi enviado dentro do prazo prescrito. O prazo considerar-se-á como tendo sido observado desde que a carta contendo o aviso tenha sido posta no Correio dentro dele.
Não perde seus direitos quem deixar de fazer a notificação no prazo, mas responde pelo prejuízo que sua negligência causar, limitada a indenização por perdas e danos à importância da letra.	A pessoa que não der o aviso dentro do prazo acima indicado não perde os seus direitos; será responsável pelo prejuízo, se o houver motivado pela sua negligência, sem que a responsabilidade possa exceder a importância da letra.

185

1. COMUNICAÇÕES OBRIGATÓRIAS

O art. 45 trata das comunicações que o portador deve fazer a seu endossante e ao sacador, em caso de protesto por falta de aceite e de pagamento.

Igual comunicação deve ser feita pelo endossante ao endossante anterior, e assim sucessivamente, até chegar ao sacador. O descumprimento desse dever *não acarreta perda do direito de regresso*, mas sujeita o infrator a *responder por perdas e danos*.

Trata-se de norma geralmente desconhecida, até mesmo por advogados. Em nossa experiência profissional, jamais tivemos notícia de que algum portador tivesse notificado do protesto seu endossante ou o sacador, o que não tem consequências mais graves, senão a reparação de perdas e danos que precisam ser provados.

Nova tradução	Tradução oficial
Art. 46. Pode o sacador, um endossante ou avalista, pela cláusula sem despesas, sem protesto, ou outra cláusula equivalente, escrita na letra e assinada, dispensar o portador de fazer o protesto por falta de aceite ou de pagamento, para exercer o direito de regresso.[1]	Art. 46. O sacador, um endossante ou um avalista pode, pela cláusula "sem despesas", "sem protesto", ou outra cláusula equivalente, dispensar o portador de fazer um protesto por falta de aceite ou falta de pagamento, para poder exercer os seus direitos de ação.
A cláusula não dispensa o portador da apresentação da letra no prazo fixado, nem das notificações obrigatórias. Incumbe a prova do descumprimento do prazo àquele que o alegue contra o portador.[2]	Essa cláusula não dispensa o portador da apresentação da letra dentro do prazo prescrito nem tampouco dos avisos a dar. A prova da inobservância do prazo incumbe àquele que dela se prevaleça contra o portador.
Se lançada pelo sacador, a cláusula produz efeito em relação a todos os signatários; se por algum endossante ou avalista, só produz efeito em relação a esse endossante ou avalista. Se, não obstante a cláusula lançada pelo sacador, o portador fizer o protesto, correrão por conta deste as correspondentes	Se a cláusula foi escrita pelo sacador produz os seus efeitos em relação a todos os signatários da letra; se for inserida por um endossante ou por avalista, só produz efeito em relação a esse endossante ou avalista. Se, apesar da cláusula escrita pelo sacador, o portador faz o protesto, as respectivas despesas serão de conta dele. Quando a

despesas. Sendo a cláusula aposta por um endossante ou avalista, as despesas do protesto, se realizado, podem ser cobradas de todos os signatários da letra.	cláusula emanar de um endossante ou de um avalista, as despesas do protesto, se for feito, podem ser cobradas de todos os signatários da letra.

1. CLÁUSULA EXCLUDENTE DO PROTESTO

A cláusula *sem protesto,* ou *sem despesas,* escrita na cambial e assinada pelo sacador, por um endossante ou por um avalista, dispensa o portador do ônus de fazer protestar o título por falta de aceite ou de pagamento, para exercer o direito de regresso.

A TO omitiu a frase *escrita na letra e assinada,* constante dos originais.

A cláusula não dispensa o portador da apresentação da cambial ao aceite ou a pagamento no prazo fixado, acarretando, a omissão, a *perda do direito de regresso* (art. 53). Se aposta por um endossante ou avalista, a cláusula só aproveita ao respectivo endossante ou avalista.

2. ÔNUS DA PROVA

Incumbe à parte que alega, ou seja, ao obrigado de regresso, a prova da inobservância do prazo para pedir o aceite ou o pagamento. Trata-se de prova de fato negativo, considerada *diabólica* na jurisprudência.

Mas é bem de ver que, do contrário, se coubesse ao credor a prova da oportuna apresentação ao aceite ou a pagamento, também uma *probatio diabolica,* a cláusula, concebida em seu benefício, seria contraproducente, não havendo razão para adotá-la.

A LU, imaginada para a proteção do crédito, não contemporiza com o devedor, ao qual reservou raríssimos direitos (*rari nantes in gurgite vasto,* "raros sobreviventes no mar imenso", *Eneida*), como o de depositar a importância da cambial vencida (art. 42), para não ficar sujeito ao pagamento de juros, que incidem desde o vencimento (art. 48, n. 2)

Nova tradução	Tradução oficial
Art. 47. Respondem solidariamente para com o portador todos os que emitiram, aceitaram, endossaram ou avalizaram a letra.	Art. 47. Os sacadores, aceitantes, endossantes ou avalistas de uma letra são todos solidariamente responsáveis para com o portador.
O portador tem o direito de demandar todas essas pessoas, individual ou coletivamente, sem estar adstrito a observar a ordem por que se obrigaram.	O portador tem o direito de acionar todas essas pessoas individualmente, sem estar adstrito a observar a ordem por que elas se obrigaram.
Igual direito assiste a qualquer dos signatários da letra, que a tenha pago.	O mesmo direito possui qualquer dos signatários de uma letra quando a tenha pago.
A ação proposta contra um dos obrigados não impede de proceder contra os demais, ainda que posteriores ao demandado em primeiro lugar.[1]	A ação intentada contra um dos coobrigados não impede de acionar os outros, mesmo os posteriores àquele que foi acionado em primeiro lugar.

1. SOLIDARIEDADE CAMBIAL PASSIVA

A lei estabelece a regra da *solidariedade das obrigações cambiárias*, em virtude da qual o principal obrigado, os endossantes e os avalistas respondem *solidariamente* pelo pagamento perante o credor, que pode propor ação cambial, *individual ou coletivamente*, contra qualquer deles e independentemente da ordem por que se obrigaram.

Na TO, omitiu-se o advérbio *coletivamente*, que consta dos originais.

A solidariedade cambial não coincide com a do DComum. Tanto é assim que:

I. o pagamento feito pelo sacado ou pelo obrigado principal tem eficácia liberatória em relação a todos os obrigados, extinguindo a obrigação;

II. o coobrigado que paga em via de regresso pode haver de qualquer coobrigado anterior a importância total que desembolsou.

Já no DComum, o pagamento feito por qualquer dos devedores solidários não extingue a obrigação, podendo o devedor, que satisfez a dívida por inteiro, exigir dos codevedores não a soma total que pagou, senão a quota-parte de cada um (CCiv, art. 283).

Nova tradução	Tradução oficial
Art. 48. O portador pode reclamar daquele contra quem exerce o direito de regresso:[1-2]	Art. 48. O portador pode reclamar daquele contra quem exerce o seu direito de ação:
1. a importância da letra, não aceita ou não paga, com os juros, se estipulados;[3]	1. o pagamento da letra não aceita, não paga, com juros se assim foi estipulado;
2. os juros à taxa de 6%, desde o vencimento;[4-5]	2. os juros à taxa de 6% desde a data do vencimento;
3. as despesas do protesto, das notificações feitas e as demais despesas.[6]	3. as despesas do protesto, as dos avisos dados e as outras despesas.
Exercido o regresso antes do vencimento, deduzir-se-á da importância da letra o correspondente desconto, calculado de acordo com a taxa oficial de desconto (taxa bancária) vigente no lugar do domicílio do portador na data do regresso.[7]	Se a ação for interposta antes do vencimento da letra, a sua importância será reduzida de um desconto. Esse desconto será calculado de acordo com a taxa oficial de desconto (taxa de Banco) em vigor no lugar do domicílio do portador à data da ação.

1. PARCELAS EXIGÍVEIS NO EXERCÍCIO DO DIREITO DE REGRESSO

O art. 48 especifica as verbas exigíveis pelo credor na ação de regresso e no exercício extrajudicial do direito de regresso.

No regresso, pode o credor exigir:

I. o principal, isto é, a importância do título, não aceito ou não pago, com os juros, se estipulados;

II. os juros legais, desde a data do vencimento;

III. as despesas com a cobrança, inclusive as do protesto.

A TO comete dupla falta ao referir-se a "direito de ação", e não a "direito de regresso" (no original francês, *recours*). Em primeiro lugar, o regresso pode ser exercido judicialmente (*ação de regresso*) ou extrajudicialmente (*ressaque* ou *cobrança amigável*).

Em segundo lugar, a ação cambial pode ser *direta* (contra o devedor principal e seus avalistas) ou *de regresso* (contra os endossantes e o sacador, e respectivos avalistas). Um dos pressupostos do exercício do direito de regresso é o protesto cambial por falta de aceite ou de pagamento. Aliás, o art. 48, já transcrito, situa-se no Capítulo VII, que trata do *direito de regresso e seu exercício*.

2. EXTENSÃO À AÇÃO DIRETA

As mesmas parcelas podem ser pedidas na ação direta contra o obrigado principal e seus avalistas, conforme o disposto no art. 28, que assegura ao portador, em relação ao aceitante, tudo o que pode ser reclamado nos termos dos arts. 48 e 49. Essa norma é extensiva à NP, por força do art. 77, substituindo-se *aceitante* por *emitente*.

3. JUROS COMPENSATÓRIOS

São devidos juros compensatórios, se estipulados de acordo com o art. 5º, que admite a cláusula de juros na cambial à vista ou a tempo certo da vista.

De acordo com o art. 55 da LCambial italiana, que corresponde ao art. 48 da LU, o portador pode exigir os juros, desde o vencimento, pela mesma taxa indicada no título nos termos do art. 5º, ou, em sua falta, pela taxa legal. Essa norma, de caráter interpretativo, pode considerar-se implícita no art. 48, sendo assim aplicável também ao Direito brasileiro.

4. JUROS LEGAIS

Correm *desde o vencimento* os juros de 6% (ao ano), segundo o art. 48, n. 2. Trata-se dos *juros de mora*, devidos desde o vencimento da obrigação, na hipótese de obrigação positiva líquida sujeita a termo, de acordo com os arts. 389 e 397, *caput*, do CCiv, como nos casos da cambial a dia certo e a tempo certo da data.

Cuidando-se de obrigação sem prazo determinado, como nos casos da cambial à vista e a tempo certo da vista, contam-se os juros de mora *desde a interpelação, judicial ou extrajudicial, do devedor* (CCiv, arts. 389 e 397, parágrafo único), constituindo o protesto cambial, para esse efeito, *uma forma de interpelação extrajudicial*.

Embora os juros sejam devidos desde o vencimento ou desde a interpelação do devedor, para a cobrança deles e do principal, na ação de regresso, é necessário o protesto, que tem o efeito de constituir o devedor em mora.

5. TAXA LEGAL DE JUROS

O Brasil formulou a reserva prevista no art. 13 do An2, que faculta a cada país substituir a taxa de juros de 6%, a que se referem os arts. 48, n. 2, e 49, n. 2, da LU, pela *taxa legal* em vigor no respectivo território.

O art. 406 do CCiv dispõe sobre os juros legais, estabelecendo que os juros moratórios, quando não convencionados, ou quando convencionados sem taxa estipulada, ou ainda quando provierem de determinação da lei, serão fixados segundo a "taxa que estiver em vigor para a mora do pagamento de impostos devidos à Fazenda Nacional".

De acordo com o art. 161, § 1º, do Código Tributário Nacional, os juros de mora, *se a lei não dispuser de modo diverso*, serão calculados à taxa de 1% ao mês.

A citada norma do art. 406 do CCiv deu margem a dissídios, não só doutrinários, como também jurisprudenciais. O Superior Tribunal de Justiça, em decisão proferida por sua Corte Especial no EREsp n. 727.842/SP, julgado em 08.09.2008 (*DJe* 20.11.2008), fixou o entendimento de que a taxa de juros moratórios a que se refere o art. 406 do CCiv é a taxa referencial do Sistema Especial de Liquidação e Custódia – *Selic*, por ser ela a que incide como juros moratórios dos tributos federais (Lei n. 9.065/95, art. 13; Lei n. 8.981/95, art. 84; Lei n. 9.250/95, art. 39, § 4º; Lei n. 9.430/96, art. 61, § 3º; e Lei n. 10.522/2002, art. 30).

De acordo, pois, com a jurisprudência consolidada da mais alta Corte em matéria infraconstitucional, a taxa legal de juros aplicável na ação cambial é a que estiver em vigor para a mora do pagamento de impostos devidos à Fazenda Nacional, ou seja, a *taxa Selic*.

6. DESPESAS INDENIZÁVEIS

Entre as despesas cobráveis ao devedor, incluem-se as do protesto e, no caso de ação judicial, as processuais. Embora o protesto não seja necessário para mover ação contra o obrigado principal, as correspondentes despesas podem ser carregadas à sua conta, porque lhes deu causa.

A doutrina e a jurisprudência admitem a inclusão dos honorários de advogado entre as despesas processuais indenizáveis pelo demandado na ação cambial (FRAN MARTINS, 2010, n. 139.2, nota 4).

7. DESCONTO

Exercido o direito de regresso antes do vencimento do título, deve deduzir--se de sua importância o correspondente desconto, calculado de acordo com a taxa oficial de desconto (*taxa bancária*) em vigor no lugar do domicílio do portador na data do exercício do direito (art. 48, última alínea).

A palavra *desconto* designa, ao mesmo tempo, a *importância deduzida* do valor nominal do título vincendo e o *contrato bancário de desconto*. Aqui, interessa a primeira acepção do termo. Como o nome indica, por essa operação se descontam do valor nominal de uma obrigação os juros entre a data do vencimento e a da cobrança antecipada.

Denomina-se *taxa de desconto* a taxa de juros aplicada na operação de desconto. Denomina-se *valor atual* o valor que se perfaz, deduzindo do valor nominal o correspondente desconto. Em outras palavras, *desconto* é a diferença entre o valor nominal e o valor atual.

No Brasil, compete ao Conselho Monetário Nacional limitar, sempre que necessário, as taxas de juro e de desconto das operações bancárias (Lei n. 4.595/64, art. 4º, IX) e, ao Banco Central, efetuar as operações de redesconto às instituições financeiras bancárias (art. 10, V).

Hoje, é livre a taxa de juros e de desconto com que os bancos comerciais podem operar. O Banco Central, por intermédio do Comitê de Política Monetária

(*Copom*), fixa periodicamente a taxa básica de juros dos títulos da dívida pública federal. Essa taxa representa o custo do dinheiro para os bancos, que tomam empréstimos no mercado interbancário, garantidos por aqueles títulos.

Tais valores são negociados no Sistema Especial de Liquidação e Custódia (*Selic*), mantido pelo Banco Central, donde o nome *taxa Selic*, que representa a taxa média dos juros pagos pelos bancos nesse mercado em determinado período.

A *Selic* não é uma taxa de juros obrigatória para os bancos comerciais, mas a *taxa de referência* para os juros dos empréstimos por estes efetuados a seus clientes.

A taxa de desconto, como foi mencionado, é a taxa de juros aplicada ao valor nominal de uma obrigação vincenda, para determinar-lhe o valor atual. Na falta de uma taxa oficial de desconto, ou mesmo de redesconto, parece razoável adotar por analogia, para os efeitos da norma do direito uniforme em questão, a taxa legal de juros (CCiv, art. 406), que atualmente é a *Selic*.

Um exemplo prático ajudará a esclarecer a operação de desconto. Seja uma LC no valor nominal de R$ 100.000,00, vencível seis meses após a data da emissão. O sacado recusa o aceite e, protestado o título por falta de aceite, o portador ajuíza ação de regresso contra o sacador exatamente três meses antes do vencimento.

Se a taxa de desconto aplicável é, digamos, de 1% ao mês, o desconto correspondente a um mês será de $0,01 \times R\$ 100.000,00 = R\$ 1.000,00$, e o desconto correspondente a três meses será de R$ 3.000,00. Deduzido este do valor nominal, obtém-se o valor atual de R$ 97.000,00, que é quanto o sacador deve pagar.

Em termos teóricos de Matemática Financeira, a operação mais correta seria o *desconto por dentro*, que daria um valor atual um pouco maior, de R$ 97.087,38, e, portanto, um desconto efetivo um pouco menor. Para simplificar, tomamos por base, no exemplo citado, o *desconto comercial simples*, ou *desconto por fora*, que é *a forma de desconto usualmente empregada pelo comércio em operações de curto prazo*.

Nova tradução	Tradução oficial
Art. 49. Aquele que pagou a letra pode haver dos seus coobrigados:[1] 1. a soma integral que pagou; 2. os juros de tal soma, calculados à taxa de 6%, desde o dia em que a pagou; 3. as despesas que tiver feito.	Art. 49. A pessoa que pagou uma letra pode reclamar dos seus garantes: 1. a soma integral que pagou; 2. os juros da dita soma, calculados a taxa de 6%, desde a data em que a pagou; 3. as despesas que tiver feito.

1. REGRESSO ULTERIOR

Trata este artigo do exercício do direito de regresso de um obrigado contra outro, denominado na doutrina *regresso ulterior*, especificando as parcelas exigíveis pelo credor.

O principal já não é a importância da cambial, mas a soma que o portador pagou em via de regresso, inclusive juros e despesas. Sobre dita soma, acrescem os juros legais ou, se estipulados, os juros compensatórios (art. 48, n. 1), mais as despesas que o portador tiver realizado.

As mesmas parcelas podem ser cobradas na ação contra o obrigado principal que não pagou o título no vencimento (*ação direta*), conforme previsto no art. 28.

Aquele que paga em via de regresso tem ação contra os coobrigados anteriores, inclusive contra o sacador, que é o primeiro obrigado na ordem progressiva, e o último, na ordem regressiva. O sacador que paga em via de regresso tem ação direta contra o aceitante.

Nova tradução	Tradução oficial
Art. 50. Qualquer dos obrigados, contra o qual foi ou possa ser exercido o direito de regresso, pode exigir, contra o pagamento, que lhe seja entregue a letra com o instrumento de protesto e a quitação.[1] O endossante que pagou a letra pode cancelar o seu endosso e os dos endossantes posteriores.	Art. 50. Qualquer dos coobrigados, contra o qual se intentou ou pode ser intentada uma ação, pode exigir, desde que pague a letra, que ela lhe seja entregue com o protesto e um recibo. Qualquer dos endossantes que tenha pago uma letra pode riscar o seu endosso e os dos endossantes subsequentes.

1. DIREITO DO *SOLVENS*

O obrigado que paga em via de regresso pode exigir que lhe seja entregue a cambial com o instrumento de protesto e a quitação, a fim de que possa, por sua vez, exercer o direito regressivo (regresso ulterior), sem prejuízo da ação direta contra o principal obrigado.

Nova tradução	Tradução oficial
Art. 51. Exercido o direito de regresso após aceite parcial, pode aquele que pagar o saldo, em relação ao qual não foi a letra aceita, exigir que nela se anote esse pagamento e que dele se lhe dê quitação. Deve o portador, além disso, entregar, a quem pagou, cópia autenticada da letra, junto com o instrumento de protesto, a fim de que possa este, por sua vez, exercer o direito regressivo.[1]	Art. 51. No caso de ação intentada depois de um aceite parcial, a pessoa que pagar a importância pela qual a letra não foi aceita pode exigir que esse pagamento seja mencionado na letra e que dele lhe seja dada quitação. O portador deve, além disso, entregar a essa pessoa uma cópia autêntica da letra e o protesto, de maneira a permitir o exercício de ulteriores direitos de ação.

1. PAGAMENTO PARCIAL

Cuida este artigo de direito análogo ao do artigo anterior, em caso de pagamento decorrente de aceite parcial, realizado pelo obrigado de regresso.

O credor é obrigado a fornecer-lhe cópia autenticada do título, com o instrumento de protesto, de modo que possa exercer, por sua vez, o ulterior regresso.

A TO refere-se a *cópia autêntica* da letra. Não se trata de cópia autêntica, mas de *cópia autenticada* (no original francês, *copie certifiée*), que é a reprodução de documento avulso, declarada conforme o original pelo tabelião.

Nova tradução	Tradução oficial
Art. 52. Salvo estipulação em contrário, pode o titular do direito de regresso reembolsar-se por meio de nova letra de câmbio (ressaque), sacada à vista sobre	Art. 52. Qualquer pessoa que goze do direito de ação pode, salvo estipulação em contrário, embolsar-se por meio de uma nova letra (ressaque) à vista, sacada sobre

qualquer dos obrigados e pagável no domicílio deste.[1-2]	um dos coobrigados e pagável no domicílio deste.
O ressaque compreende, além das importâncias indicadas nos arts. 48 e 49, a comissão de corretagem e a importância do selo do ressaque.	O ressaque inclui, além das importâncias indicadas nos arts. 48 e 49, um direito de corretagem e a importância do selo do ressaque.
Se exercido o ressaque pelo portador, terá a nova letra sua importância determinada segundo o câmbio de uma letra à vista, sacada do lugar onde era pagável a letra primitiva, sobre o do domicílio do ressacado; se por um endossante, fixar-se-á sua importância segundo o câmbio de uma letra à vista, sacada do lugar do domicílio do ressacador sobre o do ressacado.	Se o ressaque é sacado pelo portador, a sua importância é fixada segundo a taxa para uma letra à vista, sacada do lugar onde a primitiva letra era pagável sobre o lugar do domicílio do coobrigado. Se o ressaque é sacado por um endossante, a sua importância é fixada segundo a taxa para uma letra à vista, sacada do lugar onde o sacador do ressaque tem o seu domicílio sobre o lugar do domicílio do coobrigado.

1. CONCEITO DE RESSAQUE

Ressaque é o saque de nova LC, à vista, pelo titular do direito de regresso contra qualquer dos obrigados. A TO refere-se a *direito de ação*, quando, na realidade, o de que se cuida é do *direito de regresso*, que, no caso em apreço, não se exerce por via judicial, mas extrajudicial.

Trata-se de instituto praticamente em desuso. Com efeito, dificilmente encontrará o autor do ressaque tomador para a nova letra. Se o sacado e os obrigados de regresso já não honraram a LC primitiva, não se deve esperar que paguem a nova, além do mais carregada de encargos. Ao credor, será preferível a ação cambial de cobrança, que se processa por via executiva (CPC, art. 585, I).

2. RESSAQUE *FICTO*

O resultado do ressaque pode ser obtido, na prática, pelo débito na conta corrente do sacador, quando por este negociado o título com um banco. Na doutrina, chama-se essa operação de *ressaque ficto* (GIORGIO DE SEMO, apud LAURINI, 2003, p. 190). Esse ressaque ficto não passa, afinal, do regresso por parte do banco, fundado no contrato de desconto.

Nova tradução	Tradução oficial
Art. 53. Expirados os prazos fixados:	Art. 53. Depois de expirados os prazos fixados:
– para apresentação da letra à vista ou a tempo certo da vista; – para efetuar o protesto por falta de aceite ou de pagamento; – para apresentação a pagamento, no caso da cláusula sem despesas, perde o portador seus direitos contra os endossantes, o sacador e demais obrigados, com exceção do aceitante.[1-2]	– para se fazer o protesto por falta de aceite ou por falta de pagamento; – para a apresentação a pagamento no caso da cláusula "sem despesas", o portador perdeu os seus direitos de ação contra os endossantes, contra o sacador e contra os outros coobrigados, à exceção do aceitante.
Não apresentada a letra ao aceite no prazo estipulado pelo sacador, perde o portador o direito de regresso, assim por falta de pagamento, como por falta de aceite, a menos que dos termos da estipulação se apure a intenção do sacador de se exonerar tão somente da responsabilidade pelo aceite.	Na falta de apresentação ao aceite no prazo estipulado pelo sacador, o portador perdeu os seus direitos de ação, tanto por falta de pagamento como por falta de aceite, a não ser que dos termos da estipulação se conclua que o sacador apenas teve em vista exonerar-se da garantia do aceite.
Se constar de um endosso, o aprazamento da apresentação só ao endossante aproveita.	Se a estipulação de um prazo para a apresentação constar de um endosso, somente aproveita ao respectivo endossante.

1. CONCEITO DE DECADÊNCIA

Decadência é a perda do direito, pelo decurso do prazo para o exercício de uma faculdade jurídica.

A lei sanciona com a decadência do direito de regresso a *falta de diligência* do portador que não procede tempestivamente ao exercício de seu direito, seja por falta de apresentação do título ao aceite ou a pagamento, seja por falta de sua apresentação a protesto. Não perde o portador, porém, o direito contra o obrigado principal. A ação cambial contra o principal obrigado não está sujeita a decadência, e sim a prescrição (LU, art. 70).

2. HIPÓTESES LEGAIS DE DECADÊNCIA

A LU estabelece a decadência do direito de regresso nas seguintes hipóteses:

I. falta de apresentação a pagamento da cambial à vista, no prazo legal (um ano da data da emissão) ou no estabelecido pelo sacador ou por um endossante (art. 34);

II. falta de apresentação, ao aceite, da LC a tempo certo da vista, no prazo legal (um ano da data da emissão) ou no determinado pelo sacador ou por um endossante (arts. 23 e 35);

III. falta de apresentação, ao *visto* do emitente, da NP a tempo certo da vista, no prazo legal (um ano da data da emissão) ou no estipulado pelo emitente ou por um endossante (art. 78);

IV. decurso do prazo para pedir o protesto por falta de aceite ou de pagamento (art. 44);

V. falta de apresentação, ao aceite, de letra com data certa de vencimento (a dia certo ou a tempo certo da data), até a data do vencimento ou no tempo marcado pelo sacador ou por um endossante, quando estipulada sua apresentação obrigatória ao aceite (arts. 21 e 22);

VI. decurso do prazo para apresentação da cambial a pagamento, no caso da cláusula *sem despesas* (ou *sem protesto*) (art. 46).

A cambial à vista deve ser apresentada a pagamento no prazo de um ano da data da emissão ou no estipulado pelo sacador ou por um endossante (art. 34). Recusado o pagamento, cabe ao portador providenciar o protesto em tempo útil (art. 44, alínea 1ª), para não perder o direito de regresso.

Sendo a letra emitida a tempo certo da vista, deve o aceite ser pedido no prazo legal (um ano da data da emissão) ou no tempo determinado pelo sacador ou por um endossante (arts. 23 e 35).

Nessa hipótese, podem ocorrer duas situações:

a. O sacado recusa-se a dar o aceite.
b. O aceitante não data o aceite.

No primeiro caso, incumbe ao portador pedir o protesto por falta de aceite, em tempo hábil, isto é, dentro do prazo para apresentação ao aceite (art. 44), para poder exercer o direito de regresso (art. 43).

No segundo, cumpre ao portador, para conservar o direito de regresso, fazer constar de um protesto especial (*protesto por falta de data*) a omissão da data no aceite, servindo a data do protesto, nesse caso, de termo *a quo* do prazo de vencimento (arts. 25 e 35).

Tratando-se de NP a tempo certo da vista, em que não há o aceite, pois este é instituto próprio da LC, deve o portador pedir o *visto* do emitente no prazo do art. 23, de cuja data se contará o tempo de vencimento (art. 78).

Recusando-se o emitente a dar o seu *visto*, ou tendo-o aposto sem data, cumpre ao portador, para conservar o direito de regresso, comprovar, pelo protesto tempestivo, a recusa do *visto*, ou a omissão da data, na forma do art. 25, fluindo o prazo de vencimento da data do protesto (art. 78).

Salvo estipulação em contrário do sacador ou de um endossante, é facultativa a apresentação da letra ao aceite, quando certa a data de vencimento (a dia certo ou a tempo certo da data), podendo o aceite ser pedido até o dia do vencimento (art. 21). O portador tem, assim, a opção de aguardar o vencimento e, sendo o caso, fazer lavrar o protesto por falta de pagamento.

Todavia, a apresentação ao aceite pode ser obrigatória por estipulação do sacador ou de algum endossante, com ou sem fixação de prazo (art. 22). Não tendo havido fixação de prazo nessa hipótese, deve o aceite ser colhido até o dia do vencimento. Não apresentado o título ao aceite até o dia do vencimento, ou até o limite do prazo estabelecido pelo sacador, perde o portador o direito de regresso.

Constando a fixação de prazo de um endosso, seja na LC com data certa de vencimento, seja na LC à vista, ou ainda na LC a tempo certo da vista, a cláusula só aproveita ao respectivo endossante, que não estará sujeito a pagar regressivamente a obrigação, se o título não for pontualmente apresentado ao aceite.

LEI CAMBIAL COMENTADA

Nova tradução	Tradução oficial
Art. 54. Quando, por determinação legal de um Estado ou outro motivo de força maior, obstáculo insuperável se interpuser à apresentação da letra ou a seu protesto nos prazos fixados, serão estes prorrogados.[1-2]	Art. 54. Quando a apresentação da letra ou o seu protesto não puder fazer-se dentro dos prazos indicados por motivo insuperável (prescrição legal declarada por um Estado qualquer ou outro caso de força maior), esses prazos serão prorrogados.
O portador deve dar notícia imediatamente da força maior àquele que lhe endossou a letra e fazer menção, por ele datada e assinada, no corpo da letra ou no seu alongamento, de tal notícia, aplicando-se ademais o disposto no art. 45.	O portador deverá avisar imediatamente o seu endossante do caso de força maior e fazer menção desse aviso, datada e assinada, na letra ou numa folha anexa; para os demais, são aplicáveis as disposições do artigo 45.
Tão logo cesse o impedimento, deve o portador apresentá-la ao aceite ou a pagamento e, sendo o caso, fazer lavrar o protesto.	Desde que tenha cessado o caso de força maior, o portador deve apresentar sem demora a letra ao aceite ou a pagamento e, caso haja motivo para tal, fazer o protesto.
Se a força maior persistir por mais de trinta dias além do vencimento, pode exercer-se o regresso, sem necessidade de apresentação ou protesto.	Se o caso de força maior se prolongar além de trinta dias a contar da data do vencimento, podem promover-se ações sem que haja necessidade de apresentação ou protesto.
Na letra à vista ou a tempo certo da vista, conta-se o prazo de trinta dias da data em que o portador, mesmo antes de findo o prazo para apresentação, houver comunicado a força maior a quem a endossou. Na letra a tempo certo da vista, o período de trinta dias acresce ao prazo de vencimento nela indicado.	Para as letras à vista ou a certo termo de vista, o prazo de trinta dias conta-se da data em que o portador, mesmo antes de expirado o prazo para a apresentação, deu o aviso do caso de força maior ao seu endossante; para as letras a certo termo de vista, o prazo de trinta dias fica acrescido do prazo de vista indicado na letra.
Não se consideram casos de força maior os fatos de interesse puramente pessoal do portador ou da pessoa por este incumbida da apresentação da letra ou do protesto.	Não são considerados casos de força maior os fatos que sejam de interesse puramente pessoal do portador ou da pessoa por ele encarregada da apresentação da letra ou de fazer o protesto.

1. CONCEITO DE FORÇA MAIOR

Diz-se *força maior* o acontecimento inevitável. Equipara-se à *força maior*, nos termos da LU, a determinação legal de um Estado (*factum principis*) ou qualquer ocorrência que represente *obstáculo insuperável* à apresentação do título ao aceite ou a pagamento ou ao seu protesto, nos prazos fixados em lei ou em cláusula cambial.

Não constituem casos de força maior os fatos de interesse puramente pessoal do portador ou da pessoa por este incumbida da apresentação do título (para aceite ou pagamento) ou do protesto.

2. CONSEQUÊNCIAS

Sobrevindo força maior, ficam prorrogados os prazos para apresentação da cambial (para aceite ou pagamento) ou a seu protesto. O portador é obrigado a dar notícia imediatamente da força maior àquele que lhe endossou o título, aplicando-se, ademais, o disposto no art. 45 sobre as comunicações obrigatórias.

Tão logo cesse o impedimento, deve o portador apresentar a cambial ao aceite ou a pagamento e, se for o caso, fazer lavrar o protesto. Se a força maior se prolongar por mais de 30 dias da data do vencimento, pode o regresso ser exercido independentemente de apresentação ou de protesto.

Capítulo VIII

DA INTERVENÇÃO

Arts. 55 a 63 (*omissis*)[1-2]

1. CONCEITO DE INTERVENÇÃO

Intervenção é o aceite ou pagamento do título por terceiro.

2. INSTITUTO EM DESUSO

A LU regula minuciosamente um instituto que já era considerado ultrapassado ao tempo da Conferência de Genebra. A intervenção de terceiro para aceite ou pagamento, destinada a salvaguardar o interesse do sacador contra eventual regresso, caiu praticamente em desuso com o moderno sistema de comunicações, que permite ao sacador saber com antecedência a situação financeira do sacado. De mais a mais, a indicação de terceiro para aceitar ou pagar em caso de necessidade era vista com desconfiança pelo mercado.

Capítulo IX

DA PLURALIDADE
DE EXEMPLARES E DAS CÓPIAS

Arts. 64 a 68 (*omissis*)[1]

1. EXEMPLARES MÚLTIPLOS E CÓPIAS DA CAMBIAL

Também caíram em desuso os exemplares múltiplos (segunda via, terceira via, etc.) e as cópias da cambial, a que a LU dedica cinco longos artigos. Os exemplares adicionais (denominados na LS *duplicatas*) distinguem-se das cópias, porque, em cada exemplar, são autênticas as assinaturas reproduzidas, enquanto a cópia é extraída pelo portador, que deve nela reproduzir os dizeres do título original, com os endossos e todas as menções que nele figurem, e assinar a cópia, que passa a circular paralelamente ao título original.

A LU admite a pluralidade de exemplares de LC, não, porém, de NP, mas autoriza as cópias de ambas as espécies de cambial. A LS previa a pluralidade de exemplares da LC, porém não as cópias, como também não admitia os exemplares múltiplos de NP.

Os exemplares múltiplos e as cópias foram expedientes imaginados para fazer face a riscos de perda ou destruição de letras sacadas entre praças distantes, em uma época em que o transporte, terrestre ou marítimo, era uma viagem demorada e arriscada. Nos tempos modernos, é possível que ainda tenham alguma utilidade, mas, de modo geral, tornaram-se obsoletos.

Capítulo X

DAS ALTERAÇÕES

Nova tradução	Tradução oficial
Art. 69. No caso de alteração do texto da letra, os signatários posteriores à alteração vinculam-se nos termos do texto alterado; e os anteriores, nos termos do original.[1-5]	Art. 69. No caso de alteração do texto de uma letra, os signatários posteriores a esta alteração ficam obrigados nos termos do texto alterado; os signatários anteriores são obrigados nos termos do texto original.

1. CONCEITO DE ALTERAÇÃO

Considera-se *alteração* qualquer modificação ilegitimamente introduzida no teor do título durante sua circulação. Mais precisamente, ocorre alteração quando há supressão, substituição ou adição de alguma declaração cambial (VITTORIO ANGELONI, apud LAURINI, 2003, p. 240).

2. ALTERAÇÃO LÍCITA

É lícita a alteração quando operada pelo próprio autor da declaração cambial, enquanto o título está em seu poder, para corrigir algum erro ou exercer o direito de revogação, como o cancelamento do aceite, aval ou endosso, ou ainda, no caso do endossante que pagou a cambial, para cancelar os endossos posteriores (VITTORIO ANGELONI, apud LAURINI, 2003, p. 240).

3. ALTERAÇÃO ILÍCITA

Fora desses casos, é crime de falsificação de documento a alteração do texto da cambial. O Código Penal equipara a *documento público*, para os efeitos penais, o título ao portador ou transmissível por endosso (art. 297, § 2º). Casos comuns de alteração ilícita dizem respeito à importância, à data de vencimento e ao lugar de pagamento.

4. CONSEQUÊNCIAS

De modo geral, a alteração *não invalida* a cambial, vinculando-se, nos termos do texto alterado, os que apuseram sua assinatura posteriormente à alteração, e os que assinaram antes, nos termos do texto primitivo.

5. ÔNUS DA PROVA

Incumbe a prova da alteração ao signatário que a alega, quando visa à redução de sua responsabilidade. Se provada a alteração, cabe então ao portador provar a anterioridade da modificação, relativamente à assinatura do obrigado cambiário que pretenda limitar sua responsabilidade (DE SEMO apud LAURINI, 2003, p. 240).

Capítulo XI

DA PRESCRIÇÃO[1]

1. CONCEITO DE PRESCRIÇÃO

Prescrição é a perda da faculdade de exigir o cumprimento da prestação, pelo decurso do prazo legal para reclamá-la, por violação do direito subjetivo correlato. Dispõe o art. 189 do CCiv que "violado o direito, nasce para o titular a pretensão, que se extingue pela prescrição". Segundo Pontes de Miranda (1974, vol. I, n. 56), *pretensão* é a exigibilidade da prestação.

Distingue-se a *prescrição* da *decadência*, porque com esta perece o direito *ipso facto*, em sua substância, e, com aquela, a exigibilidade da prestação, cuja eficácia fica latente, não extinguindo o direito, se não pronunciada pelo juiz de ofício (CPC, art. 219, §º, com a redação da Lei n. 11.280/2006) ou, na omissão do juiz, alegada pelo interessado (CCiv, art. 193).

A prescrição alcança os direitos subjetivos, ao passo que a decadência atinge as faculdades jurídicas. A diferença está em que as faculdades jurídicas não correspondem a obrigação alguma da outra parte, ao passo que os direitos subjetivos, sim. Exemplificando, protestar ou não um título é uma faculdade jurídica, que o credor exerce se quiser, e em relação à qual o devedor nada tem a fazer. No entanto, ao direito subjetivo de receber o valor do título, corresponde a obrigação de pagar que tem o subscritor. Por isso, o prazo para protestar é de decadência, e o de mover a ação de cobrança é de prescrição. O primeiro não pode ser interrompido; o segundo, sim.

Nova tradução	Tradução oficial
Art. 70. Prescreve em três anos, contados da data do vencimento, a ação cambial contra o aceitante.	Art. 70. Todas as ações contra o aceitante relativas a letras prescrevem em três anos a contar do seu vencimento.
A ação de regresso do portador contra os endossantes e contra o sacador prescreve em um ano, contado da data do protesto tempestivo, ou, se a letra contiver a cláusula sem despesas, da data do vencimento.	As ações ao portador contra os endossantes e contra o sacador prescrevem em um ano, a contar da data do protesto feito em tempo útil ou da data do vencimento, se se trata de letra que contenha cláusula "sem despesas".
A ação de regresso de um endossante contra outro e contra o sacador prescreve em seis meses, contados do dia em que o endossante pagou a letra ou daquele em que foi demandado.[1]	As ações dos endossantes uns contra os outros e contra o sacador prescrevem em seis meses a contar do dia em que o endossante pagou a letra ou em que ele próprio foi acionado.

1. PRAZOS DE PRESCRIÇÃO DA AÇÃO CAMBIAL

A LU estabelece os seguintes prazos de prescrição da ação cambial:

I.   a *prescrição trienal* da ação direta contra o obrigado principal, contado o prazo do vencimento do título;

II. a *prescrição anual* da ação de regresso do portador contra os endossantes anteriores e contra o sacador, contado o prazo da data do protesto em tempo hábil ou, no caso de cambial com a cláusula *sem protesto*, da data do vencimento;

III. a *prescrição semestral* da ação de regresso de um endossante contra outro e contra o sacador, contado o prazo do dia em que o endossante pagou ou daquele em que foi ele próprio demandado.

DA PRESCRIÇÃO

Implícito está, no sistema da LU, que a prescrição da ação cambial contra o avalista coincide com o da ação contra o avalizado.

Nova tradução	Tradução oficial
Art. 71. A interrupção da prescrição não produz efeito senão contra a pessoa em relação à qual se operou.[1-2]	Art. 71. A interrupção da prescrição só produz efeito em relação à pessoa para quem a interrupção foi feita.

1. INTERRUPÇÃO DA PRESCRIÇÃO

O Brasil formulou a reserva prevista no art. 17 do An2, segundo o qual compete à lei de cada país determinar as causas que interrompem ou suspendem a prescrição da ação cambial.

A matéria está regulada no CCiv, cujas normas são aplicáveis à prescrição da ação cambial (ou à *prescrição da pretensão*, como diz o CCiv), convindo notar que, nos termos do seu artigo 202, III, o protesto cambial interrompe a prescrição.

2. EFICÁCIA DA INTERRUPÇÃO

Segundo o disposto no art. 71 da LU, transcrito linhas atrás, cuja tradução oficial não prima pela clareza, a interrupção da prescrição não produz efeito senão *contra a pessoa* em relação à qual se operou. Em outras palavras, a interrupção produz efeito *inter partes*, não *erga omnes*.

Peca por ambiguidade a TO, ao dizer que a interrupção só produz efeito em relação à pessoa *para a qual foi feita*: em primeiro lugar, parecendo significar que a interrupção só aproveita à pessoa *a cujo favor* se operou, o que seria supérfluo; e em segundo, obscurecendo o aspecto de ser ineficaz o ato interruptivo em relação aos demais devedores.

O original francês enuncia, de forma clara, a eficácia do ato interruptivo exclusivamente em relação à pessoa contra a qual se realizou (art. 71): *L'interruption de la prescription n'a d'effet que contre celui à l'égard duquel l'acte interruptif a été fait.*

A norma desse artigo derroga a do DComum, segundo a qual a interrupção efetivada contra o devedor solidário *envolve os demais devedores* (CCiv, art. 204, § 1º). De acordo com a LU, a interrupção operada contra um dos devedores *não se estende aos demais*, embora sejam todos solidariamente responsáveis para com o credor.

A LU estabelece a regra da *solidariedade das obrigações cambiárias*, em virtude da qual o principal obrigado, os endossantes e os avalistas respondem *solidariamente* pelo pagamento perante o credor, que pode propor ação cambial, *individual ou coletivamente*, contra qualquer deles e independentemente da ordem pela qual se obrigaram.

Capítulo XII

DISPOSIÇÕES GERAIS

Nova tradução	Tradução oficial
Art. 72. O pagamento da letra cujo vencimento caia em dia feriado por lei só será exigível no primeiro dia útil seguinte. Assim também, só pode ser praticado em dia útil qualquer outro ato relativo à letra, especialmente a apresentação ao aceite e o protesto.[1-2] Quando um desses atos deva ser realizado em certo prazo, cujo termo final seja feriado por lei, fica o prazo prorrogado até o primeiro dia útil seguinte a seu término, incluídos no cômputo do prazo os feriados intermediários.[3]	Art. 72. O pagamento de uma letra cujo vencimento recai em dia feriado legal só pode ser exigido no primeiro dia útil seguinte. Da mesma maneira, todos os atos relativos à letra, especialmente a apresentação ao aceite e o protesto, somente podem ser feitos em dia útil. Quando um destes atos tem de ser realizado em um determinado prazo, e o último dia deste prazo é feriado legal, fica o dito prazo prorrogado até ao primeiro dia útil que se seguir ao seu termo.

1. OCORRÊNCIA DE FERIADO LEGAL

O pagamento da cambial, cujo vencimento caia em dia feriado por lei, só pode ser exigido no primeiro dia útil seguinte. Assim também todos os outros atos relativos à cambial, especialmente a apresentação ao aceite e o protesto, só podem ser praticados em dia útil.

Dispõe ainda a LU que, quando um desses atos haja de ser realizado em certo prazo, cujo termo final seja feriado por lei, fica o prazo prorrogado até o primeiro dia útil que se seguir a seu término.

O art. 132, § 1º, do CCiv dispõe de forma similar, estabelecendo: "Se o dia do vencimento cair em feriado, considerar-se-á prorrogado o prazo até o dia seguinte útil".

A diferença é que a LU não se refere à prorrogação do *prazo de vencimento*, mas à do *prazo em que a cambial é pagável*, ou seja, do prazo em que a cambial é exigível (que pode não coincidir com o do vencimento, na hipótese de este cair em feriado legal), para a exigência do pagamento ou para a realização do ato, cujo termo final coincida com feriado previsto em lei. Como mencionado anteriormente, no sistema da LU, o vencimento é fixo, a exigibilidade é que fica prorrogada. Quanto ao prazo para o protesto, deve-se entender, no Direito brasileiro, como o termo legal para pedi-lo ao oficial competente (cf. nota 3 ao art. 44).

2. EXPEDIENTE BANCÁRIO

De acordo com o art. 12, § 2º, da LP, não se considera *dia útil*, para efeito do cômputo do prazo para o registro do protesto, o dia em que não houver expediente bancário normal para o público.

3. FERIADOS INTERMEDIÁRIOS

Nos textos originais, a parte final da alínea 2ª do art. 72, omitida na TO, manda incluir os *feriados intermediários* no cômputo do prazo cujo termo final seja feriado por lei.

Nova tradução	Tradução oficial
Art. 73. Os prazos legais ou convencionais não compreendem o dia do início.[1]	Art. 73. Os prazos legais ou convencionais não compreendem o dia que marca o seu início.

DISPOSIÇÕES GERAIS

1. CÔMPUTO DOS PRAZOS

De acordo com a LU, não se inclui no cômputo dos prazos legais ou convencionais o dia do início. Com melhor técnica, diria-se que não se compreende o dia do início no cômputo dos prazos estabelecidos em lei ou em *cláusula cambial*, porquanto as estipulações cambiárias são *atos unilaterais*, e não *convencionais*.

De modo semelhante, dispõe o art. 132 do CCiv que, salvo disposição legal ou convencional em contrário, no cômputo dos prazos exclui-se o dia do começo e inclui-se o do vencimento.

Nova tradução	Tradução oficial
Art. 74. Não se admitirá termo de graça, quer legal, quer judicial.[1]	Art. 74. Não são admitidos dias de perdão quer legal, quer judicial.

1. TERMO DE GRAÇA

Segundo Orlando Gomes, o *termo de graça*, admitido em algumas legislações, é concessão do juiz ao devedor de boa-fé, que se encontra em situação difícil para solver a dívida a prazo (ORLANDO GOMES, 1965, n. 296).

A legislação brasileira não contempla termo de graça de créditos entre particulares. Tem a mesma natureza do termo de graça a *moratória*, que é medida de interesse geral em favor de uma ou mais categorias de devedores. A suspensão ou prorrogação de prazos, decretada pelo Estado, é política amplamente usada a respeito de seus créditos tributários (ORLANDO GOMES, ibidem).

O Brasil não subscreveu a reserva constante do art. 22 do An2, que assegura a cada país a faculdade de adotar medidas excepcionais de ordem geral relativas à prorrogação dos prazos para o protesto e à prorrogação dos vencimentos.

Não se compreende por que o Governo brasileiro, em plena Segunda Guerra Mundial (1942), deixou de subscrever tal reserva, tendo nessa ocasião subscrito tantas outras, nem todas oportunas.

Título II

DA NOTA PROMISSÓRIA

Nova tradução	Tradução oficial
Art. 75. A nota promissória deve conter:[1]	Art. 75. A nota promissória contém:
1. a denominação nota promissória, inserta no próprio texto do título e expressa na língua em que este for redigido;	1. a denominação "nota promissória" inserta no próprio texto do título e expressa na língua empregada para a redação desse título;
2. a promessa pura e simples de pagar uma quantia determinada;	2. a promessa pura e simples de pagar uma quantia determinada;
3. a indicação do vencimento;	3. a época do pagamento;
4. a indicação do lugar do pagamento;	4. a indicação do lugar em que se deve efetuar o pagamento;
5. o nome da pessoa a quem ou à ordem de quem deve ser paga;	5. o nome da pessoa a quem ou a ordem de quem deve ser paga;
6. a indicação da data e do lugar da emissão;	6. a indicação da data em que e do lugar onde a nota promissória é passada;
7. a assinatura do emitente.	7. a assinatura de quem passa a nota promissória (subscritor).

1. REMISSÃO

O art. 75 foi examinado conjuntamente com o art. 1º.

Nova tradução	Tradução oficial
Art. 76. Não produzirá efeito como nota promissória o título a que faltar qualquer dos requisitos enumerados no artigo anterior, salvo o disposto nas alíneas seguintes.[1]	Art. 76. O título em que faltar algum dos requisitos indicados no artigo anterior não produzirá efeito como nota promissória, salvo nos casos determinados das alíneas seguintes.
Considera-se à vista a nota promissória sem indicação do vencimento.	A nota promissória em que não se indique a época do pagamento será considerada pagável à vista.
Na falta de indicação especial, considera-se o lugar da emissão como o lugar do pagamento e, ao mesmo tempo, como o do domicílio do emitente.	Na falta de indicação especial, lugar onde o título foi passado considera-se como sendo o lugar do pagamento e, ao mesmo tempo, o lugar do domicílio do subscritor da nota promissória.
Considera-se emitida no lugar designado junto ao nome do emitente a nota promissória que não indique o lugar de sua emissão.	A nota promissória que não contenha indicação do lugar onde foi passada considera-se como tendo-o sido no lugar designado ao lado do nome do subscritor.

1. REMISSÃO

O art. 76 foi examinado conjuntamente com o art. 2º.

Nova tradução	Tradução oficial
Art. 77. Aplica-se à nota promissória, no que não for contrário à natureza desse título, o disposto nesta lei quanto à letra de câmbio, sobre: – endosso (arts. 11 a 20); – vencimento (arts. 33 a 37); – pagamento (arts. 38 a 42); – direito de regresso por falta de pagamento (arts. 43 a 50 e 52 a 54);	Art. 77. São aplicáveis às notas promissórias, na parte em que não sejam contrárias à natureza deste título, as disposições relativas às letras e concernentes: – endosso (arts. 11 a 20); – vencimento (arts. 33 a 37); – pagamento (arts. 38 a 42); – direito de ação por falta de pagamento (arts. 43 a 50 e 52 a 54);

DA NOTA PROMISSÓRIA

– pagamento por intervenção (arts. 55 e 59 a 63); – cópias (arts. 67 e 68); – alterações (art. 69); – prescrição (arts. 70 e 71); – dias feriados, contagem de prazos e inadmissibilidade de dias de graça (arts. 72 a 74).	– pagamento por intervenção (arts. 55 e 59 a 63); – cópias (arts. 67 e 68); – alterações (art. 69); – prescrição (arts. 70 e 71); – dias feriados, contagem de prazos e interdição de dias de perdão (arts. 72 a 74);
Aplica-se igualmente à nota promissória o disposto nesta lei sobre letra pagável no domicílio de terceiro ou fora da localidade do domicílio do sacado (arts. 4º e 27), estipulação de juros (art. 5º), divergências nas indicações da quantia a pagar (art. 6º), consequências da aposição de assinatura nas condições indicadas no art. 7º, consequências da assinatura de quem atua como representante sem poderes ou excedendo os seus poderes (art. 8º) e letra em branco (art. 10).	São igualmente aplicáveis às notas promissórias as disposições relativas às letras pagáveis no domicílio de terceiros ou numa localidade diversa da do domicílio do sacado (arts. 4º e 27), a estipulação de juros (art. 5º), as divergências das indicações da quantia a pagar (art. 6º), as consequências da aposição de uma assinatura nas condições indicadas no art. 7º, as da assinatura de uma pessoa que age sem poderes ou excedendo os seus poderes (art. 8º) e a letra em branco (art. 10).
Aplicam-se também à nota promissória as disposições relativas ao aval (arts. 30 a 32); no caso do art. 31, última alínea, não indicando o aval a pessoa avalizada, considera-se avalizado o emitente da nota promissória.[1]	São também aplicáveis às promissórias as disposições relativas ao aval (arts. 30 a 32); no caso previsto na última alínea do art. 31, se o aval não indicar a pessoa por quem é dado entender-se-á ser pelo subscritor da nota promissória.

1. APLICABILIDADE DAS NORMAS SOBRE A LETRA DE CÂMBIO

A LU manda aplicar à NP as disposições relativas à LC, no que não for contrário à natureza da primeira, estando excluídas especialmente as que se referem ao *aceite* (arts. 21 a 29).

Nota-se, na relação das normas constantes do art. 77, a omissão do art. 3º, que admite o saque de LC à ordem do próprio sacador, devendo-se, por isso, considerar inadmissível a NP em que o beneficiário é o próprio emitente (*v.* nota ao art. 3°).

Também não se aplicam à NP as normas concernentes à pluralidade de exemplares (arts. 64 a 66), aplicando-se, porém, as referentes às cópias (arts. 67 e 68).

Quanto ao aval, se não indicada pelo avalista a pessoa a quem avaliza, presume-se avalizado o emitente da NP (art. 77, *in fine*).

Nova tradução	Tradução oficial
Art. 78. O emitente da nota promissória obriga-se do mesmo modo que o aceitante da letra de câmbio.[1] A nota promissória pagável a tempo certo da vista deve ser presente ao visto do emitente nos prazos do art. 23, contando-se da data do visto por ele assinado o prazo de vencimento. A recusa do emitente a dar seu visto datado deve ser comprovada por um protesto (art. 25), cuja data serve de termo inicial do prazo de vencimento.[2]	Art. 78. O subscritor de uma nota promissória é responsável da mesma forma que o aceitante de uma letra. As notas promissórias pagáveis a certo termo de vista devem ser presentes ao visto dos subscritores nos prazos fixados no art. 23. O termo de vista conta-se da data do visto dado pelo subscritor. A recusa do subscritor a dar o seu visto é comprovada por um protesto (artigo 25), cuja data serve de início ao termo de vista.

1. RESPONSABILIDADE DO EMITENTE

O *emitente* da NP equipara-se, quanto à sua responsabilidade cambial, ao *aceitante* da LC, sendo considerado, portanto, o principal obrigado pelo pagamento do título.

2. VISTO DO EMITENTE

A NP a tempo certo da vista deve ser apresentada ao *visto* do emitente no prazo do art. 23, contando-se da data do *visto* o prazo de vencimento. Recusando-se o emitente a dar seu *visto*, incumbe ao portador, para não perder o direito de regresso, comprovar a omissão por meio de um protesto, como

DA NOTA PROMISSÓRIA

estabelece a LU no art. 44, em relação ao protesto por falta de aceite. Como a NP não comporta o *aceite*, entende-se que deva ser protestada por falta do *visto*, servindo a data do protesto de termo inicial do prazo de vencimento.

Se o emitente se recusa a dar seu *visto datado*, deve o portador requerer em tempo hábil um *protesto por falta de data do visto*, à semelhança do *protesto por falta de data do aceite*, previsto no art. 25.

A TO encerra duas falhas. A primeira, ao dizer que o termo de vista se conta da *data do visto dado* pelo subscritor, em vez de *da data do visto assinado* (no original francês, *de la date du visa signé du souscripteur*). A segunda, em omitir o particípio *datado*, na frase: "A recusa do subscritor em dar o seu visto [...]", alterando o sentido exato da norma (no original francês, *son visa daté*).

PARTE III

Reservas

INTRODUÇÃO

Ao aderir, em 1942, à Convenção para adoção de uma Lei Uniforme em matéria de letras de câmbio e notas promissórias (CLU), concluída em Genebra em 7 de junho de 1930, o Brasil formulou treze reservas ao texto da LU, entre as 23 autorizadas no An2 da Convenção.

As reservas formuladas pelo Brasil são as constantes dos artigos a seguir transcritos do An2. Essas reservas já foram em parte comentadas nos respectivos tópicos da Parte I desta obra, aos quais faremos remissão, abaixo de cada artigo, a par das notas adicionais, onde couber.

Os dispositivos a seguir transcritos pertencem à TO portuguesa, anexa ao Decreto n. 57.663/96, que promulgou a Convenção.

No anexo *Legislação*, o leitor poderá encontrar os textos originais em francês e em inglês, bem como a TO portuguesa, com o texto integral do An2.

Art. 2º Qualquer das Altas Partes Contratantes tem, pelo que respeita às obrigações contraídas em matéria de letras no seu território, a faculdade de determinar de que maneira pode ser suprida a falta de assinatura, desde que por uma declaração autêntica escrita na letra se possa constatar a vontade daquele que deveria ter assinado.

SUPRIMENTO DA ASSINATURA

Sobre a assinatura da cambial por mandatário, ou o suprimento da assinatura de próprio punho por chancela mecânica ou assinatura digital, *v.* notas ao art. 1º da LU.

Art. 3º Qualquer das Altas Partes Contratantes reserva-se à faculdade de não inserir o art. 10 da Lei uniforme na sua lei nacional.

CAMBIAL INCOMPLETA

O art. 10 da LU trata da eficácia da cambial incompleta ao tempo da emissão, quando completada em desacordo com o ajustado entre as partes. *V.* notas ao art. 10 da LU.

Art. 5º Qualquer das Altas Partes Contratantes pode completar o art. 38 da Lei uniforme dispondo que, em relação às letras pagáveis no seu território, o portador deverá fazer a apresentação no próprio dia do vencimento; a inobservância desta obrigação só acarreta responsabilidade por perdas e danos.

As outras Altas Partes Contratantes têm a faculdade de fixar as condições em que reconhecerão uma tal obrigação.

PRAZO DE APRESENTAÇÃO DA CAMBIAL A PAGAMENTO

O art. 5º do An2 faculta a cada país dispor, em relação às cambiais pagáveis em seu território, que o portador deva fazer a apresentação a pagamento no próprio dia do vencimento. Sobre essa reserva, *v.* notas 1 e 2 ao art. 38 da LU.

Art. 6º A cada uma das Altas Partes Contratantes incumbe determinar, para os efeitos da aplicação da última alínea do art. 38, quais as instituições que, segundo a lei nacional, devam ser consideradas câmaras de compensação.

CÂMARAS DE COMPENSAÇÃO

Sobre o sistema brasileiro de compensação, equivalente a câmaras de compensação, *v.* notas ao art. 38 da LU.

Art. 7º Pelo que se refere às letras pagáveis no seu território, qualquer das Altas Partes Contratantes tem a faculdade de sustar se o julgar necessário, em circunstâncias excepcionais relacionadas com a taxa de câmbio da moeda nacional, os efeitos da cláusula prevista no art. 41 relativa ao pagamento efetivo em moeda estrangeira. A mesma regra se aplica no que respeita à emissão no território nacional de letras em moedas estrangeiras.

CAMBIAL EM MOEDA ESTRANGEIRA

O CCiv declara nulas as convenções de pagamento em moeda estrangeira, excetuados os casos previstos na legislação especial (art. 318). Sobre o pagamento da cambial em moeda estrangeira no território nacional, *v.* notas 1 e 2 ao art. 41 da LU.

Art. 9º Por derrogação da alínea terceira do art. 44 da Lei uniforme, qualquer das Altas Partes Contratantes tem a faculdade de determinar que o protesto por falta de pagamento deve ser feito no dia em que a letra é pagável ou num dos dois dias úteis seguintes.

PRAZO PARA PROTESTO POR FALTA DE PAGAMENTO

Sobre o prazo para o protesto por falta de pagamento, *v.* nota ao art. 44 da LU.

Art. 10. Fica reservada para a legislação de cada uma das Altas Partes Contratantes a determinação precisa das situações jurídicas a que se referem os ns. 2 e 3 do art. 43 e as alíneas 5ª e 6ª do art. 44 da Lei uniforme.

REGRESSO ANTECIPADO

Os ns. 2 e 3 do art. 43 da LU referem-se à possibilidade do exercício do direito de regresso antes do vencimento (regresso antecipado), contra os endossantes anteriores e contra o sacador, nas hipóteses de falência do sacado, aceitante ou não, de suspensão de pagamentos por parte do sacado, ou de execução frustrada de seus bens (n. 2), ou ainda na hipótese de falência do sacador de letra não aceitável (n. 3). As alíneas 5ª e 6ª do art. 44 da LU tratam da necessidade, ou não, de protesto nessas hipóteses.

A TO refere-se aos ns. 5 e 6 do art. 44, quando a remissão correta é às *alíneas* 5ª e 6ª do art. 44 (no original francês, *art. 44, al. 5 et 6*) da LU.

Sobre a vigência desses dispositivos no Brasil, *v.* notas ao art. 43 da LU, cujas conclusões se aplicam às hipóteses previstas nas alíneas 5ª e 6ª do art. 44.

Art. 13. Qualquer das Altas Partes Contratantes tem a faculdade de determinar, no que respeita às letras passadas e pagáveis no seu território, que a taxa de juro a que referem o art. 48, n. 2, e o art. 49, n. 2, da Lei uniforme, poderá ser substituída pela taxa legal em vigor no território da respectiva Alta Parte Contratante.

TAXA LEGAL DE JUROS

Os arts. 48, n. 2, e 49, n. 2, da LU tratam dos juros legais, à taxa de 6% ao ano, que o portador pode haver dos coobrigados, em via de regresso.

De acordo com o art. 13 do An2, qualquer país pode determinar, no que respeita à LC sacada e pagável em seu território, que a referida taxa de juros pode ser substituída pela *taxa legal* em vigor nesse território.

Sobre a adoção e o alcance dessa reserva no Brasil, *v.* notas aos arts. 48 e 49 da LU.

Art. 15. Qualquer das Altas Partes Contratantes tem a liberdade de decidir que, no caso de perda de direitos ou de prescrição, subsistirá no seu território o direito de proceder contra o sacador que não tenha constituído provisão ou contra o sacador ou endossante que tenha enriquecido injustamente. A mesma faculdade existe, em caso de prescrição, no que respeita ao aceitante que recebeu provisão ou enriqueceu injustamente.

AÇÃO DE LOCUPLETAMENTO

O art. 15 trata da ação de locupletamento contra o sacador, o endossante ou o aceitante que tenha enriquecido sem justa causa. Sobre a vigência desse dispositivo no Brasil, *v.* nota ao Capítulo IV da Parte IV, adiante.

Art. 16. A questão de saber se o sacador é obrigado a constituir provisão à data do vencimento e se o portador tem direitos especiais sobre essa provisão está fora do âmbito da Lei uniforme.

DESNECESSIDADE DE PROVISÃO

Nem a LS nem as leis brasileiras posteriores obrigam o sacador a constituir provisão junto ao sacado, seja ao tempo do vencimento, seja a que tempo for, diversamente do que se verifica na Lei do Cheque (Lei n. 7.357/85), segundo a qual o sacador é obrigado a ter fundos disponíveis em poder do banco sacado, no momento da apresentação do cheque a pagamento (art. 4º).

Art. 17. A cada uma das Altas Partes Contratantes compete determinar na sua legislação nacional as causas de interrupção e de suspensão da prescrição das ações relativas a letras, de que os seus tribunais venham conhecer.

As outras Partes Contratantes têm a faculdade de determinar as condições em que reconhecerão tais causas. O mesmo se aplica no que concerne ao efeito de uma ação como termo inicial do prazo de prescrição, a que se refere a alínea terceira do art. 70 da Lei uniforme.

CAUSAS INTERRUPTIVAS E SUSPENSIVAS DA AÇÃO CAMBIAL

A alínea 1ª do art. 17 afirma a competência da legislação nacional de cada país contratante para determinar as causas que interrompem ou suspendem a prescrição das ações cambiais de que seus juízes ou tribunais venham a conhecer.

A alínea 2ª assegura a cada um dos demais países contratantes a faculdade de determinar as condições em que reconhecerá tais causas, bem como as condições em que reconhecerá o efeito de uma ação como termo inicial do prazo de prescrição da ação cambial de um endossante contra outro ou contra o sacador, prazo que, na LU, é de seis meses, contados do dia em que o endossante pagou a cambial ou daquele em que ele próprio foi demandado (LU, arts. 70 e 77).

A TO, inadvertidamente, refere-se ao *conhecimento* das causas interruptivas ou suspensivas da ação cambial por outra Parte Contratante (alínea 2ª), quando, na realidade, se trata do *reconhecimento* de tais causas por outra Parte Contratante (no original francês, *reconnaîtront*, ou seja, "reconhecerão"). Na alínea 1ª, sim, o ato é de *conhecer* (conhecer da ação).

Sobre os prazos de prescrição da ação cambial e as causas que interrompem ou suspendem o curso do prazo prescricional, *v.* notas aos arts. 70 e 71 da LU.

Art. 19. Qualquer das Altas Partes Contratantes pode determinar o nome a dar nas leis nacionais aos títulos a que se refere o art. 75 da Lei uniforme ou dispensar esses títulos de qualquer denominação especial, uma vez que contenham a indicação expressa de que são à ordem.

NOTA PROMISSÓRIA: DENOMINAÇÃO DO TÍTULO

O art. 75 da LU enumera os requisitos que a NP deve conter. Entre outros requisitos, deve esse título conter a denominação *nota promissória*, ou termo equivalente, na língua em que o título for redigido (art. 75, 1).

Nota promissória é o nome pelo qual esse título é designado, no Brasil, desde a LS. Na Alemanha, é denominado *eigenen Wechsel*; na Espanha e na América Latina, *pagaré*; nos Estados Unidos e na Inglaterra, *promissory note*; na França, *billet à ordre*; em Portugal, *livrança*; na Itália, *vaglia cambiario*, ou, simplesmente, *cambiale* (notando-se que *cambiale* é o nome comum à LC e à NP).

Art. 20. As disposições dos arts. 1º a 18 do presente Anexo, relativas às letras, aplicam-se igualmente às notas promissórias.

NORMAS APLICÁVEIS À NOTA PROMISSÓRIA

O art. 20 é norma extensiva, que torna aplicáveis à NP as disposições sobre LC, contidas nos arts. 1º a 18 da LU.

PARTE IV

Normas Complementares

Título I

PROTESTO CAMBIAL

1. INTRODUÇÃO

Ao analisar o art. 44 da LU, que trata do protesto como instrumento de prova da recusa do aceite ou do pagamento da LC ou da NP, examinamos alguns aspectos do protesto cambial, a que remetemos o leitor, para evitar repetições. Aqui, examinaremos outros aspectos do protesto da LC e da NP, deixando de lado, por estar fora do âmbito desta obra, o protesto de outros títulos, como o Ch e a Dp, bem como de outros documentos de dívida a que se refere sem, contudo, defini-los ou determiná-los a LP, *passim*.

2. PROCEDIMENTO DO PROTESTO

O procedimento do protesto era regulado, no Brasil, até o advento da LP (Lei n. 9.492/97), por nada menos que cinco leis: a LS (Decreto n. 2.044, de 1908); a antiga Lei de Falência (Decreto-lei n. 7.661/45); a LU (Decreto n. 57.663/66); a Lei das Duplicatas (Lei n. 5.474/68); e a Lei do Cheque (Lei n. 7.357/85).

A LP, além de unificar o procedimento do protesto, supre lacunas das leis anteriores, por exemplo, criando o *protocolo* para anotação dos títulos apresentados a protesto.

3. FORMA E PRAZOS DO PROTESTO

De acordo com o art. 8º da CCL, a *forma e os prazos do protesto* obedecem à lei do país em cujo território se deva realizar. Considerando-se que o protesto por falta de aceite deve ser tirado no lugar indicado na LC para o aceite (LS, art. 28, parágrafo único), ou seja, no lugar do domicílio do sacado (LU, art. 21), e que o protesto por falta de pagamento deve ser tirado no lugar indicado na LC ou na NP para o pagamento (LS, art. 28, parágrafo único, c/c art. 56), se a cambial houver de ser aceita ou paga no Brasil, a lei brasileira regula a forma e os prazos do protesto.

4. CANCELAMENTO DO PROTESTO

Não interessa à sociedade a eternização dos efeitos do protesto, que tantos transtornos causa a quem teve um título protestado. Sensível a esse aspecto social da questão, o legislador interveio, primeiro com a Lei n. 6.268/75, que previa a averbação do pagamento do título protestado no respectivo registro. A desvantagem dessa lei é que a averbação não impedia a certidão do registro do protesto do título pago, o que levou o legislador a aprovar a Lei n. 6.690/79, segundo a qual somente se poderia fornecer certidão do registro do protesto cancelado a requerimento do próprio devedor ou por determinação judicial.

Para a averbação do cancelamento do protesto, deveria o devedor apresentar ao cartório o título protestado, devidamente quitado. Na impossibilidade de exibição deste, cumpriria ao devedor apresentar declaração de anuência do credor ao cancelamento pretendido, de acordo com a Lei n. 7.401/85, que alterou a redação da Lei n. 6.690/79.

A matéria está hoje regulada na LP, que manteve, em linhas gerais, o sistema da Lei n. 6.690/79 com as alterações da Lei n. 7.401/85.

Título II

A CAMBIAL EM JUÍZO

Capítulo I

AÇÕES CAMBIAIS

A ação cambial compreende cinco espécies: ação direta, ação de regresso, ação reivindicatória, ação anulatória e ação de locupletamento.

SEÇÃO I
AÇÃO DIRETA E AÇÃO DE REGRESSO

1. PRESSUPOSTOS

Os pressupostos básicos da ação cambial direta e da ação cambial de regresso foram considerados nos respectivos tópicos (LU, arts. 28 e 43).

Recapitulando, o pressuposto básico da ação cambial direta é a falta de pagamento do título no vencimento, e o da ação cambial indireta, ou de regresso, o oportuno protesto por falta de aceite ou de pagamento, salvo se a cambial contiver a cláusula *sem protesto*.

A lei dispensa também o protesto nos casos de falência do aceitante e de falência do sacador de letra não aceitável. Nessas duas hipóteses, basta a apresentação da sentença declaratória de falência para habilitar o portador ao exercício do direito de regresso (LU, art. 44, última alínea).

2. CUMULAÇÃO DE AÇÕES

O portador pode cumular as ações direta e indireta em litisconsórcio passivo (CPC, art. 46, II), uma vez que:

I. todos os devedores – aceitante (ou, na NP, o emitente), endossantes, sacador e respectivos avalistas – são solidariamente responsáveis perante o portador pelo pagamento do título (LU, art. 47).

II. para todos os pedidos é adequado o mesmo tipo de procedimento (CPC, art. 292, § 1º, III).

III. a LC e a NP são títulos executivos extrajudiciais (CPC, art. 585, I).

Pressupõe-se ainda que o mesmo juízo seja competente para todas as ações, ficando, de qualquer sorte, prorrogada pela conexão a competência territorial interna, se a cambial for pagável no Brasil (CPC, arts. 100, IV, *d*, e 102).

3. *LEX FORI*

Convém notar que nem a LU nem a CCL dispõem sobre a *forma e os requisitos do processo*, que são regulados pela lei do país onde se julga o litígio (*lex fori*).

4. DEFESA DO RÉU

No Direito brasileiro, a regra básica encontra-se no art. 51 da LS, que dispõe:

Art. 51. Na ação cambial, somente é admissível defesa fundada no direito pessoal do réu contra o autor, em defeito de forma do título e na falta de requisito necessário ao exercício da ação.

A CAMBIAL EM JUÍZO

5. PROCESSO EXECUTIVO

Processando-se a ação cambial de cobrança pela via executiva, cumpre ao autor instruir a petição inicial com a prova fundamental do fato constitutivo da ação – a cambial vencida, na ação direta – a cambial protestada por falta de aceite ou de pagamento, acompanhada do instrumento de protesto, na ação de regresso (CPC, art. 614, I).

Estando em termos a petição inicial, será o réu citado para, no prazo de três dias, pagar a dívida (CPC, art. 652, com a redação da Lei n. 11.382/2006).

6. EXCEÇÕES SUBSTANCIAIS

Nos embargos, poderá o executado, além das defesas processuais – falta de condição da ação, exceção de incompetência do juízo, etc. – oferecer exceções substanciais, consistentes em fato impeditivo, modificativo ou extintivo do pedido.

Entre as defesas relacionadas com as condições da ação, quando não reconhecidas de plano pelo juiz, motivando o indeferimento da inicial, podem mencionar-se: faltar ao título requisito essencial para ter eficácia como cambial (p.ex., não estar a cambial completa); não estar a petição inicial instruída com o título original e, na ação de regresso, com o título original, acompanhado do instrumento de protesto.

O título de crédito, por definição, é o *documento necessário* ao exercício do direito nele mencionado, não admitindo, pois, sucedâneo, nem sequer na forma de cópia autenticada, salva a hipótese de estar o original retido nos autos de outro processo, onde também é indispensável à propositura da ação, caso em que se admite certidão substitutiva, conforme decisão do Tribunal de Justiça do Estado do Rio de Janeiro (*RJTJESP* 30/250).

7. FATOS IMPEDITIVOS, MODIFICATIVOS E EXTINTIVOS

Os fatos impeditivos, modificativos e extintivos do pedido podem ser *literais* (isto é, cambiários) ou *não literais* (isto é, extracambiários). Essa dis-

LEI CAMBIAL COMENTADA

tinção é relevante, porque os fatos literais, por constarem do teor do título, são oponíveis *erga omnes*, e os não literais, em princípio, somente *inter partes*.

Pode o embargante admitir os fatos alegados pelo autor, mas opor-lhes *fato impeditivo*, que obste à produção das consequências jurídicas pretendidas. Por exemplo, pode o embargante reconhecer que subscreveu a declaração cambiária, mas contrapor o fato de estar interditado ao tempo em que a assinou.

Como fato extintivo literal, vem, em primeiro lugar, o defeito de *forma* do título ou da declaração cambiária. O vício de forma pode ser reconhecido de plano pelo juiz como condição da ação, ao apreciar a petição inicial, mas pode ocorrer que não seja notado *prima facie*, cabendo então ao executado alegá-lo nos embargos.

Oponível *erga omnes*, pode o defeito de forma dizer respeito à declaração cambial originária (p.ex., não ser líquida a soma a pagar) ou a uma declaração sucessiva, como o endosso, o aceite e o aval. No primeiro caso, é oponível por qualquer signatário; no segundo, pelo avalista, aceitante ou endossante demandado.

Como fato extintivo não literal, mas oponível a todos, inclusive ao terceiro de boa-fé, mencionam-se a incapacidade absoluta do declarante e a falsidade ou falsificação de sua assinatura.

Provada a incapacidade absoluta, e bem assim provada, em incidente de falsidade, a falsidade ou a falsificação da assinatura, exclui-se a responsabilidade cambial do declarante ou suposto declarante. Dado que a nulidade de uma declaração cambiária não prejudica a validade das demais (LU, art. 7º), pode o credor mover ação cambial contra os demais obrigados.

Como fatos modificativos ou extintivos não literais, só oponíveis entre as partes, estão todos aqueles relacionados com o negócio jurídico subjacente (p.ex., defeito na mercadoria, pagamento, dilação, etc.). Desde que provados, os fatos modificativos conduzem à procedência apenas parcial da ação, e, os extintivos, à sua improcedência.

SEÇÃO II
AÇÃO REIVINDICATÓRIA

1. AÇÃO REIVINDICATÓRIA CUMULATIVA COM ANULATÓRIA

A LS, nos arts. 36 e 56, assegura ao proprietário da cambial, justificando a propriedade e o extravio, ação para reaver a posse do título, cumulada com ação anulatória.

Incumbe ao autor requerer ao juiz a intimação do sacado ou do obrigado principal e a dos coobrigados, para não pagarem a cambial, bem como a citação do detentor para apresentá-la em juízo no prazo de três meses, e a dos coobrigados, para, no mesmo prazo, contestarem o pedido, fazendo-se as intimações e as citações por edital.

Na contestação, somente é admissível defesa fundada em defeito de forma do título ou em falta de requisito essencial ao exercício da ação cambial.

2. AVISOS

Para os efeitos de responsabilidade civil do coobrigado, a ação não dispensa o aviso imediato do extravio, por meio de cartas registradas, endereçadas ao sacado, ao aceitante da LC (ou, na NP, ao emitente) e aos outros obrigados. Quanto aos avisos, a matéria está atualmente regulada no art. 45 da LU, que trata das comunicações obrigatórias do portador, em caso de protesto por falta de aceite ou de pagamento.

Segundo Whitaker, a simples publicação dos avisos não paralisa a circulação do título, que "continua a ser o que parece ser, para o terceiro de boa-fé". Se o devedor, porém, receber notificação pessoal do extravio, "precisará depositar em juízo a soma devida, para não se expor a pagar duas vezes" (WHITAKER, 1963, p. 179).

3. MEDIDAS CONSERVATÓRIAS

Durante o curso do trimestre, munido da certidão do requerimento e do despacho favorável do juiz, fica o proprietário autorizado a praticar todos os atos necessários à conservação do direito creditório, podendo, vencida a cambial, reclamar do principal obrigado o depósito judicial da soma vencida.

Assim também, pode o proprietário pedir o aceite da LC ao sacado: Se o sacado quiser aceitar, toma-se sua declaração por termo nos autos; se não quiser, resta ao promovente interpor o respectivo protesto (WHITAKER, 1963, p. 180).

4. SENTENÇA

Decorrido o prazo, sem se apresentar o portador legitimado, ou sem a contestação do coobrigado, o juiz decretará a nulidade do título perdido e ordenará, em benefício do proprietário, o levantamento do depósito da soma, caso tenha sido feito.

Por esta sentença fica o proprietário habilitado para o exercício da ação cambial, por via executiva, contra o obrigado principal e os outros coobrigados.

Apresentado o título pelo portador legitimado ou oferecida a contestação pelo coobrigado, o juiz julgará prejudicado o pedido de anulação, deixando salvo à parte o recurso aos meios ordinários.

SEÇÃO III
AÇÃO ANULATÓRIA

1. AÇÃO ANULATÓRIA DE TÍTULO DESTRUÍDO

A LS, arts. 36 e 56, regula também a ação anulatória por destruição da cambial, que segue procedimento análogo. Cabe ao autor justificar a propriedade e a destruição do título, total ou parcial, fazendo-se a citação editalícia dos coobrigados para, em três meses, oferecerem contestação.

Decorrido o termo legal, sem ter havido contestação, ou sem se apresentar o portador legitimado, o juiz decretará a nulidade da cambial, servindo a sentença de título executivo contra o obrigado principal e os coobrigados.

Apresentada a cambial pelo portador legitimado ou oferecida contestação pelos coobrigados, o juiz julgará prejudicado o pedido anulatório, salvo à parte o recurso aos meios ordinários.

SEÇÃO IV
AÇÃO DE LOCUPLETAMENTO

1. AÇÃO REPETITÓRIA

Segundo o disposto nos arts. 48 e 56 da LS, sem embargo da desoneração da responsabilidade cambial, fica o sacador ou o devedor principal obrigado a restituir ao portador, com os juros legais, a soma com a qual se locupletou à custa deste.

Essa ação, que dá origem a um processo de conhecimento, é análoga à ação de *in rem verso*, ou de enriquecimento sem causa, fundada no art. 884 do CCiv, segundo o qual, aquele que, sem justa causa, se enriqueceu à custa de outrem, fica obrigado a restituir o indevidamente auferido.

A ação de enriquecimento sem causa, regulada no CCiv, é subsidiária. Conforme o seu art. 886, não cabe a repetição se a lei conferir ao lesado outros meios para se ressarcir do prejuízo.

2. RESERVA

A ação de locupletamento, regulada na LS, tem amparo na reserva prevista no art. 15 do An2, formulada pelo Brasil, conforme o qual pode cada país estabelecer que, no caso de decadência ou prescrição, subsistirá o direito de proceder contra o sacador que não constituiu provisão ou contra o sacador ou o endossante que tenha auferido lucro ilegítimo.

A mesma faculdade pode ser assegurada em caso de prescrição, com relação ao aceitante que recebeu provisão ou realizou lucro ilegítimo.

O disposto no art. 15 do An2 aplica-se também ao portador da NP contra seu emitente ou endossante, *ex vi* da reserva mencionada no art. 20 do An2, também subscrita pelo Brasil.

3. NATUREZA JURÍDICA

A ação de locupletamento, de que trata a LS, tem natureza cambiária, conforme o entendimento de Pontes de Miranda. Funda-se na existência de um título de crédito válido, uma vez prescrita sua exigibilidade específica ou prejudicado pela caducidade, com prazo próprio de prescrição (PONTES DE MIRANDA, 1954, vol. I, p. 399).

Incumbe ao autor demonstrar, no processo cognitivo:

I. o incremento patrimonial do sujeito passivo;

II. a concomitante diminuição patrimonial do sujeito ativo;

III. o nexo etiológico entre o aumento e a diminuição patrimonial.

A posse do título não pago, pelo portador, faz presumir o seu prejuízo e o enriquecimento sem causa do emitente ou do aceitante, conforme jurisprudência do STF (RE n. 90.857) e do STJ (REsp n. 32.772/PR).

4. PRESCRIÇÃO

Prescreve a ação cambiária de locupletamento contra o obrigado principal em prazo igual ao daquele em que ocorre a prescrição da ação cambiária de cobrança, contado do dia em que ocorreu a prescrição desta, porque é nesse dia que se dá o enriquecimento e nasce a pretensão (PONTES DE MIRANDA, 1954, vol. I, p. 398).

Sendo de três anos, no sistema da LU, o prazo de prescrição da ação cambiária de cobrança contra o obrigado principal (art. 70), é ao fim desse tempo que nasce a pretensão cambiária de locupletamento e começa a correr o respectivo prazo prescricional.

Para os que não admitem a natureza cambiária da ação de locupletamento prevista na LS, é também de três anos o prazo prescricional (CCiv, art. 206, § 3º, IV).

Analogamente, prescreve em um ano, contado do dia em que se verificou a decadência ou a prescrição, a ação cambiária de locupletamento do

A CAMBIAL EM JUÍZO

portador contra os endossantes e o sacador (LU, art. 70, alínea 2ª); e, em seis meses, contados do dia em que o endossante pagou a letra, ou daquele em que foi ele próprio demandado, a ação cambiária de locupletamento, de um endossante contra outro e contra o sacador (LU, art. 70, alínea 3ª).

Capítulo II

AÇÕES EXTRACAMBIÁRIAS

1. AÇÃO CAUSAL

Sem prejuízo das ações cambiárias, ou quando prescritas estas, pode o credor ajuizar ação causal, fundada na relação jurídica a que se vincula o saque, a emissão, o endosso, o aceite ou o aval.

2. AÇÃO DE ENRIQUECIMENTO SEM CAUSA

Prescrita a *ação cambiária de locupletamento*, e não lhe restando outro meio para reaver o que injustamente perdeu, pode o prejudicado lançar mão, como *ultima ratio*, da *ação de enriquecimento sem causa*, com fundamento no art. 884 do CCiv.

ADENDO

DECRETO N. 2.044, DE 31 DE DEZEMBRO DE 1908

Define a letra de câmbio e a nota promissória e regula as operações cambiais.

O Presidente da República dos Estados Unidos do Brasil:

Faço saber que o Congresso Nacional decreta e eu sanciono a seguinte Resolução:

TÍTULO I
DA LETRA DE CÂMBIO

CAPÍTULO I
DO SAQUE

Art. 1º A letra de câmbio é uma ordem de pagamento e deve conter requisitos, lançados, por extenso, no contexto:

I. A denominação "letra de câmbio" ou a denominação equivalente na língua em que for emitida.

II. A soma de dinheiro a pagar e a espécie de moeda.

III. O nome da pessoa que deve pagá-la. Esta indicação pode ser inserida abaixo do contexto.

IV. O nome da pessoa a quem deve ser paga. A letra pode ser ao portador e também pode ser emitida por ordem e conta de terceiro. O sacador pode designar-se como tomador.

V. A assinatura do próprio punho do sacador ou do mandatário especial. A assinatura deve ser firmada abaixo do contexto.

Art. 2º Não será letra de câmbio o escrito a que faltar qualquer dos requisitos acima enumerados.

Art. 3º Esses requisitos são considerados lançados ao tempo da emissão da letra. A prova em contrário será admitida no caso de má-fé do portador.

Art. 4º Presume-se mandato ao portador para inserir a data e o lugar do saque, na letra que não os contiver.

Art. 5º Havendo diferença entre o valor lançado por algarismo e o que se achar por extenso no corpo da letra, este último será sempre considerado verdadeiro e a diferença não prejudicará a letra. Diversificando as indicações da soma de dinheiro no contexto, o título não será letra de câmbio.

Art. 6º A letra pode ser passada:

I.   À vista.

II. A dia certo.

III. A tempo certo da data.

IV. A tempo certo da vista.

Art. 7º A época do pagamento deve ser precisa, uma e única para a totalidade da soma cambial.

CAPÍTULO II
DO ENDOSSO

Art. 8º O endosso transmite a propriedade da letra de câmbio. Para a validade do endosso, é suficiente a simples assinatura do próprio punho do endossador ou do mandatário especial, no verso da letra. O endossatário pode completar este endosso.

§ 1º A cláusula "por procuração", lançada no endosso, indica o mandato com todos os poderes, salvo o caso de restrição, que deve ser expressa no mesmo endosso.

§ 2º O endosso posterior ao vencimento da letra tem o efeito de cessão civil.

§ 3º É vedado o endosso parcial.

DECRETO N. 2.044, DE 31 DE DEZEMBRO DE 1908

CAPÍTULO III
DO ACEITE

Art. 9º A apresentação da letra ao aceite é facultativa quando certa a data do vencimento. A letra a tempo certo da vista deve ser apresentada ao aceite do sacado, dentro do prazo nela marcado; na falta de designação, dentro de seis meses contados da data da emissão do título, sob pena de perder o portador o direito regressivo contra o sacador, endossadores e avalistas.

Parágrafo único. O aceite da letra, a tempo certo da vista, deve ser datado, presumindo-se, na falta de data, o mandato ao portador para inseri-la.

Art. 10. Sendo dois ou mais os sacados, o portador deve apresentar a letra ao primeiro nomeado; na falta ou recusa do aceite, ao segundo, se estiver domiciliado na mesma praça; assim, sucessivamente, sem embargo da forma da indicação na letra dos nomes dos sacados.

Art. 11. Para a validade do aceite é suficiente a simples assinatura do próprio punho do sacado ou do mandatário especial, no anverso da letra.

Vale, como aceite puro, a declaração que não traduzir inequivocamente a recusa, limitação ou modificação.

Parágrafo único. Para os efeitos cambiais, a limitação ou modificação do aceite equivale à recusa, ficando, porém, o aceitante cambialmente vinculado, nos termos da limitação ou modificação.

Art. 12. O aceite, uma vez firmado, não pode ser cancelado nem retirado.

Art. 13. A falta ou recusa do aceite prova-se pelo protesto.

CAPÍTULO IV
DO AVAL

Art. 14. O pagamento de uma letra de câmbio, independentemente do aceite e do endosso, pode ser garantido por aval. Para a validade do aval, é suficiente a simples assinatura do próprio punho do avalista ou do mandatário especial, no verso ou no anverso da letra.

Art. 15. O avalista é equiparado àquele cujo nome indicar; na falta de indicação, àquele abaixo de cuja assinatura lançar a sua; fora destes casos, ao aceitaste e, não estando aceita a letra, ao sacador.

CAPÍTULO V
DA MULTIPLICAÇÃO DA
LETRA DE CÂMBIO

SEÇÃO ÚNICA
DAS DUPLICATAS

Art. 16. O sacador, sob pena de responder por perdas e interesses, é obrigado a dar, ao portador, as vias de letra que este reclamar antes do vencimento, diferençadas, no contexto, por números de ordem ou pela ressalva, das que se extraviaram. Na falta da diferenciação ou da ressalva, que torne inequívoca a unicidade da obrigação, cada exemplar valerá como letra distinta.

§ 1º O endossador e o avalista, sob pena de respondem por perdas e interesses, são obrigados a repetir, na duplicata, o endosso e o aval firmados no original.

§ 2º O sacado fica cambialmente obrigado por cada um dos exemplares em que firmar o aceite.

§ 3º O endossador de dois ou mais exemplares da mesma letra a pessoas diferentes e os sucessivos endossadores e avalistas ficam cambialmente obrigados.

§ 4º O detentor da letra expedida para o aceite é obrigado a entregá-la ao legítimo portador da duplicata, sob pena de responder por perdas e interesses.

DECRETO N. 2.044, DE 31 DE DEZEMBRO DE 1908

CAPÍTULO VI
DO VENCIMENTO

Art. 17. A letra à vista vence-se no ato da apresentação ao sacado.

A letra, a dia certo, vence-se nesse dia. A letra, a dias da data ou da vista, vence-se no último dia do prazo; não se conta, para a primeira, o dia do saque, e, para a segunda, o dia do aceite.

A letra a semanas, meses ou anos da data ou da vista vence no dia da semana, mês ou ano do pagamento, correspondente ao dia do saque ou ao dia do aceite. Na falta do dia correspondente, vence-se no último dia do mês do pagamento.

Art. 18. Sacada a letra em país onde vigorar outro calendário, sem a declaração do adotado, verifica-se o termo do vencimento contando-se do dia do calendário gregoriano, correspondente ao da emissão da letra pelo outro calendário.

Art. 19. A letra é considerada vencida, quando protestada:

I.   pela falta ou recusa do aceite;

II. pela falência do aceitante.

O pagamento, nestes casos, continua diferido até ao dia do vencimento ordinário da letra, ocorrendo o aceite de outro sacado nomeado ou, na falta, a aquiescência do portador, expressa no ato do protesto, ao aceite na letra, pelo interveniente voluntário.

CAPÍTULO VII
DO PAGAMENTO

Art. 20. A letra deve ser apresentada ao sacado ou ao aceitante para o pagamento, no lugar designado e no dia do vencimento ou, sendo este dia feriado por lei, no primeiro dia útil imediato, sob pena de perder o portador o direito de regresso contra o sacador, endossadores e avalistas.

§ 1º Será pagável à vista a letra que não indicar a época do vencimento. Será pagável, no lugar mencionado ao pé do nome do sacado, a letra que não indicar o lugar do pagamento.

É facultada a indicação alternativa de lugares de pagamento, tendo o portador direito de opção. A letra pode ser sacada sobre uma pessoa, para ser paga no domicílio de outra, indicada pelo sacador ou pelo aceitante.

§ 2º No caso de recusa ou falta de pagamento pelo aceitante, sendo dois ou mais os sacados, o portador deve apresentar a letra ao primeiro nomeado, se estiver domiciliado na mesma praça; assim sucessivamente, sem embargo da forma da indicação na letra dos nomes dos sacados.

§ 3º Sobrevindo caso fortuito ou força maior, a apresentação deve ser feita, logo que cessar o impedimento.

Art. 21. A letra à vista deve ser apresentada ao pagamento dentro do prazo nela marcado; na falta desta designação, dentro de 12 meses, contados da data da emissão do título, sob pena de perder o portador o direito de regresso contra o sacador, endossadores e avalistas.

Art. 22. O portador não é obrigado a receber o pagamento antes do vencimento da letra. Aquele que paga uma letra, antes do respectivo vencimento, fica responsável pela validade desse pagamento.

§ 1º O portador é obrigado a receber o pagamento parcial, ao tempo do vencimento.

§ 2º O portador é obrigado a entregar a letra com a quitação àquele que efetua o pagamento; no caso do pagamento parcial, em que se não opera tradição do título, além da quitação em separado, outra deve ser firmada na própria letra.

Art. 23. Presume-se validamente desonerado aquele que paga a letra no vencimento, sem oposição.

Parágrafo único. A oposição ao pagamento é somente admissível no caso de extravio da letra, de falência ou incapacidade do portador para recebê-la.

Art. 24. O pagamento feito pelo aceitante ou pelos respectivos avalistas desonera da responsabilidade cambial todos os co-obrigados.

O pagamento feito pelo sacador, pelos endossadores ou respectivos avalistas desonera da responsabilidade cambial os co-obrigados posteriores.

Parágrafo único. O endossador ou o avalista, que paga ao endossatário ou ao avalista posterior, pode riscar o próprio endosso ou aval e os dos endossadores ou avalistas posteriores.

Art. 25. A letra de câmbio deve ser paga na moeda indicada. Designada moeda estrangeira, o pagamento, salvo determinação em contrário, expressa na letra, deve ser efetuado em moeda nacional, ao câmbio à vista do dia do vencimento e do lugar do pagamento; não havendo no lugar curso de câmbio, pelo da praça mais próxima.

Art. 26. Se o pagamento de uma letra de câmbio não for exigido no vencimento, o aceitaste pode, depois de expirado o prazo para o protesto por falta de pagamento, depositar o valor da mesma, por conta e risco do portador, independentemente de qualquer citação.

Art. 27. A falta ou recusa, total ou parcial, de pagamento, prova-se pelo protesto.

CAPÍTULO VIII
DO PROTESTO

Art. 28. A letra que houver de ser protestada por falta de aceite ou de pagamento deve ser entregue ao oficial competente, no primeiro dia útil que se seguir ao da recusa do aceite ou ao do vencimento, e o respectivo protesto, tirado dentro de três dias úteis.

Parágrafo único. O protesto deve ser tirado do lugar indicado na letra para o aceite ou para o pagamento. Sacada ou aceita a letra para ser paga em outro domicílio que não o do sacado, naquele domicílio deve ser tirado o protesto.

Art. 29. O instrumento de protesto deve conter:

I. a data;

II. a transcrição literal da letra e das declarações nela inseridas pela ordem respectiva;

III. a certidão da intimação ao sacado ou ao aceitante ou aos outros sacados, nomeados na letra para aceitar ou pagar, a resposta dada ou a declaração da falta da resposta.

A intimação é dispensada no caso de o sacado ou aceitante firmar na letra a declaração da recusa do aceite ou do pagamento e, na hipótese de protesto, por causa de falência do aceitante.

IV. a certidão de não haver sido encontrada ou de ser desconhecida a pessoa indicada para aceitar ou para pagar. Nesta hipótese, o oficial afixará a intimação nos lugares de estilo e, se possível, a publicará pela imprensa;

V. a indicação dos intervenientes voluntários e das firmas por eles honradas;

VI. a aquiescência do portador ao aceite por honra;

VII. a assinatura, como sinal público, do oficial do protesto.

Parágrafo único. Este instrumento, depois de registrado no livro de protestos, deverá ser entregue ao detentor ou portador da letra ou àquele que houver efetuado o pagamento.

Art. 30. O portador é obrigado a dar aviso do protesto ao último endossador, dentro de dois dias, contados da data do instrumento do protesto e cada endossatário, dentro de dois dias, contados do recebimento do aviso, deve transmiti-lo ao seu endossador, sob pena de responder por perdas e interesses.

Não constando do endosso o domicílio ou a residência do endossador, o aviso deve ser transmitido ao endossador anterior, que houver satisfeito aquelas formalidades.

Parágrafo único. O aviso pode ser dado em carta registrada. Para esse fim, a carta será levada aberta ao Correio, onde, verificada a existência do aviso se declarará o conteúdo da carta registrada no conhecimento e talão respectivo.

DECRETO N. 2.044, DE 31 DE DEZEMBRO DE 1908

Art. 31. Recusada a entrega da letra por aquele que a recebeu para firmar o aceite ou para efetuar o pagamento, o protesto pode ser tirado por outro exemplar ou, na falta, pelas indicações do protestante.

Parágrafo único. Pela prova do fato, pode ser decretada a prisão do detentor da letra, salvo depositando este a soma cambial e a importância das despesas feitas.

Art. 32. O portador que não tira, em tempo útil e forma regular, o instrumento do protesto da letra, perde o direito de regresso contra o sacador, endossadores e avalistas.

Art. 33. O oficial que não lavra, em tempo útil e forma regular, o instrumento do protesto, além da pena em que incorrer, segundo o Código Penal, responde por perdas e interesses.

CAPÍTULO IX
DA INTERVENÇÃO

Art. 34. No ato do protesto pela falta ou recusa do aceite, a letra pode ser aceita por terceiro, mediante a aquiescência do detentor ou portador.

A responsabilidade cambial deste interveniente é equiparada à do sacado que aceita.

Art. 35. No ato do protesto, excetuada apenas a hipótese do artigo anterior, qualquer pessoa tem o direito de intervir para efetuar o pagamento da letra, por honra de qualquer das firmas.

§ 1º O pagamento, por honra da firma do aceitante ou dos respectivos avalistas, desonera da responsabilidade cambial todos os co-obrigados.

O pagamento, por honra da firma do sacador, do endossador ou dos respectivos avalistas, desonera da responsabilidade cambial todos os co-obrigados posteriores.

LEI CAMBIAL COMENTADA

§ 2º Não indicada a firma, entende-se ter sido honrada a do sacador; quando aceita a letra, a do aceitante.

§ 3º Sendo múltiplas as intervenções, concorram ou não co-obrigados, deve ser preferido o interveniente que desonera maior número de firmas.

Múltiplas as intervenções pela mesma firma, deve ser preferido o interveniente co-obrigado; na falta deste, o sacado; na falta de ambos, o detentor ou portador tem a opção. É vedada a intervenção, ao aceitante ou ao respectivo avalista.

CAPÍTULO X
DA ANULAÇÃO DA LETRA

Art. 36. Justificando a propriedade e o extravio ou a destruição total ou parcial da letra, descrita com clareza e precisão, o proprietário pode requerer ao juiz competente do lugar do pagamento na hipótese de extravio, a intimação do sacado ou do aceitante e dos co-obrigados, para não pagarem a aludida letra, e a citação do detentor para apresentá-la em juízo, dentro do prazo de três meses, e, nos casos de extravio e de destruição, a citação dos co-obrigados para, dentro do referido prazo, oporem contestação, firmada em defeito de forma do título ou, na falta de requisito essencial, ao exercício da ação cambial.

Estas citações e intimações devem ser feitas pela imprensa, publicadas no jornal oficial do Estado e no "Diário Oficial" para o Distrito Federal e nos periódicos indicados pelo juiz, além de afixadas nos Lugares do estilo e na bolsa da praça do pagamento.

§ 1º O prazo de três meses corre da data do vencimento; estando vencida a letra, da data da publicação no jornal oficial.

§ 2º Durante o curso desse prazo, munido da certidão do requerimento e do despacho favorável do juiz, fica o proprietário autorizado a praticar todos os atos necessários à garantia do direito creditório, podendo, vencida a letra, reclamar do aceitante o depósito judicial da soma devida.

§ 3º Decorrido o prazo, sem se apresentar o portador legitimado (art. 39) da letra, ou sem a contestação do co-obrigado (art. 36), o juiz decretará a nulidade do título extraviado ou destruído e ordenará, em benefício do proprietário, o levantamento do depósito da soma, caso tenha sido feito.

§ 4º Por esta sentença fica o proprietário habilitado, para o exercício da ação executiva, contra o aceitante e os outros co-obrigados.

§ 5º Apresentada a letra pelo portador legitimado (art. 39), ou oferecida a contestação (art. 36) pelo coobrigado, o juiz julgará prejudicado o pedido de anulação da letra, deixando, salvo à parte, o recurso aos meios ordinários.

§ 6º Da sentença proferida no processo cabe o recurso de agravo com efeito suspensivo.

CAPÍTULO XI
DO RESSAQUE

Art. 37. O portador da letra protestada pode haver o embolso da soma devida, pelo ressaque de nova letra de câmbio, à vista, sobre qualquer dos obrigados.

O ressacado que paga pode, por seu turno, ressacar sobre qualquer dos co-obrigados a ele anteriores.

Parágrafo único. O ressaque deve ser acompanhado da letra protestada, do instrumento do protesto e da conta de retorno.

Art. 38. A conta de retorno deve indicar:

I.   a soma cambial e a dos juros legais, desde o dia do vencimento;

II. a soma das despesas legais, protesto, comissão, porte de cartas, selos e dos juros legais, desde o dia em que foram feitas;

III. o nome do ressacado;

IV. o preço do câmbio, certificado por corretor ou, na falta, por dois comerciantes.

§ 1º O recâmbio é regulado pelo curso do câmbio da praça do pagamento, sobre a praça do domicílio ou da residência do ressacado; o recâmbio, devido ao endossador ou ao avalista que ressaca, é regulado pelo curso do câmbio da praça do ressaque, sobre a praça da residência ou do domicílio do ressacado.

Não havendo curso de câmbio na praça do ressaque, o recâmbio é regulado pelo curso do câmbio da praça mais próxima.

§ 2º É facultado o acúmulo dos recâmbios nos sucessivos ressaques.

CAPÍTULO XII
DOS DIREITOS E DAS
OBRIGAÇÕES CAMBIAIS

SEÇÃO I
DOS DIREITOS

Art. 39. O possuidor é considerado legítimo proprietário da letra ao portador e da letra endossada em branco.

O último endossatário é considerado legítimo proprietário da letra endossada em preto, se o primeiro endosso estiver assinado pelo tomador e cada um dos outros, pelo endossatário do endosso, imediatamente anterior. Seguindo-se ao endosso em branco outro endosso, presume-se haver o endossador deste adquirido por aquele a propriedade da letra.

§ 1º No caso de pluralidade de tomadores ou de endossatários, conjuntos ou disjuntos, o tomador ou o endossatário possuidor da letra é considerado, para os efeitos cambiais, o credor único da obrigação.

§ 2º O possuidor, legitimado de acordo com este artigo, somente no caso de má-fé na aquisição, pode ser obrigado a abrir mão da letra de câmbio.

Art. 40. Quem paga não está obrigado a verificar a autenticidade dos endossos.

Parágrafo único. O interveniente voluntário que paga fica sub-rogado em todos os direitos daquele, cuja firma foi por ele honrada.

Art. 41. O detentor, embora sem título algum, está autorizado a praticar as diligências necessárias à garantia do crédito, a reclamar o aceite, a tirar os protestos, a exigir, ao tempo do vencimento, o depósito da soma cambial.

DECRETO N. 2.044, DE 31 DE DEZEMBRO DE 1908

SEÇÃO II
DAS OBRIGAÇÕES

Art. 42. Pode obrigar-se, por letra de câmbio, quem tem a capacidade civil ou comercial.

Parágrafo único. Tendo a capacidade pela lei brasileira, o estrangeiro fica obrigado pela declaração, que firmar, sem embargo da sua incapacidade, pela lei do Estado a que pertencer.

Art. 43 As obrigações cambiais, são autônomas e independentes umas das outras. O significado da declaração cambial fica, por ela, vinculado e solidariamente responsável pelo aceite e pelo. Pagamento da letra, sem embargo da falsidade, da falsificação ou da nulidade de qualquer outra assinatura.

Art. 44. Para os efeitos cambiais, são consideradas não escritas:

I.   a cláusula de juros;

II. a cláusula proibitiva do endosso ou do protesto, a excludente da responsabilidade pelas despesas e qualquer outra, dispensando a observância dos termos ou das formalidades prescritas por esta Lei;

III. a cláusula proibitiva da apresentação da letra ao aceite do sacado;

IV. a cláusula excludente ou restritiva da responsabilidade e qualquer outra beneficiando o devedor ou o credor, além dos limites fixados por esta Lei.

§ 1º Para os efeitos cambiais, o endosso ou aval cancelado é considerado não escrito.

§ 2º Não é letra de câmbio o título em que o emitente exclui ou restringe a sua responsabilidade cambial.

Art. 45. Pelo aceite, o sacado fica cambialmente obrigado para com o sacador e respectivos avalistas.

§ 1º A letra endossada ao aceitante pode ser por este reendossada, antes do vencimento.

LEI CAMBIAL COMENTADA

§ 2º Pelo reendosso da letra, endossada ao sacador, ao endossado ou ao avalista, continuam cambialmente obrigados os codevedores intermédios.

Art. 46. Aquele que assina a declaração cambial, como mandatário, ou representante legal de outrem, sem estar devidamente autorizado, fica, por ela, pessoalmente obrigado.

Art. 47. A substância, os efeitos, a forma extrínseca e os meios de prova da obrigação cambial são regulados pela Lei do lugar onde a obrigação foi firmada.

Art. 48. Sem embargo da desoneração da responsabilidade cambial, o sacador ou o aceitante fica obrigado a restituir ao portador, com os juros legais, a soma com a qual se locupletou à custa deste.

A ação do portador, para este fim, é a ordinária.

CAPÍTULO XIII
DA AÇÃO CAMBIAL

Art. 49. A ação cambial é a executiva.

Por ela tem também o credor o direito de reclamar a importância que receberia pelo ressaque (art. 38).

Art. 50. A ação cambial pode ser proposta contra um, alguns ou todos os co--obrigados, sem estar o credor adstrito à observância da ordem dos endossos.

Art. 51. Na ação cambial, somente é admissível defesa fundada no direito pessoal do réu contra o autor, em defeito de forma do título e na falta de requisito necessário ao exercício da ação.

CAPÍTULO XIV
DA PRESCRIÇÃO DA AÇÃO CAMBIAL

Art. 52. A ação cambial, contra o sacador, aceitante e respectivos avalistas, prescreve em cinco anos.

A ação cambial contra o endossador, o respectivo avalista, prescreve em 12 meses.

Art. 53. O prazo da prescrição é contado do dia em que a ação pode ser proposta; para o endossador ou respectivo avalista que paga, do dia desse pagamento.

TÍTULO II
DA NOTA PROMISSÓRIA

CAPÍTULO I
DA EMISSÃO

Art. 54. A nota promissória é uma promessa de pagamento e deve conter estes requisitos essenciais, lançados, por extenso no contexto:

I. a denominação de "Nota Promissória" ou termo correspondente, na língua em que for emitida;

II. a soma de dinheiro a pagar;

III. o nome da pessoa a quem deve ser paga;

IV. a assinatura do próprio punho da emitente ou do mandatário especial.

§ 1º Presume-se ter o portador o mandato para inserir a data e lugar da emissão da nota promissória, que não contiver estes requisitos.

§ 2º Será pagável à vista a nota promissória que não indicar a época do vencimento. Será pagável no domicílio do emitente a nota promissória que não indicar o lugar do pagamento.

É facultada a indicação alternativa de lugar de pagamento, tendo o portador direito de opção.

§ 3º Diversificando as indicações da soma do dinheiro, será considerada verdadeira a que se achar lançada por extenso no contexto.

Diversificando no contexto as indicações da soma de dinheiro, o título não será nota promissória.

§ 4º Não será nota promissória o escrito ao qual faltar qualquer dos requisitos acima enumerados. Os requisitos essenciais são considerados lançados ao tempo da emissão da nota promissória. No caso de má-fé do portador, será admitida prova em contrário.

Art. 55. A nota promissória pode ser passada:

I. à vista;

II. a dia certo;

III. a tempo certo da data.

Parágrafo único. A época do pagamento deve ser precisa e única para toda a soma devida.

CAPÍTULO II
DISPOSIÇÕES GERAIS

Art. 56. São aplicáveis à nota promissória, com as modificações necessárias, todos os dispositivos do Título I desta Lei, exceto os que se referem ao aceite e às duplicatas.

Para o efeito da aplicação de tais dispositivos, o emitente da nota promissória é equiparado ao aceitante da letra de câmbio.

Art. 57. Ficam revogados todos os artigos do Título XVI do Código Comercial e mais disposições em contrário.

Rio de Janeiro, 31 de dezembro de 1908; 20º da República.

Afonso Augusto Moreira Pena

DECRETO N. 57.663, DE 24 DE JANEIRO DE 1966
[DOU 31.1.66; RET. DOU 2.3.66]

Promulga as Convenções para adoção de uma Lei Uniforme em matéria de letras de câmbio e notas promissórias.

O Presidente da República:

Havendo o Governo brasileiro, por nota da Legação em Berna, datada de 26 de agosto de 1942, ao Secretário Geral da Liga das Nações, aderido às seguintes Convenções assinadas em Genebra, a 7 de junho de 1930:

1ª) Convenção para adoção de uma lei uniforme sobre letras de câmbio e notas promissórias, anexos e protocolo, com reservas aos artigos 2 - 3 - 5 - 6 - 7 - 9 - 10 - 13 - 15 - 16 - 17 - 19 e 20 do anexo II;

2ª) Convenção destinada a regular conflitos de leis em matéria de letras de câmbio e notas promissórias, com protocolo;

3ª) Convenção relativa ao imposto de selo em matéria de letras de câmbio e de notas promissórias, com o Protocolo;

Havendo as referidas Convenções entrado em vigor para o Brasil noventa dias após a data do registro pela Secretária Geral da Liga das Nações, isto é, a 26 de novembro de 1942;

E havendo o Congresso Nacional aprovado pelo Decreto Legislativo número 54, de 1964, as referidas Convenções;

Decreta que as mesmas, apenas por cópia ao presente decreto, sejam executadas as cumpridas tão inteiramente como nelas se contém, observadas as reservas feitas à Convenção relativa à lei uniforme sobre letras de câmbio e notas promissórias.

Brasília, 24 de janeiro de 1966; 145º da Independência e 78º da República.

H. Castello Branco

Juracy Magalhães

CONVENÇÃO PARA A ADOÇÃO DE UMA LEI UNIFORME SOBRE LETRAS DE CÂMBIO E NOTAS PROMISSÓRIAS

O Presidente do Reich Alemão; o Presidente Federal da República Austríaca; Sua Majestade o Rei dos Belgas; O Presidente da República dos Estados Unidos do Brasil; o Presidente da República da Colômbia; Sua Majestade o Rei da Dinamarca; o Presidente da República da Polônia pela cidade Livre de Dantzig; o Presidente da República do Equador; Sua Majestade o Rei de Espanha; o Presidente da República da Finlândia; o Presidente da República Francesa; o Presidente da República Helênica; Sua alteza Sereníssima o Regente do Reino da Hungria; Sua Majestade o Rei da Itália; Sua Majestade o Imperador do Japão; Sua alteza Real a Grã-Duquesa do Luxemburgo; Sua Majestade o Rei da Noruega; Sua Majestade a Rainha da Holanda; o Presidente da República da Polônia; o Presidente da República Portuguesa; Sua Majestade o Rei da Suécia; o Conselho Federal Suíço; o Presidente da República da Checoslováquia; o Presidente da República da Turquia; Sua Majestade o Rei da Iugoslávia.

Desejando evitar as dificuldades originadas pela diversidade de legislação nos vários países em que as letras circulam e aumentam assim a segurança e rapidez das relações do comércio internacional;

Designaram como seus Plenipotenciários (*seguem-se os nomes dos Plenipotenciários*). Os quais, depois de terem apresentado os seus plenos poderes, achados em boa e devida forma, acordaram nas disposições seguintes:

Art. 1º As Altas Partes Contratantes obrigam-se a adotar nos territórios respectivos, quer num dos textos originais, quer nas suas línguas nacionais, a lei uniforme que constitui o anexo I da presente Convenção.

Esta obrigação poderá ficar subordinada a certas reservas que deverão eventualmente ser formuladas por cada uma da Altas Partes Contratantes no momento da sua retificação ser escolhidas entre as mencionadas no Anexo II da presente Convenção.

DECRETO N. 57.663, DE 24 DE JANEIRO DE 1966 [DOU 31.1.66; RET. DOU 2.3.66]

Todavia, as reservas a que se referem os artigos 8°, 12° e 18° do citado Anexo II poderão ser feitas posteriormente à ratificação ou adesão, desde que sejam notificadas ao Secretário Geral da Sociedade das Nações, o qual imediatamente comunicará o seu texto aos Membros da Sociedade das Nações e aos Estados não membros em cujo nome, tenha sido ratificada a presente Convenção ou que a ela tenham aderido. Essas reservas só produzirão efeitos noventa dias depois de o Secretário Geral ter recebido a referida notificação.

Qualquer das Altas Partes Contratantes poderá, em caso de urgência, fazer uso depois da ratificação ou da adesão, das reservas indicadas nos artigos 7° e 22° do referido Anexo II. Neste caso deverá comunicar essas reservas direta e imediatamente a todas as outras Altas Partes Contratantes e ao Secretário Geral da Sociedade das Nações. Esta notificação produzirá os seus efeitos dois dias depois de recebida a dita comunicação pelas Altas Partes Contratantes.

Art. 2° A lei uniforme não será aplicável no território de cada uma das Altas Partes Contratantes às letras e notas promissórias já passadas à data da entrada em vigor da presente convenção.

Art. 3° A presente Convenção, cujos textos francês e inglês farão, ambos igualmente fé, terá a data de hoje.

Poderá ser ulteriormente assinada, até 6 de setembro de 1930, em nome de qualquer Membro da Sociedade das Nações e de qualquer Estado não Membro.

Art. 4° A presente Convenção será ratificada.

Os instrumentos de ratificação serão transmitidos, antes de 1 de setembro de 1932, ao Secretário Geral da Sociedade das Nações, que notificará imediatamente do seu depósito todos os Membros da Sociedade das Nações e os Estados não membros que sejam Partes na presente convenção.

LEI CAMBIAL COMENTADA

Art. 5º A partir de 6 de setembro de 1930, qualquer Membro da Sociedade das Nações e qualquer Estado não membro poderá aderir à presente Convenção.

Esta adesão efetuar-se-á por meio de notificação ao Secretário Geral da Sociedade das Nações, que será depositada nos arquivos do Secretariado.

O Secretariado Geral notificará imediatamente desse depósito todos os Estados que tenham assinado ou aderido à presente Convenção.

Art. 6º A presente Convenção somente entrará em vigor depois de ter sido ratificada ou de a ela terem aderido sete Membros da Sociedade das Nações ou Estados não membros, entre os quais deverão figurar três dos Membros da Sociedade das Nações com representação permanente no Conselho.

Começará a vigorar noventa dias depois de recebida pelo secretário Geral da Sociedade das Nações a sétima ratificação ou adesão, em conformidade com o disposto na alínea primeira do presente artigo.

O Secretário Geral da Sociedade das Nações, nas notificações previstas nos artigos 4º e 5º, fará menção especial de terem sido recebidas as ratificações ou adesões a que se refere a alínea primeira do presente artigo.

Art. 7º As ratificações ou adesões após a entrada em vigor da presente Convenção em conformidade com o disposto no artigo 6º produzirão os seus efeitos noventa dias depois da data da sua recepção pelo Secretário Geral da Sociedade das Nações.

Art. 8º Exceto nos casos de urgência, a presente Convenção não poderá ser denunciada antes de decorrido com prazo de dois anos a contar da data em que tiver começado a vigorar para o Membro da Sociedade das Nações ou para o Estado não membro que a denuncia; esta denúncia produzirá os seus efeitos noventa dias depois de recebida pelo Secretário Geral a respectiva notificação.

DECRETO N. 57.663, DE 24 DE JANEIRO DE 1966 [DOU 31.1.66; RET. DOU 2.3.66]

Qualquer denúncia será imediatamente comunicada pelo Secretário Geral da Sociedade das Nações a todas as outras Altas Partes Contratantes.

Nos casos de urgência, a Alta Parte Contratante que efetuar a denúncia comunicará esse fato direta e imediatamente a todas as outras Altas Partes Contratantes, e a denúncia produzirá os seus efeitos dois dias depois de recebida a dita comunicação pelas respectivas Altas Partes Contratantes. A Alta Parte Contratante que fizer a denúncia nestas condições dará igualmente conhecimento da sua decisão ao Secretário Geral da Sociedade das Nações.

Qualquer denúncia só produzirá efeitos em relação à Alta Parte Contratante em nome da qual ela tenha sido feita.

Art. 9º Decorrido um prazo de quatro anos da entrada em vigor da presente Convenção, qualquer Membro da Sociedade das Nações ou Estados não membro ligado à Convenção poderá formular ao Secretário Geral da Sociedade das Nações um pedido de revisão de algumas ou de todas as suas disposições.

Se este pedido, comunicado aos outros Membros ou Estados não membros para os quais a Convenção estiver em vigor, for apoiado dentro do prazo de um ano por seis meses, pelo menos, dentre eles, o Conselho da Sociedade das Nações decidirá se deve ser convocada uma Conferência para aquele fim.

Art. 10. As Altas Partes Contratantes poderão declarar no momento da assinatura da Ratificação ou da adesão que, aceitando a presente Convenção, não assumem nenhuma obrigação pelo que respeita a todas as partes das suas colônias, protetorados ou territórios sob a sua soberania ou mandato, caso em que a presente Convenção se não aplicará aos territórios mencionados nessa declaração.

As Altas Partes Contratantes poderão a todo tempo mais tarde notificar o Secretário Geral da Sociedade das Nações e que desejam que a presente Convenção se aplique a todos ou parte dos territórios que tenham sido objeto de declaração prevista na alínea precedente, e nesse caso a Convenção aplicar-se-á aos territórios mencionados na comunicação noventa dias depois de esta ter sido recebida pelo Secretário Geral da Sociedade das Nações.

Da mesma forma, as Altas Partes Contratantes podem, nos termos do art. 8º, denunciar a presente Convenção para todas ou parte das suas colônias, protetorados ou territórios sob a sua soberania ou mandato.

Art. 11. A presente Convenção será registrada pelo contrário Geral da Sociedade das Nações deste que entre em vigor. Será publicado, logo que for possível, na "Coleção de Tratados" da Sociedade das Nações. Em fé do que os Plenipotenciários acima designados assinaram a presente Convenção.

Feito em Genebra, aos sete de junho de mil novecentos e trinta, num só exemplar, que será depositado no arquivo do Secretariado da Sociedade das Nações. Será transmitida cópia autêntica a todos os Membros da Sociedade das Nações e a todos os Estados não Membros representados na Conferência.

Alemanha: Leo Quassowski, Dr. Albrecht, Dr. Ullmann; Áustria: Dr. Strobele; Bélgica: Vte. P. Poullert de la Vallée Poussin; Brasil: Deoclécio de Campos; Colômbia: A. J. Restrepo; Dinamarca: A. Helper, V. Eigtved; Cidade Livre de Dantzig: Sulkowshi; Equador: Alej. Gastolú; Espanha: Juan Gómez Monteiro; Filândia: F. Gronvall; França: J. Percerou; Grécia: R. Raphael; Hungria: Dr. Baranyai, Zoltán; Itália: Amedeo Giannini; Japão: M. Ohno, T. Shimada; Luxemburgo: Ch. G. Vermaire; Noruega: Stub Holmboe; Holanda: Molengraaff; Peru: J. M. Barreto; Polônia: Sulkowski; Portugal: José Caieiro da Matta; Suécia: E. Marks von Wurtemberg, Birger Ekeberg; Suíça: Vischer; Tchecoslováquia: Prof. Dr. Karel Hermann-Otavsky; Turquia: "Ad referendum", Mehmed Munir; Iugoslávia: I. Choumenkovitch.

DECRETO N. 57.663, DE 24 DE JANEIRO DE 1966 [DOU 31.1.66; RET. DOU 2.3.66]

ANEXO I
LEI UNIFORME RELATIVA ÀS LETRAS
DE CÂMBIO E NOTAS PROMISSÓRIAS

Título I
Das letras
Capítulo I

Da emissão e forma da letra

Art. 1º A letra contém:

1) a palavra "letra" inserta no próprio texto do título e expressa na língua empregada para a redação desse título;

2) o mandato puro e simples de pagar uma quantia determinada;

3) o nome daquele que deve pagar (sacado);

4) a época do pagamento;

5) a indicação do lugar em que se deve efetuar o pagamento;

6) o nome da pessoa a quem ou à ordem de quem deve ser paga;

7) a indicação da data em que, e do lugar onde a letra é passada;

8) a assinatura de quem passa a letra (sacador).

Art. 2º O escrito em que faltar algum dos requisitos indicados no artigo anterior não produzirá efeito como letra, salvo nos casos determinados nas alíneas seguintes:

A letra em que se não indique a época do pagamento entende-se pagável a vista.

Na falta de indicação especial, o lugar designado ao lado do nome do sacado considera-se como sendo o lugar do pagamento e, ao mesmo tempo, o lugar do domicílio do sacado.

A letra sem indicação do lugar onde foi passada considera-se como tendo-o sido no lugar designado, ao lado do nome do sacador.

LEI CAMBIAL COMENTADA

Art. 3º A letra pode ser à ordem do próprio sacador.

Pode ser sacada sobre o próprio sacador.

Pode ser sacada por ordem e conta de terceiro.

Art. 4º A letra pode ser pagável no domicílio de terceiro, quer na localidade onde o sacado tem o seu domicílio, quer noutra localidade.

Art. 5º Numa letra pagável a vista ou a um certo termo de vista, pode o sacador estipular que a sua importância vencerá juros. Em qualquer outra espécie de letra a estipulação de juros será considerada como não escrita.

A taxa de juros deve ser indicada na letra; na falta de indicação, a cláusula de juros é considerada como não escrita. Os juros contam-se da data da letra, se outra data não for indicada.

Art. 6º Se na letra a indicação da quantia a satisfazer se achar feita por extenso e em algarismos, e houver divergência entre uma e outra, prevalece a que estiver feita por extenso.

Se na letra a indicação da quantia a satisfazer se achar feita por mais de uma vez, quer por extenso, quer em algarismos, e houver divergências entre as diversas indicações, prevalecerá a que se achar feita pela quantia inferior.

Art. 7º Se a letra contém assinaturas de pessoas incapazes de se obrigarem por letras, assinaturas falsas, assinaturas de pessoas fictícias, ou assinaturas que por qualquer outra razão não poderiam obrigar as pessoas que assinaram a letra, ou em nome das quais ela foi assinada, as obrigações dos outros signatários nem por isso deixam de ser válidas.

Art. 8º Todo aquele que apuser a sua assinatura numa letra, como representante de uma pessoa, para representar a qual não tinha de fato poderes, fica obrigado em virtude da letra e, se a pagar, tem os mesmos direitos que

DECRETO N. 57.663, DE 24 DE JANEIRO DE 1966 [DOU 31.1.66; RET. DOU 2.3.66]

o preenchido representado. A mesma regra se aplica ao representante que tenha excedido os seus poderes.

Art. 9º O sacador é garante tanto da aceitação como do pagamento de letra. O sacador pode exonerar-se da garantia da aceitação; toda e qualquer cláusula pela qual ele se exonere da garantia do pagamento considera-se como não escrita.

Art. 10. Se uma letra incompleta no momento de ser passada tiver sido completada contrariamente aos acordos realizados não pode a inobservância desses acordos ser motivo de oposição ao portador, salvo se este tiver adquirido a letra de má-fé ou, adquirindo-a, tenha cometido uma falta grave.

Capítulo II
Do endosso

Art. 11. Toda letra de câmbio, mesmo que não envolva expressamente a cláusula à ordem, é transmissível por via de endosso. Quando o sacador tiver inserido na letra as palavras "não a ordem", ou uma expressão equivalente, a letra só é transmissível pela forma e com os efeitos de uma cessão ordinária de créditos.

O endosso pode ser feito mesmo a favor do sacado, aceitando ou não, do sacador, ou de qualquer outro co-obrigado. Estas pessoas podem endossar novamente a letra.

Art. 12. O endosso deve ser puro e simples. Qualquer condição a que ele seja subordinado considera-se como não escrita.

O endosso parcial é nulo.

O endosso ao portador vale como endosso em branco.

Art. 13. O endosso deve ser escrito na letra ou numa folha ligada a esta (anexo). Deve ser assinado pelo endossante.

O endosso pode não designar o beneficiário, ou consistir simplesmente na assinatura do endossante (endosso em branco). Neste último caso, o endosso para ser válido deve ser escrito no verso da letra ou na folha anexa.

Art. 14. O endosso transmite todos os direitos emergentes da letra.

Se o endosso for em branco, o portador pode:

1º) preencher o espaço em branco, quer com o seu nome, quer com o nome de outra pessoa;

2º) endossar de novo a letra em branco ou a favor de outra pessoa;

3º) remeter a letra a um terceiro, sem preencher o espaço em branco e sem a endossar.

Art. 15. O endossante, salvo cláusula em contrário, é garante tanto da aceitação como do pagamento da letra.

O endossante pode proibir um novo endosso, e, neste caso, não garante o pagamento às pessoas a quem a letra for posteriormente endossada.

Art. 16. O detentor de uma letra é considerado portador legítimo se justifica o seu direito por uma série ininterrupta de endossos, mesmo se o último for em branco. Os endossos riscados consideram-se, para este efeito, como não escritos. Quando um endosso em branco é seguido de um outro endosso, presume-se que o signatário deste adquiriu a letra pelo endosso em branco.

Se uma pessoa foi por qualquer maneira desapossada de uma letra, o portador dela, desde que justifique o seu direito pela maneira indicada na alínea precedente, não é obrigado a restituí-la, salvo se a adquiriu de má-fé ou se, adquirindo-a, cometeu uma falta grave.

Art. 17. As pessoas acionadas em virtude de uma letra não podem opor ao portador as exceções fundadas sobre as relações pessoais delas com o sacador ou com os portadores anteriores, a menos que o portador ao adquirir a letra tenha procedido conscientemente em detrimento do devedor.

DECRETO N. 57.663, DE 24 DE JANEIRO DE 1966 [DOU 31.1.66; RET. DOU 2.3.66]

Art. 18. Quando o endosso contém a menção "valor a cobrar" (*valeur en recouvrement*), "para cobrança" (*pour encaissement*), "por procuração" (*par procuration*), ou qualquer outra menção que implique um simples mandato, o portador pode exercer todos os direitos emergentes da letra, mas só pode endossá-la na qualidade de procurador.

Os co-obrigados, neste caso, só podem invocar contra o portador as exceções que eram oponíveis ao endossante.

O mandato que resulta de um endosso por procuração não se extingue por morte ou sobrevinda incapacidade legal do mandatário.

Art. 19. Quando o endosso contém a menção "valor em garantia", "valor em penhor" ou qualquer outra menção que implique uma caução, o portador pode exercer todos os direitos emergentes da letra, mas um endosso feito por ele só vale como endosso a título de procuração.

Os co-obrigados não podem invocar contra o portador as exceções fundadas sobre as relações pessoais deles com o endossante, a menos que o portador, ao receber a letra, tenha procedido conscientemente em detrimento do devedor.

Art. 20. O endosso posterior ao vencimento tem os mesmos efeitos que o endosso anterior. Todavia, o endosso posterior ao protesto por falta de pagamento, ou feito depois de expirado o prazo fixado para se fazer o protesto, produz apenas os efeitos de uma cessão ordinária de créditos.

Salvo prova em contrário, presume-se que um endosso sem data foi feito antes de expirado o prazo fixado para se fazer o protesto.

Capítulo III
Do aceite

Art. 21. A letra pode ser apresentada, até ao vencimento, ao aceite do sacado, no seu domicílio, pelo portador ou até por um simples detentor.

Art. 22. O sacador pode, em qualquer letra, estipular que ela será apresentada ao aceite, com ou sem fixação de prazo.

Pode proibir na própria letra a sua apresentação ao aceite, salvo se se tratar de uma letra pagável em domicílio de terceiro, ou de uma letra pagável em localidade diferente da do domicílio do sacado, ou de uma letra sacada a certo termo de vista.

O sacador pode também estipular que a apresentação ao aceite não poderá efetuar-se antes de determinada data.

Todo endossante pode estipular que a letra deve ser apresentada ao aceite, com ou sem fixação de prazo, salvo se ela tiver sido declarada não aceitável pelo sacador.

Art. 23. As letras a certo termo de vista devem ser apresentadas ao aceite dentro do prazo de 1 (um) ano das suas datas.

O sacador pode reduzir este prazo ou estipular um prazo maior.

Esses prazos podem ser reduzidos pelos endossantes.

Art. 24. O sacado pode pedir que a letra lhe seja apresentada uma segunda vez no dia seguinte ao da primeira apresentação. Os interessados somente podem ser admitidos a pretender que não foi dada satisfação a este pedido no caso de ele figurar no protesto.

O portador não é obrigado a deixar nas mãos do aceitante a letra apresentada ao aceite.

Art. 25. O aceite é escrito na própria letra. Exprime-se pela palavra "aceite" ou qualquer outra palavra equivalente; o aceite é assinado pelo sacado. Vale como aceite a simples assinatura do sacado aposta na parte anterior da letra.

Quando se trate de uma letra pagável a certo termo de vista, ou que deva ser apresentada ao aceite dentro de um prazo determinado por estipulação especial, o aceite deve ser datado do dia em que foi dado, salvo se o portador exigir que a data seja a da apresentação. À falta de data, o portador, para conservar os seus direitos de recurso contra os endossantes e contra o sacador, deve fazer constatar essa omissão por um protesto, feito em tempo útil.

DECRETO N. 57.663, DE 24 DE JANEIRO DE 1966 [DOU 31.1.66; RET. DOU 2.3.66]

Art. 26. O aceite é puro e simples, mas o sacado pode limitá-lo a uma parte da importância sacada.

Qualquer outra modificação introduzida pelo aceite no enunciado da letra equivale a uma recusa de aceite. O aceitante fica, todavia, obrigado nos termos do seu aceite.

Art. 27. Quando o sacador tiver indicado na letra um lugar de pagamento diverso do domicílio do sacado, sem designar um terceiro em cujo domicílio o pagamento se deva efetuar, o sacado pode designar no ato do aceite a pessoa que deve pagar a letra. Na falta desta indicação, considera-se que o aceitante se obriga, ele próprio, a efetuar o pagamento no lugar indicado na letra.

Se a letra é pagável no domicílio do sacado, este pode, no ato do aceite, indicar, para ser efetuado o pagamento, um outro domicílio no mesmo lugar.

Art. 28. O sacado obriga-se pelo aceite a pagar a letra à data do vencimento.

Na falta de pagamento, o portador, mesmo no caso de ser ele o sacador, tem contra o aceitante um direito de ação resultante da letra, em relação a tudo que pode ser exigido nos termos dos arts. 48 e 49.

Art. 29. Se o sacado, antes da restituição da letra, riscar o aceite que tiver dado, tal aceite é considerado como recusado. Salvo prova em contrário, a anulação do aceite considera-se feita antes da restituição da letra.

Se, porém, o sacado tiver informado por escrito o portador ou qualquer outro signatário da letra de que a aceita, fica obrigado para com estes, nos termos do seu aceite.

Capítulo IV
Do aval

Art. 30. O pagamento de uma letra pode ser no todo ou em parte garantido por aval.

Esta garantia é dada por um terceiro ou mesmo por um signatário da letra.

Art. 31. O aval é escrito na própria letra ou numa folha anexa.

Exprime-se pelas palavras "bom para aval" ou por qualquer fórmula equivalente; e assinado pelo dador do aval.

O aval considera-se como resultante da simples assinatura do dador aposta na face anterior da letra, salvo se se trata das assinaturas do sacado ou do sacador.

O aval deve indicar a pessoa por quem se dá. Na falta de indicação, entender-se-á ser pelo sacador.

Art. 32. O dador de aval é responsável da mesma maneira que a pessoa por ele afiançada.

A sua obrigação mantém-se, mesmo no caso de a obrigação que ele garantiu ser nula por qualquer razão que não seja um vício de forma.

Se o dador de aval paga a letra, fica sub-rogado nos direitos emergentes da letra contra a pessoa a favor de quem foi dado o aval e contra os obrigados para com esta em virtude da letra.

Capítulo V
Do vencimento
Art. 33. Uma letra pode ser sacada:

- à vista;
- a um certo termo de vista;
- a um certo termo de data;
- pagável num dia fixado.

As letras, quer com vencimentos diferentes, quer com vencimentos sucessivos, são nulas.

Art. 34. A letra à vista é pagável à apresentação. Deve ser apresentada a pagamento dentro do prazo de 1 (um) ano, a contar da sua data. O sacador pode reduzir este prazo ou estipular um outro mais longo. Estes prazos podem ser encurtados pelos endossantes.

DECRETO N. 57.663, DE 24 DE JANEIRO DE 1966 [DOU 31.1.66; RET. DOU 2.3.66]

O sacador pode estipular que uma letra pagável à vista não deverá ser apresentada a pagamento antes de uma certa data. Nesse caso, o prazo para a apresentação conta-se dessa data.

Art. 35. O vencimento de uma letra a certo termo de vista determina-se, quer pela data do aceite, quer pela do protesto. Na falta de protesto, o aceite não datado entende-se, no que respeita ao aceitante, como tendo sido dado no último dia do prazo para a apresentação ao aceite.

Art. 36. O vencimento de uma letra sacada a 1 (um) ou mais meses de data ou de vista será na data correspondente do mês em que o pagamento se deve efetuar. Na falta de data correspondente, o vencimento será no último dia desse mês.

Quando a letra é sacada a 1 (um) ou mais meses e meio de data ou de vista, contam-se primeiro os meses inteiros.

Se o vencimento for fixado para o princípio, meado ou fim do mês, entende-se que a letra será vencível no primeiro, no dia 15 (quinze), ou no último dia desse mês.

As expressões "oito" dias ou "quinze" dias entendem-se não como 1 (uma) ou 2 (duas) semanas, mas como um prazo de 8 (oito) ou 15 (quinze) dias efetivos.

A expressão "meio mês" indica um prazo de 15 (quinze) dias.

Art. 37. Quando uma letra é pagável num dia fixo num lugar em que o calendário é diferente do do lugar de emissão, a data do vencimento é considerada como fixada segundo o calendário do lugar de pagamento.

Quando uma letra sacada entre 2 (duas) praças que em calendários diferentes é pagável a certo termo de vista, o dia da emissão é referido ao dia correspondente do calendário do lugar de pagamento, para o efeito da determinação da data do vencimento.

Os prazos de apresentação das letras são calculados segundo as regras da alínea precedente.

Estas regras não se aplicam se uma cláusula da letra, ou até o simples enunciado do título, indicar que houve intenção de adotar regras diferentes.

Capítulo VI
Do pagamento

Art. 38. O portador de uma letra pagável em dia fixo ou a certo termo de data ou de vista deve apresentá-la a pagamento no dia em que ela é pagável ou num dos 2 (dois) dias úteis seguintes.

A apresentação da letra a uma câmara de compensação equivale a apresentação a pagamento.

Art. 39. O sacado que paga uma letra pode exigir que ela lhe seja entregue com a respectiva quitação.

O portador não pode recusar qualquer pagamento parcial. No caso de pagamento parcial, o sacado pode exigir que desse pagamento se faça menção na letra e que dele lhe seja dada quitação.

Art. 40. O portador de uma letra não pode ser obrigado a receber o pagamento dela antes do vencimento.

O sacado que paga uma letra antes do vencimento fá-lo sob sua responsabilidade.

Aquele que paga uma letra no vencimento fica validamente desobrigado, salvo se da sua parte tiver havido fraude ou falta grave. É obrigado a verificar a regularidade da sucessão dos endossos mas não a assinatura dos endossantes.

Art. 41. Se numa letra se estipular o pagamento em moeda que não tenha curso legal no lugar do pagamento, pode a sua importância ser paga na moeda do país, segundo o seu valor no dia do vencimento. Se o devedor está em atraso, o portador pode, à sua escolha, pedir que o pagamento da importância da letra seja feito na moeda do país ao câmbio do dia do vencimento ou ao câmbio do dia do pagamento.

DECRETO N. 57.663, DE 24 DE JANEIRO DE 1966 [DOU 31.1.66; RET. DOU 2.3.66]

A determinação do valor da moeda estrangeira será feita segundo os usos do lugar de pagamento. O sacador pode, todavia, estipular que a soma a pagar seja calculada segundo um câmbio fixado na letra.

As regras acima indicadas não se aplicam ao caso em que o sacador tenha estipulado que o pagamento deverá ser efetuado numa certa moeda especificada (cláusula de pagamento efetivo numa moeda estrangeira).

Se a importância da letra for indicada numa moeda que tenha a mesma denominação mas valor diferente no País de emissão e no de pagamento, presume-se que se fez referência à moeda do lugar de pagamento.

Art. 42. Se a letra não for apresentada a pagamento dentro do prazo fixado no Art. 38, qualquer devedor tem a faculdade de depositar a sua importância junto da autoridade competente, à custa do portador e sob a responsabilidade deste.

Capítulo VII
Da ação por falta de aceite e falta de pagamento

Art. 43. O portador de uma letra pode exercer os seus direitos de ação contra os endossantes, sacador e outros co-obrigados:

No vencimento:

– se o pagamento não foi efetuado;

– mesmo antes do vencimento:

1º) se houve recusa total ou parcial de aceite;

2º) nos casos de falência do sacado, quer ele tenha aceite, quer não, de suspensão de pagamentos do mesmo, ainda que não constatada por sentença, ou de ter sido promovida, sem resultado, execução dos seus bens;

3º) nos casos de falência do sacador de uma letra não aceitável.

Art. 44. A recusa de aceite ou de pagamento deve ser comprovada por um ato formal (protesto por falta de aceite ou falta de pagamento).

O protesto por falta de aceite deve ser feito nos prazos fixados para a apresentação ao aceite. Se, no caso previsto na alínea 1ª do Art. 24, a primei-

LEI CAMBIAL COMENTADA

ra apresentação da letra tiver sido feita no último dia do prazo, pode fazer-se ainda o protesto no dia seguinte.

O protesto por falta de pagamento de uma letra pagável em dia fixo ou a certo termo de data ou de vista deve ser feito num dos 2 (dois) dias úteis seguintes àquele em que a letra é pagável. Se se trata de uma letra pagável à vista, o protesto deve ser feito nas condições indicadas na alínea precedente para o protesto por falta de aceite.

O protesto por falta de aceite dispensa a apresentação a pagamento e o protesto por falta de pagamento.

No caso de suspensão de pagamentos do sacado, quer seja aceitante, quer não, ou no caso de lhe ter sido promovida, sem resultado, execução dos bens, o portador da letra só pode exercer o seu direito de ação após apresentação da mesma ao sacado para pagamento e depois de feito o protesto.

No caso de falência declarada do sacado, quer seja aceitante, quer não, bem como no caso de falência declarada do sacador de uma letra não aceitável, a apresentação da sentença de declaração de falência é suficiente para que o portador da letra possa exercer o seu direito de ação.

Art. 45. O portador deve avisar da falta de aceite ou de pagamento o seu endossante e o sacador dentro dos 4 (quatro) dias úteis que se seguirem ao dia do protesto ou da apresentação, no caso de a letra conter a cláusula "sem despesas. Cada um dos endossantes deve, por sua vez, dentro dos 2 (dois) dias úteis que se seguirem ao da recepção do aviso, informar o seu endossante do aviso que recebeu, indicando os nomes e endereços dos que enviaram os avisos precedentes, e assim sucessivamente até se chegar ao sacador. Os prazos acima indicados contam-se a partir da recepção do aviso precedente.

Quando, em conformidade com o disposto na alínea anterior, se avisou um signatário da letra, deve avisar-se também o seu avalista dentro do mesmo prazo de tempo.

No caso de um endossante não ter indicado o seu endereço, ou de o ter feito de maneira ilegível, basta que o aviso seja enviado ao endossante que

DECRETO N. 57.663, DE 24 DE JANEIRO DE 1966 [DOU 31.1.66; RET. DOU 2.3.66]

o precede. A pessoa que tenha de enviar um aviso pode fazê-lo por qualquer forma, mesmo pela simples devolução da letra.

Essa pessoa deverá provar que o aviso foi enviado dentro do prazo prescrito. O prazo considerar-se-á como tendo sido observado desde que a carta contendo o aviso tenha sido posta no Correio dentro dele.

A pessoa que não der o aviso dentro do prazo acima indicado não perde os seus direitos; será responsável pelo prejuízo, se o houver, motivado pela sua negligência, sem que a responsabilidade possa exceder a importância da letra.

Art. 46. O sacador, um endossante ou um avalista pode, pela cláusula "sem despesas", "sem protesto", ou outra cláusula equivalente, dispensar o portador de fazer um protesto por falta de aceite ou falta de pagamento, para poder exercer os seus direitos de ação.

Essa cláusula não dispensa o portador da apresentação da letra dentro do prazo prescrito nem tampouco dos avisos a dar. A prova da inobservância do prazo incumbe àquele que dela se prevaleça contra o portador.

Se a cláusula foi escrita pelo sacador produz os seus efeitos em relação a todos os signatários da letra; se for inserida por um endossante ou por avalista, só produz efeito em relação a esse endossante ou avalista. Se, apesar da cláusula escrita pelo sacador, o portador faz o protesto, as respectivas despesas serão de conta dele. Quando a cláusula emanar de um endossante ou de um avalista, as despesas do protesto, se for feito, podem ser cobradas de todos os signatários da letra.

Art. 47. Os sacadores, aceitantes, endossantes ou avalistas de uma letra são todos solidariamente responsáveis para com o portador.

O portador tem o direito de acionar todas estas pessoas individualmente, sem estar adstrito a observar a ordem por que elas se obrigaram.

O mesmo direito possui qualquer dos signatários de uma letra quando a tenha pago.

A ação intentada contra um dos co-obrigados não impede acionar os outros, mesmo os posteriores àquele que foi acionado em primeiro lugar.

Art. 48. O portador pode reclamar daquele contra quem exerce o seu direito de ação:

1º) o pagamento da letra não aceite não paga, com juros se assim foi estipulado;

2º) os juros à taxa de 6% (seis por cento) desde a data do vencimento;

3º) as despesas do protesto, as dos avisos dados e as outras despesas.

Se a ação for interposta antes do vencimento da letra, a sua importância será reduzida de um desconto. Esse desconto será calculado de acordo com a taxa oficial de desconto (taxa de Banco) em vigor no lugar do domicílio do portador à data da ação.

Art. 49. A pessoa que pagou uma letra pode reclamar dos seus garantes:

1º) a soma integral que pagou;

2º) os juros da dita soma, calculados à taxa de 6% (seis por cento), desde a data em que a pagou;

3º) as despesas que tiver feito.

Art. 50. Qualquer dos co-obrigados, contra o qual se intentou ou pode ser intentada uma ação, pode exigir, desde que pague a letra, que ela lhe seja entregue com o protesto e um recibo.

Qualquer dos endossantes que tenha pago uma letra pode riscar o seu endosso e os dos endossantes subsequentes.

Art. 51. No caso de ação intentada depois de um aceite parcial, a pessoa que pagar a importância pela qual a letra não foi aceite pode exigir que esse pagamento seja mencionado na letra e que dele lhe seja dada quitação. O portador deve, além disso, entregar a essa pessoa uma cópia autêntica da letra e o protesto, de maneira a permitir o exercício de ulteriores direitos de ação.

Art. 52. Qualquer pessoa que goze do direito de ação pode, salvo estipulação em contrário, embolsar-se por meio de uma nova letra (ressaque) à vista, sacada sobre um dos co-obrigados e pagável no domicílio deste. O ressaque inclui, além das importâncias indicadas nos arts. 48 e 49, um direito de corretagem e a importância do selo do ressaque.

Se o ressaque é sacado pelo portador, a sua importância é fixada segundo a taxa para uma letra à vista, sacada do lugar onde a primitiva letra era pagável sobre o lugar do domicílio do co-obrigado. Se o ressaque é sacado por um endossante, a sua importância é fixada segundo a taxa para uma letra à vista, sacada do lugar onde o sacador do ressaque tem o seu domicílio sobre o lugar do domicílio do co-obrigado.

Art. 53. Depois de expirados os prazos fixados:

– para a apresentação de uma letra à vista ou a certo termo de vista;
– para se fazer o protesto por falta de aceite ou por falta de pagamento;
– para a apresentação a pagamento no caso da cláusula "sem despesas".

O portador perdeu os seus direitos de ação contra os endossantes, contra o sacador e contra os outros co-obrigados, à exceção do aceitante.

Na falta de apresentação ao aceite no prazo estipulado pelo sacador, o portador perdeu os seus direitos de ação, tanto por falta de pagamento como por falta de aceite, a não ser que dos termos da estipulação se conclua que o sacador apenas teve em vista exonerar-se da garantia do aceite.

Se a estipulação de um prazo para a apresentação constar de um endosso, somente aproveita ao respectivo endossante.

Art. 54. Quando a apresentação da letra ou o seu protesto não puder fazer-se dentro dos prazos indicados por motivo insuperável (prescrição legal declarada por um Estado qualquer ou outro caso de força maior), esses prazos serão prorrogados.

O portador deverá avisar imediatamente o seu endossante do caso de força maior e fazer menção desse aviso, datada e assinada, na letra ou numa folha anexa; para o demais são aplicáveis as disposições do Art. 45.

Desde que tenha cessado o caso de força maior, o portador deve apresentar sem demora a letra ao aceite ou a pagamento, e, caso haja motivo para tal, fazer o protesto.

Se o caso de força maior se prolongar além de 30 (trinta) dias a contar da data do vencimento, podem promover-se ações sem que haja necessidade, de apresentação ou protesto.

Para as letras à vista ou a certo termo de vista, o prazo de 30 (trinta) dias conta-se da data em que o portador, mesmo antes de expirado o prazo para a apresentação, deu o aviso do caso de força maior ao seu endossante; para as letras a certo termo de vista, o prazo de 30 (trinta) dias fica acrescido do prazo de vista indicado na letra.

Não são considerados casos de força maior os fatos que sejam de interesse puramente pessoal do portador ou da pessoa por ele encarregada da apresentação da letra ou de fazer o protesto.

Capítulo VIII
Da intervenção

1 – Disposições Gerais

Art. 55. O sacador, um endossante ou um avalista, podem indicar uma pessoa para em caso de necessidade aceitar ou pagar.

A letra pode, nas condições a seguir indicadas, ser aceita ou paga por uma pessoa que intervenha por um devedor qualquer contra quem existe direito de ação: O interveniente pode ser um terceiro, ou mesmo o sacado, ou uma pessoa já obrigada em virtude da letra, exceto o aceitante.

O interveniente é obrigado a participar, no prazo de 2 (dois) dias úteis, a sua intervenção à pessoa por quem interveio. Em caso de inobservância deste pra-

DECRETO N. 57.663, DE 24 DE JANEIRO DE 1966 [DOU 31.1.66; RET. DOU 2.3.66]

zo, o interveniente é responsável pelo prejuízo, se o houver, resultante da sua negligência, sem que as perdas e danos possam exceder a importância da letra.

2 – Aceite por intervenção

Art. 56. O aceite por intervenção pode realizar-se em todos os casos em que portador de uma letra aceitável, tem direito de ação antes do vencimento.

Quando na letra se indica uma pessoa para em caso de necessidade a aceitar ou a pagar no lugar do pagamento, o portador não pode exercer o seu direito de ação antes do vencimento contra aquele que indicou essa pessoa e contra os signatários subsequentes a não ser que tenha apresentado a letra à pessoa designada e que, tendo esta recusado o aceite, se tenha feito o protesto.

Nos outros casos de intervenção, o portador pode recusar o aceite por intervenção. Se, porém, o admitir, perde o direito de ação antes do vencimento contra aquele por quem a aceitação foi dada e contra os signatários subsequentes.

Art. 57. O aceite por intervenção será mencionado na letra e assinado pelo interveniente. Deverá indicar por honra de quem se fez a intervenção; na falta desta indicação, presume-se que interveio pelo sacador.

Art. 58. O aceitante por intervenção fica obrigado para com o portador e para com os endossantes posteriores àquele por honra de quem interveio da mesma forma que este.

Não obstante o aceite por intervenção, aquele por honra de quem ele foi feito e os seus garantes podem exigir do portador, contra o pagamento da importância indicada, no Art. 48, a entrega da letra, do instrumento do protesto e, havendo lugar, de uma conta com a respectiva quitação.

3 – Pagamento por intervenção

Art. 59. O pagamento por intervenção pode realizar-se em todos os casos em que o portador de uma letra tem direito de ação à data do vencimento ou antes dessa data.

LEI CAMBIAL COMENTADA

O pagamento deve abranger a totalidade da importância que teria a pagar aquele por honra de quem a intervenção se realizou.

O pagamento deve ser feito o mais tardar no dia seguinte ao último em que é permitido fazer o protesto por falta de pagamento.

Art. 60. Se a letra foi aceita por intervenientes tendo o seu domicílio no lugar do pagamento, ou se foram indicadas pessoas tendo o seu domicílio no mesmo lugar para, em caso de necessidade, pagarem a letra, o portador deve apresentá-la a todas essas pessoas e, se houver lugar, fazer o protesto por falta de pagamento o mais tardar no dia seguinte e ao último em que era permitido fazer o protesto.

Na falta de protesto dentro deste prazo, aquele que tiver indicado pessoas para pagarem em caso de necessidade, ou por conta de quem a letra tiver sido aceita, bem como os endossantes posteriores, ficam desonerados.

Art. 61. O portador que recusar o pagamento por intervenção perde o seu direito de ação contra aqueles que teriam ficado desonerados.

Art. 62. O pagamento por intervenção deve ficar constatado por um recibo passado na letra, contendo a indicação da pessoa por honra de quem foi feito. Na falta desta indicação presume-se que o pagamento foi feito por honra do sacador. A letra e o instrumento do protesto, se o houve, devem ser entregues à pessoa que pagou por intervenção.

Art. 63. O que paga por intervenção fica sub-rogado nos direitos emergentes da letra contra aquele por honra de quem pagou e contra os que são obrigados para com este em virtude da letra. Não pode, todavia, endossar de novo a letra. Os endossantes posteriores ao signatário por honra de quem foi feito o pagamento ficam desonerados.

Quando se apresentarem várias pessoas para pagar uma letra por intervenção, será preferida aquela que desonerar maior número de obrigados.

DECRETO N. 57.663, DE 24 DE JANEIRO DE 1966 [DOU 31.1.66; RET. DOU 2.3.66]

Aquele que, com conhecimento de causa, intervir contrariamente a esta regra, perde os seus direitos de ação contra os que teriam sido desonerados.

Capítulo IX
Da pluralidade de exemplares e das cópias

1 – Pluralidade de exemplares

Art. 64. A letra pode ser sacada por várias vias. Essas vias devem ser numeradas no próprio texto, na falta do que, cada via será considerada como uma letra distinta.

O portador de uma letra que não contenha a indicação de ter sido sacada numa única via pode exigir à sua custa a entrega de várias vias. Para este efeito o portador deve dirigir-se ao seu endossante imediato, para que este o auxilie a proceder contra o seu próprio endossante e assim sucessivamente, até se chegar ao sacador. Os endossantes são obrigados a reproduzir os endossos nas novas vias.

Art. 65. O pagamento de uma das vias é liberatório, mesmo que não esteja estipulado que esse pagamento anula o efeito das outras.

O sacado fica, porém, responsável por cada uma das vias que tenham o seu aceite e lhe não hajam sido restituídas.

O endossante que transferiu vias da mesma letra a várias pessoas e os endossantes subsequentes são responsáveis por todas as vias que contenham as suas assinaturas e que não hajam sido restituídas.

Art. 66. Aquele que enviar ao aceite uma das vias da letra deve indicar nas outras o nome da pessoa em cujas mãos aquela se encontra. Esta pessoa é obrigada a entregar essa via ao portador legítimo doutro exemplar.

Se se recusar a fazê-lo, o portador só pode exercer seu direito de ação depois de ter feito constatar por um protesto:

1º) que a via enviada ao aceite lhe não foi restituída a seu pedido;

2º) que não foi possível conseguir o aceite ou o pagamento de uma outra via.

Capítulo IX
Da pluralidade de exemplares e das cópias

2 – Cópias

Art. 67. O portador de uma letra tem o direito de tirar cópias dela. A cópia deve reproduzir exatamente o original, com os endossos e todas as outras menções que nela figurem. Deve mencionar onde acaba a cópia.

A cópia pode ser endossada e avalizada da mesma maneira e produzindo os mesmos efeitos que o original.

Art. 68. A cópia deve indicar a pessoa em cuja posse se encontra o título original. Esta é obrigada a remeter o dito título ao portador legítimo da cópia.

Se se recusar a fazê-lo, o portador só pode exercer o seu direito de ação contra as pessoas que tenham endossado ou avalizado a cópia, depois de ter feito constatar por um protesto que o original lhe não foi entregue a seu pedido.

Se o título original, em seguida ao último endosso feito antes de tirada a cópia, contiver a cláusula: "daqui em diante só é válido o endosso na cópia" ou qualquer outra fórmula equivalente, é nulo qualquer endosso assinado ulteriormente no original.

Art. 69. No caso de alteração do texto de uma letra, os signatários posteriores a essa alteração ficam obrigados nos termos do texto alterado; os signatários anteriores são obrigados nos termos do texto original.

Capítulo XI
Da prescrição

Art. 70. Todas as ações contra o aceitante relativas a letras prescrevem em 3 (três) anos a contar do seu vencimento.

As ações do portador contra os endossantes e contra o sacador prescrevem num ano, a contar da data do protesto feito em tempo útil, ou da data do vencimento, se se trata de letra que contenha cláusula "sem despesas".

DECRETO N. 57.663, DE 24 DE JANEIRO DE 1966 [DOU 31.1.66; RET. DOU 2.3.66]

As ações dos endossantes uns contra os outros e contra o sacador prescrevem em 6 (seis) meses a contar do dia em que o endossante pagou a letra ou em que ele próprio foi acionado.

Art. 71. A interrupção da prescrição só produz efeito em relação à pessoa para quem a interrupção foi feita.

Capítulo XII
Disposições gerais

Art. 72. O pagamento de uma letra cujo vencimento recai em dia feriado legal só pode ser exigido no primeiro dia útil seguinte. Da mesma maneira, todos os atos relativos a letras, especialmente a apresentação ao aceite e o protesto, somente podem ser feitos em dia útil.

Quando um desses atos tem de ser realizado num determinado prazo, e o último dia desse prazo é feriado legal, fica o dito prazo prorrogado até ao primeiro dia útil que se seguir ao seu termo.

Art. 73. Os prazos legais ou convencionais não compreendem o dia que marca o seu início.

Art. 74. Não são admitidos dias de perdão quer legal, quer judicial.

Título II
Da nota promissória

Art. 75. A nota promissória contém:

1) denominação "nota promissória" inserta no próprio texto do título e expressa na língua empregada para a redação desse título;

2) a promessa pura e simples de pagar uma quantia determinada;

3) a época do pagamento;

4) a indicação do lugar em que se efetuar o pagamento;

5) o nome da pessoa a quem ou à ordem de quem deve ser paga;

LEI CAMBIAL COMENTADA

6) a indicação da data em que e do lugar onde a nota promissória é passada;

7) a assinatura de quem passa a nota promissória (subscritor).

Art. 76. O título em que faltar algum dos requisitos indicados no artigo anterior não produzirá efeito como nota promissória, salvo nos casos determinados das alíneas seguintes.

A nota promissória em que se não indique a época do pagamento será considerada pagável à vista.

Na falta de indicação especial, o lugar onde o título foi passado considera-se como sendo o lugar do pagamento e, ao mesmo tempo, o lugar do domicílio do subscritor da nota promissória.

A nota promissória que não contenha indicação do lugar onde foi passada considera-se como tendo-o sido no lugar designado ao lado do nome do subscritor.

Art. 77. São aplicáveis às notas promissórias, na parte em que não sejam contrárias à natureza deste título, as disposições relativas às letras e concernentes:

–   endosso (arts. 11 a 20);

–   vencimento (arts. 33 a 37);

–   pagamento (arts. 38 a 42);

–   direito de ação por falta de pagamento (arts. 43 a 50 e 52 a 54);

–   pagamento por intervenção (arts. 55 e 59 a 63);

–   cópias (arts. 67 e 68);

–   alterações (Art. 69);

–   prescrição (arts. 70 e 71);

–   dias feriados, contagem de prazos e interdição de dias de perdão (arts. 72 a 74).

São igualmente aplicáveis às notas promissórias as disposições relativas às letras pagáveis no domicílio de terceiro ou numa localidade diversa da do domicílio do sacado (arts. 4º e 27), a estipulação de juros (Art. 5º), as di-

DECRETO N. 57.663, DE 24 DE JANEIRO DE 1966 [DOU 31.1.66; RET. DOU 2.3.66]

vergências das indicações da quantia a pagar (Art. 6º), as consequências da aposição de uma assinatura nas condições indicadas no Art. 7º, as da assinatura de urna pessoa que age sem poderes ou excedendo os seus poderes (Art. 8º) e a letra em branco (Art. 10).

São também aplicáveis às notas promissórias as disposições relativas ao aval (arts. 30 a 32); no caso previsto na última alínea do Art. 31, se o aval não indicar a pessoa por quem é dado, entender-se-á ser pelo subscritor da nota promissória.

Art. 78. O subscritor de uma nota promissória é responsável da mesma forma que o aceitante de uma letra.

As notas promissórias pagáveis a certo termo de vista devem ser presentes ao visto dos subscritores nos prazos fixados no Art. 23. O termo de vista conta-se da data do visto dado pelo subscritor. A recusa do subscritor a dar o seu visto é comprovada por um protesto (Art. 25), cuja data serve de início ao termo de vista.

ANEXO II

Art. 1º Qualquer das Altas Partes Contratantes pode prescrever que a obrigação de inserir nas letras passadas no seu território a palavra "Letra", prevista no Art. 1º, nº 1, da lei uniforme, só se aplicará 6 (seis) meses após a entrada em vigor da presente Convenção.

Art. 2º Qualquer das Altas Partes Contratantes tem, pelo que respeita às obrigações contraídas em matéria de letras no seu território, a faculdade de determinar de que maneira pode ser suprida a falta de assinatura, desde que por uma declaração autêntica escrita na letra se possa constatar a vontade daquele que deveria ter assinado.

Art. 3º Qualquer das Altas Partes Contratantes reserva-se a faculdade de não inserir o Art. 10 da lei uniforme na sua lei nacional.

Art. 4º Por derrogação da alínea primeira do Art. 31 da lei uniforme, qualquer das Altas Partes Contratantes tem a faculdade de admitir a possibilidade de ser dado um aval no seu território por ato separado em que se indique o lugar onde foi feito.

Art. 5º Qualquer das Altas Partes Contratantes pode, completar o Art. 38 da lei uniforme dispondo que, em relação às letras pagáveis no seu território, o portador deverá fazer a apresentação no próprio dia do vencimento; a inobservância desta obrigação só acarreta responsabilidade por perdas e danos.

As outras Altas Partes Contratantes terão a faculdade de fixar as condições em que reconhecerão uma tal obrigação.

Art. 6º A cada uma das Altas Partes Contratantes incumbe determinar, para os efeitos da aplicação da última alínea do Art. 38, quais as instituições que, segundo a lei nacional, devam ser consideradas câmaras de compensação.

Art. 7º Pelo que se refere às letras pagáveis no seu território, qualquer das Altas Partes Contratantes tem a faculdade de sustar se o julgar necessário, em circunstâncias excepcionais relacionadas com a taxa de câmbio da moeda nacional, os efeitos da cláusula prevista no Art. 41 relativa ao pagamento efetivo em moeda estrangeira. A mesma regra se aplica no que respeita à emissão no território nacional de letras em moedas estrangeiras.

Art. 8º Qualquer das Altas Partes Contratantes tem a faculdade de determinar que os protestos a fazer no seu território possam ser substituídos por uma declaração datada, escrita na própria letra e assinada pelo sacado, exceto no caso de o sacador exigir no texto da letra que se faça um protesto com as formalidades devidas.

Qualquer das Altas Partes Contratantes tem igualmente a faculdade de determinar que a dita declaração seja transcrita num registro público no prazo fixado para os protestos.

DECRETO N. 57.663, DE 24 DE JANEIRO DE 1966 [DOU 31.1.66; RET. DOU 2.3.66]

No caso previsto nas alíneas precedentes o endosso sem data presume--se ter sido feito anteriormente ao protesto.

Art. 9º Por derrogação da alínea terceira do Art. 44 da lei uniforme, qualquer das Altas Partes Contratantes tem a faculdade de determinar que o protesto por falta de pagamento deve ser feito no dia em que a letra é pagável ou num dos 2 (dois) dias úteis seguintes.

Art. 10. Fica reservada para a legislação de cada uma das Altas Partes Contratantes a determinação precisa das situações jurídicas a que se referem os ns. 2º e 3º do Art. 43 e os ns. 5º e 6º do Art. 44 da lei uniforme.

Art. 11. Por derrogação dos ns. 2º e 3º do Art. 43 e do Art. 74 da lei uniforme, qualquer das Altas Partes Contratantes reserva-se a faculdade de admitir na sua legislação a possibilidade, para os garantes de uma letra que tenham sido acionados, de ser concedido um alongamento de prazos, os quais não poderão em caso algum ir além da data do vencimento da letra.

Art. 12. Por derrogação do Art. 45 da lei uniforme, qualquer das Altas Partes Contratantes tem a faculdade de manter ou de introduzir o sistema de aviso por intermédio de um agente público, que consiste no seguinte: ao fazer o protesto por falta de aceite ou por falta de pagamento, o notário ou o funcionário público incumbido desse serviço, segundo a lei nacional, é obrigado a dar comunicação por escrito desse protesto às pessoas obrigadas pela letra, cujos endereços figuram nela, ou que sejam conhecidos do agente que faz o protesto, ou sejam indicados pelas pessoas que exigiram o protesto. As despesas originadas por esses avisos serão adicionadas às despesas do protesto.

Art. 13. Qualquer das Altas Partes Contratantes tem a faculdade de determinar, no que respeita às letras passadas e pagáveis no seu território, que a taxa de juro a que referem os ns. 2ºs dos arts. 48 e 49 da lei uniforme poderá ser substituída pela taxa legal em vigor no território da respectiva Alta Parte Contratante.

Art. 14. Por derrogação do Art. 48 da lei uniforme, qualquer das Altas Partes Contratantes reserva-se a faculdade de inserir na lei nacional uma disposição pela qual o portador pode reclamar daquele contra quem exerce o seu direito de ação uma comissão cujo quantitativo será fixado pelo mesma lei nacional. A mesma doutrina se aplica, por derrogação do Art. 49 da lei uniforme, no que se refere à pessoa que, tendo pago uma letra, reclama a sua importância aos seus garantes.

Art. 15. Qualquer das Altas Partes Contratantes tem a liberdade de decidir que, no caso de perda de direitos ou de prescrição, no seu território subsistirá o direito de proceder contra o sacador que não constituir provisão ou contra um sacador ou endossante que tenha feito lucros ilegítimos. A mesma faculdade existe, em caso de prescrição, pelo que respeita ao aceitante que recebeu provisão ou tenha realizado lucros ilegítimos.

Art. 16. A questão de saber se o sacador é obrigado a constituir provisão à data do vencimento e se o portador tem direitos especiais sobre essa provisão está fora do âmbito da lei uniforme.
O mesmo sucede relativamente a qualquer outra questão respeitante às relações jurídicas que serviram de base à emissão da letra.

Art. 17. A cada uma das Altas Partes Contratantes compete determinar na sua legislação nacional as causas de interrupção e de suspensão da prescrição das ações relativas a letras que os seus tribunais são chamados a conhecer.

DECRETO N. 57.663, DE 24 DE JANEIRO DE 1966 [DOU 31.1.66; RET. DOU 2.3.66]

As outras Altas Partes Contratantes têm a faculdade de determinar as condições a que subordinarão o conhecimento de tais causas. O mesmo sucede quanto ao efeito de uma ação como meio de indicação do início do prazo de prescrição, a que se refere a alínea terceira do Art. 70 da lei uniforme.

Art. 18. Qualquer das Altas Partes Contratantes tem a faculdade de determinar que certos dias úteis sejam assimilados aos dias feriados legais, pelo que respeita à apresentação ao aceite ou ao pagamento e demais atos relativos às letras.

Art. 19. Qualquer das Altas Partes Contratantes pode determinar o nome a dar nas leis nacionais aos títulos a que se refere o Art. 75 da lei uniforme ou dispensar esses títulos de qualquer denominação especial, uma vez que contenham a indicação expressa de que são à ordem.

Art. 20. As disposições dos arts. 1º a 18 do presente Anexo, relativas às letras, aplicam-se igualmente às notas promissórias.

Art. 21. Qualquer das Altas Partes Contratantes reserva-se a faculdade de limitar a obrigação assumida, em virtude do Art. 1º da Convenção, exclusivamente às disposições relativas às letras, não introduzindo no seu território as disposições sobre notas promissórias constantes do Título II da lei uniforme. Neste caso, a Alta Parte Contratante que fizer uso desta reserva será considerada Parte Contratante apenas pelo que respeita às letras.

Qualquer das Altas Partes Contratantes reserva-se igualmente a faculdade de compilar num regulamento especial as disposições relativas às notas promissórias, regulamento que será inteiramente conforme com as estipulações do Título II da lei uniforme e que deverá reproduzir as disposições sobre letras referidas no mesmo título, sujeitas apenas às modificações resultantes dos arts. 75, 76, 77 e 78 da lei uniforme e dos arts. 19 e 20 do presente Anexo.

Art.22. Qualquer das Altas Partes Contratantes tem a faculdade de tomar medidas excepcionais de ordem geral relativas à prorrogação dos prazos relativos a atos tendentes à conservação de direitos e à prorrogação do vencimento das letras.

Art. 23. Cada uma das Altas Partes Contratantes obriga-se a reconhecer as disposições adotadas por qualquer das outras Altas Partes Contratantes em virtude dos arts. 1º a 4º, 6º, 8º a 16 e 18 a 21 do presente Anexo.

PROTOCOLO

Ao assinar a Convenção datada de hoje, estabelecendo uma lei uniforme em matéria de letras e notas promissórias, os abaixo-assinados devidamente autorizados, acordaram nas disposições seguintes:

A

Os Membros da Sociedade das Nações e os Estados não membros que não tenham podido efetuar antes de 1º de setembro de 1932 o depósito da ratificação da referida Convenção obrigam-se a enviar, dentro de 15 (quinze) dias, a contar daquela data, uma comunicação ao Secretariado-Geral da Sociedade das Nações, dando-lhe a conhecer a situação em que se encontram no que diz respeito à ratificação.

B

Se, em 1º de novembro de 1932, não se tiverem verificado as condições previstas na alínea primeira do Art. 6º para a entrada em vigor da Convenção, o Secretário-Geral da Sociedade das Nações convocará uma reunião dos Membros da Sociedade das Nações e dos Estados não membros que tenham assinado a Convenção ou a ela tenham aderido, a fim de serem examinadas a situação e as medidas que porventura devam ser tomadas para a resolver.

DECRETO N. 57.663, DE 24 DE JANEIRO DE 1966 [DOU 31.1.66; RET. DOU 2.3.66]

C

As Altas Partes Contratantes comunicar-se-ão reciprocamente, a partir da sua entrada em vigor, as disposições legislativas promulgadas nos respectivos territórios para tornar, efetiva a Convenção.

Em fé do que os Plenipotenciários acima mencionados assinaram o presente Protocolo.

Feito em Genebra, aos sete de junho de mil novecentos e trinta (7-6-1930), num só exemplar, que será depositado nos arquivos do Secretariado da Sociedade das Nações, será transmitida cópia autêntica a todos os Membros' da Sociedade das Nações e a todos os Estados não membros representados na Conferência.

Seguem-se as mesmas assinaturas após o art. 11 da Convenção para a Adoção de uma Lei uniforme sobre Letras de Câmbio e Notas Promissórias.

CONVENÇÃO DESTINADA A REGULAR CERTOS CONFLITOS DE LEIS EM MATÉRIA DAS LETRAS DE CÂMBIO E NOTAS PROMISSÓRIAS E PROTOCOLO

O Presidente do Reich Alemão...

Desejando adotar disposições para resolver certos conflitos de leis em matéria de letras e de notas promissórias, designaram como seus plenipotenciários:

Os quais depois de terem apresentado os seus plenos poderes, achados em boa e devida forma, acordaram nas disposições seguintes:

Art. 1º As Altas Partes Contratantes obrigam-se mutuamente a aplicar para a solução dos conflitos de leis em matéria de letras e de notas promissórias, a seguir enumerados, as disposições constantes doa artigos seguintes:

Art. 2º A capacidade de uma pessoa para se obrigar por letra ou nota promissória é regulada pela respectiva lei nacional. Se a lei nacional declarar competente a lei de um outro país, será aplicada esta última.

A pessoa incapaz, segundo a lei indicada na alínea precedente, é contudo havida como validamente obrigada se tiver aposto a sua assinatura em território de um país, segundo cuja legislação teria sido considerada capaz.

Qualquer das Altas Partes Contratantes tem a faculdade de não reconhecer a validade da obrigação contraída em matéria de letras ou notas promissórias por um dos seus nacionais, quando essa obrigação só seja válida no território das outras Altas Partes Contratantes pela aplicação da alínea anterior do presente artigo.

Art. 3º A forma das obrigações contraídas em matéria de letras e notas promissórias é regulada pela lei do país em cujo território essas obrigações tenham sido assumidas.

DECRETO N. 57.663, DE 24 DE JANEIRO DE 1966 [DOU 31.1.66; RET. DOU 2.3.66]

No entanto, se as obrigações assumidas em virtude de uma letra ou nota promissória não forem válidas nos termos da alínea precedente, mas o forem em face da legislação do país em que tenha posteriormente sido contraída uma outra obrigação, o fato de as primeiras obrigações serem irregulares quanto à forma não afeta a validade da obrigação posterior.

Qualquer das Altas Partes Contratantes tem a faculdade de determinar que as obrigações contraídas no estrangeiro por algum dos seus nacionais, em matéria de letras e notas promissórias, serão válidas no seu próprio território, em relação a qualquer outro dos seus nacionais, desde que tenham sido contraídas pela forma estabelecida na lei nacional.

Art. 4º Os efeitos das obrigações do aceitante de uma letra e do subscritor de uma nota promissória são determinados pela lei do lugar onde esses títulos sejam pagáveis.

Os efeitos provenientes das assinaturas dos outros co-obrigados por letra ou nota promissória são determinados pela lei do país em cujo território as assinaturas forem apostas.

Art. 5º Os prazos para o exercício do direito de ação são determinados para todos os signatários pela lei do lugar de emissão do título.

Art. 6º A lei do lugar de emissão do título determina se o portador de uma letra adquire o crédito que originou a emissão do título.

Art. 7º A lei do país em que a letra é pagável determina se o aceite pode ser restrito a uma parte da importância a pagar ou se o portador é ou não obrigado a receber um pagamento parcial.

A mesma regra é aplicável ao pagamento de notas promissórias.

Art. 8º A forma e os prazos do protesto, assim como a forma dos outros atos necessários ao exercício ou à conservação dos direitos em matéria de letras e notas promissórias, são regulados pelas leis do país em cujo território se deva fazer o protesto ou praticar os referidos atos.

Art. 9º As medidas a tomar em caso de perda ou de roubo de uma letra ou de uma nota promissória são determinadas pela Lei do país em que esses títulos sejam pagáveis.

Art. 10. Qualquer das Altas Partes Contratantes reserva-se à faculdade de não aplicar os princípios de Direito Internacional privado consignados na presente Convenção, pelo que respeita:

1º) a uma obrigação contraída fora do território de uma das Altas Partes Contratantes;

2º) a uma lei que seria aplicável em conformidade com estes princípios, mas que não seja lei em vigor no território de uma das Altas Partes Contratantes.

Art. 11. As disposições da presente Convenção não serão aplicáveis, no território de cada uma das Altas Partes Contratantes, às letras e notas promissórias já criadas à data de entrada em vigor da Convenção.

Art. 12. A presente Convenção, cujos textos francês e inglês farão, ambos, igualmente fé, terá a data de hoje.

Poderá ser ulteriormente assinada até 6 de setembro de 1930 em nome de qualquer Membro da Sociedade das Nações e de qualquer Estado não membro.

Art. 13. A presente Convenção será ratificada.

Os instrumentos de ratificação serão transmitidos, antes de 1º de setembro de 1932, ao Secretário-Geral da Sociedade das Nações, que notificará imediatamente do seu depósito todos os Membros da Sociedade das Nações e os Estados não membros que sejam partes na presente Convenção.

DECRETO N. 57.663, DE 24 DE JANEIRO DE 1966 [DOU 31.1.66; RET. DOU 2.3.66]

Art. 14. A partir de 6 de setembro de 1930, qualquer Membro da Sociedade das Nações e qualquer Estado não membro poderá aderir à presente Convenção.

Esta adesão efetuar-se-á por meio de notificação ao Secretário-Geral da Sociedade das Nações, que será depositada nos Arquivos do Secretariado.

O Secretário-Geral notificará imediatamente desse depósito todos os Estados que tenham assinado a presente Convenção ou a ela tenham aderido.

Art. 15. A presente Convenção somente entrará em vigor depois de ter sido ratificada ou de a ela terem aderido 7 (sete) Membros da Sociedade das Nações ou Estados não membros, entre os quais deverão figurar 3 (três) dos Membros da Sociedade das Nações com representação no Conselho.

Começará a vigorar 90 (noventa) dias depois de recebida pelo Secretário--Geral da Sociedade das Nações a sétima ratificação ou adesão, em conformidade com o disposto na alínea primeira do presente artigo.

O Secretário-Geral da Sociedade das Nações, nas notificações previstas nos arts. 13 e 14, fará menção especial de terem sido recebidas as ratificações ou adesões a que se refere a alínea primeira do presente artigo.

Art. 16. As ratificações ou adesões após a entrada em vigor da presente Convenção, em conformidade com o disposto no Art. 15, produzirão os seus efeitos 90 (noventa) dias depois da data da sua recepção pelo Secretário-Geral da Sociedade das Nações.

Art. 17. A presente Convenção não poderá ser denunciada antes de decorrido um prazo de 2 (dois) anos a contar da data em que ela tiver começado a vigorar para o Membro da Sociedade das Nações ou para, o Estado não membro que a denuncia; esta denúncia produzirá os seus efeitos 90 (noventa) dias depois de recebida pelo Secretário-Geral a respectiva notificação.

Qualquer denúncia será imediatamente comunicada pelo Secretário--Geral da Sociedade das Nações a todas as outras Altas Partes Contratantes.

A denúncia só produzirá efeito em relação à Alta Parte Contratante em nome da qual ela tenha sido feita.

Art. 18. Decorrido um prazo de 4 (quatro) anos da entrada em vigor da presente Convenção, qualquer Membro da Sociedade das Nações, ou Estado não membro ligado à Convenção poderá formular ao Secretário-Geral da Sociedade das Nações um pedido de revisão de algumas ou de todas as suas disposições.

Se este pedido, comunicado aos outros Membros da Sociedade das Nações ou Estados não membros para os quais a Convenção estiver então em vigor, for apoiada dentro do prazo de 1 (um) ano por 6 (seis), pelo menos, dentre eles, o Conselho da Sociedade das Nações decidirá se deve ser convocada uma Conferência para aquele fim.

Art. 19. As Altas Partes Contratantes podem declarar no momento da assinatura da ratificação ou da adesão que, aceitando a presente Convenção, não assumem nenhuma obrigação pelo que respeita a todas ou parte das suas colônias, protetorados ou territórios sob a sua soberania ou mandato, caso em que a presente Convenção não se aplicará aos territórios mencionados nessa declaração.

As Altas Partes Contratantes poderão mais tarde notificar o Secretário-Geral da Sociedade das Nações de que desejam que a presente Convenção se aplique a todos ou parte dos territórios que tenham sido objeto da declaração prevista na alínea precedente, e nesse caso a Convenção aplicar-se-á aos territórios mencionados na comunicação 90 (noventa) dias depois de esta ter sido recebida pelo Secretário-Geral da Sociedade das Nações.

As Altas Partes Contratantes podem a todo o tempo declarar que desejam que a presente Convenção cesse de se aplicar a todas ou parte das suas colônias, protetorados ou territórios sob a sua soberania ou mandato, caso em que a Convenção deixará de se aplicar aos territórios mencionados nes-

DECRETO N. 57.663, DE 24 DE JANEIRO DE 1966 [DOU 31.1.66; RET. DOU 2.3.66]

sa declaração 1 (um) ano após esta ter sido recebida pelo Secretário-Geral da Sociedade das Nações.

Art. 20. A presente Convenção será registrada pelo Secretário-Geral da Sociedade das Nações desde que entre em vigor. Será publicada, logo que for possível, na "Coleção de Tratados" da Sociedade das Nações. Em fé do que os Plenipotenciários acima designados assinaram a presente Convenção.

Feito em Genebra, aos sete de junho de mil novecentos e trinta (7-6-1930), num só exemplar, que será depositado nos Arquivos do Secretariado da Sociedade das Nações. Será transmitida cópia autêntica a todos os Membros da Sociedade das Nações e a todos os Estados não membros representados na Conferência.

PROTOCOLO

Ao assinar a Convenção datada de hoje, destinada a regular certos conflitos de leis em matéria de letras e de notas promissórias, os abaixo-assinados, devidamente autorizados, acordaram nas disposições seguintes:

A

Os Membros da Sociedade das Nações e os Estados não membros que não tenham podido efetuar, antes de 10 de setembro de 1932, o depósito da ratificação da referida Convenção, obrigam-se a enviar, dentro de 15 (quinze) dias a contar daquela data, uma comunicação ao Secretário-Geral da Sociedade das Nações dando-lhe a conhecer a situação em que se encontram no que diz respeito à ratificação.

B

Se, em 1º de novembro de 1932, não se tiveram verificado as condições previstas na alínea primeira do Art. 15 para a entrada em vigor da Convenção, o Secretário-Geral da Sociedade das Nações convocará uma reunião dos Membros da Sociedade das Nações e dos Estados não membros que tenham assinado a Convenção ou a ela tenham aderido, a fim de ser examinada a situação e as medidas que porventura devem ser tomadas para a resolver.

C

As Altas Partes Contratantes comunicar-se-ão, reciprocamente, a partir da sua entrada em vigor, as disposições legislativas promulgadas nos respectivos territórios para tornar efetiva a Convenção. Em fé do que os Plenipotenciários acima mencionados assinaram o presente Protocolo.

Feito em Genebra, aos sete de junho de mil novecentos e trinta (7-6-1930) num só exemplar, que será depositado nos arquivos do Secretariado da Sociedade das Nações, será transmitida cópia autêntica a todos os Membros da Sociedade das Nações e a todos os Estados não membros representados na Conferência.

Seguem-se as mesmas assinaturas após o art. 11 da Convenção para a Adoção de uma Lei uniforme sobre Letras de Câmbio e Notas Promissórias.

LEI N. 9.492, DE 10 DE SETEMBRO DE 1997

Define competência, regulamenta os serviços concernentes ao protesto de títulos e outros documentos de dívida e dá outras providências.

O Presidente da República:

Faço saber que o Congresso Nacional decreta e eu sanciono a seguinte Lei:

CAPÍTULO I
DA COMPETÊNCIA E DAS ATRIBUIÇÕES

Art. 1º Protesto é o ato formal e solene pelo qual se prova a inadimplência e o descumprimento de obrigação originada em títulos e outros documentos de dívida.

Art. 2º Os serviços concernentes ao protesto, garantidores da autenticidade, publicidade, segurança e eficácia dos atos jurídicos, ficam sujeitos ao regime estabelecido nesta Lei.

Art. 3º Compete privativamente ao Tabelião de Protesto de Títulos, na tutela dos interesses públicos e privados, a protocolização, a intimação, o acolhimento da devolução ou do aceite, o recebimento do pagamento, do título e de outros documentos de dívida, bem como lavrar e registrar o protesto ou acatar a desistência do credor em relação ao mesmo, proceder às averbações, prestar informações e fornecer certidões relativas a todos os atos praticados, na forma desta Lei.

CAPÍTULO II
DA ORDEM DOS SERVIÇOS

Art. 4º O atendimento ao público será, no mínimo, de seis horas diárias.

Art. 5º Todos os documentos apresentados ou distribuídos no horário regulamentar serão protocolizados dentro de vinte e quatro horas, obedecendo à ordem cronológica de entrega.

Parágrafo único. Ao apresentante será entregue recibo com as características essenciais do título ou documento de dívida, sendo de sua responsabilidade os dados fornecidos.

Art. 6º Tratando-se de cheque, poderá o protesto ser lavrado no lugar do pagamento ou do domicílio do emitente, devendo do referido cheque constar a prova de apresentação ao Banco sacado, salvo se o protesto tenha por fim instruir medidas pleiteadas contra o estabelecimento de crédito.

CAPÍTULO III
DA DISTRIBUIÇÃO

Art. 7º Os títulos e documentos de dívida destinados a protesto somente estarão sujeitos a prévia distribuição obrigatória nas localidades onde houver mais de um Tabelionato de Protesto de Títulos.

Parágrafo único. Onde houver mais de um Tabelionato de Protesto de Títulos, a distribuição será feita por um Serviço instalado e mantido pelos próprios Tabelionatos, salvo se já existir Ofício Distribuidor organizado antes da promulgação desta Lei.

Art. 8º Os títulos e documentos de dívida serão recepcionados, distribuídos e entregues na mesma data aos Tabelionatos de Protesto, obedecidos os critérios de quantidade e qualidade.

Parágrafo único. Poderão ser recepcionadas as indicações a protestos das Duplicatas Mercantis e de Prestação de Serviços, por meio magnético ou de gravação eletrônica de dados, sendo de inteira responsabilidade do apresentante os dados fornecidos, ficando a cargo dos Tabelionatos a mera instrumentalização das mesmas.

LEI N. 9.492, DE 10 DE SETEMBRO DE 1997

CAPÍTULO IV
DA APRESENTAÇÃO E PROTOCOLIZAÇÃO

Art. 9º Todos os títulos e documentos de dívida protocolizados serão examinados em seus caracteres formais e terão curso se não apresentarem vícios, não cabendo ao Tabelião de Protesto investigar a ocorrência de prescrição ou caducidade.

Parágrafo único. Qualquer irregularidade formal observada pelo Tabelião obstará o registro do protesto.

Art. 10. Poderão ser protestados títulos e outros documentos de dívida em moeda estrangeira, emitidos fora do Brasil, desde que acompanhados de tradução efetuada por tradutor público juramentado.

§ 1º Constarão obrigatoriamente do registro do protesto a descrição do documento e sua tradução.

§ 2º Em caso de pagamento, este será efetuado em moeda corrente nacional, cumprindo ao apresentante a conversão na data de apresentação do documento para protesto.

§ 3º Tratando-se de títulos ou documentos de dívidas emitidos no Brasil, em moeda estrangeira, cuidará o Tabelião de observar as disposições do Decreto-lei n. 857, de 11 de setembro de 1969, e legislação complementar ou superveniente.

Art. 11. Tratando-se de títulos ou documentos de dívida sujeitos a qualquer tipo de correção, o pagamento será feito pela conversão vigorante no dia da apresentação, no valor indicado pelo apresentante.

CAPÍTULO V
DO PRAZO

Art. 12. O protesto será registrado dentro de três dias úteis contados da protocolização do título ou documento de dívida.

§ 1º Na contagem do prazo a que se refere o *caput* exclui-se o dia da protocolização e inclui-se o do vencimento.

§ 2º Considera-se não útil o dia em que não houver expediente bancário para o público ou aquele em que este não obedecer ao horário normal.

Art. 13. Quando a intimação for efetivada excepcionalmente no último dia do prazo ou além dele, por motivo de força maior, o protesto será tirado no primeiro dia útil subsequente.

CAPÍTULO VI
DA INTIMAÇÃO

Art. 14. Protocolizado o título ou documento de dívida, o Tabelião de Protesto expedirá a intimação ao devedor, no endereço fornecido pelo apresentante do título ou documento, considerando-se cumprida quando comprovada a sua entrega no mesmo endereço.

§ 1º A remessa da intimação poderá ser feita por portador do próprio tabelião, ou por qualquer outro meio, desde que o recebimento fique assegurado e comprovado através de protocolo, aviso de recepção (AR) ou documento equivalente.

§ 2º A intimação deverá conter nome e endereço do devedor, elementos de identificação do título ou documento de dívida, e prazo limite para cumprimento da obrigação no Tabelionato, bem como número do protocolo e valor a ser pago.

Art. 15. A intimação será feita por edital se a pessoa indicada para aceitar ou pagar for desconhecida, sua localização incerta ou ignorada, for residente ou domiciliada fora da competência territorial do Tabelionato, ou, ainda, ninguém se dispuser a receber a intimação no endereço fornecido pelo apresentante.

§ 1º O edital será afixado no Tabelionato de Protesto e publicado pela imprensa local onde houver jornal de circulação diária.

§ 2º Aquele que fornecer endereço incorreto, agindo de má-fé, responderá por perdas e danos, sem prejuízo de outras sanções civis, administrativas ou penais.

CAPÍTULO VII
DA DESISTÊNCIA E SUSTAÇÃO DO PROTESTO

Art. 16. Antes da lavratura do protesto, poderá o apresentante retirar o título ou documento de dívida, pagos os emolumentos e demais despesas.

Art. 17. Permanecerão no Tabelionato, à disposição do Juízo respectivo, os títulos ou documentos de dívida cujo protesto for judicialmente sustado.

§ 1º O título do documento de dívida cujo protesto tiver sido sustado judicialmente só poderá ser pago, protestado ou retirado com autorização judicial.

§ 2º Revogada a ordem de sustação, não há necessidade de se proceder a nova intimação do devedor, sendo a lavratura e o registro do protesto efetivados até o primeiro dia útil subsequente ao do recebimento da revogação, salvo se a materialização do ato depender de consulta a ser formulada ao apresentante, caso em que o mesmo prazo será contado da data da resposta dada.

§ 3º Tornada definitiva a ordem de sustação, o título ou o documento de dívida será encaminhado ao Juízo respectivo, quando não constar determinação expressa a qual das partes o mesmo deverá ser entregue, ou se decorridos trinta dias sem que a parte autorizada tenha comparecido no Tabelionato para retirá-lo.

Art. 18. As dúvidas do Tabelião de Protesto serão resolvidas pelo Juízo competente.

CAPÍTULO VIII
DO PAGAMENTO

Art. 19. O pagamento do título ou do documento de dívida apresentado para protesto será feito diretamente no Tabelionato competente, no valor igual ao declarado pelo apresentante, acrescido dos emolumentos e demais despesas.

LEI CAMBIAL COMENTADA

§ 1º Não poderá ser recusado pagamento oferecido dentro do prazo legal, desde que feito no Tabelionato de Protesto competente e no horário de funcionamento dos serviços.

§ 2º No ato do pagamento, o Tabelionato de Protesto dará a respectiva quitação, e o valor devido será colocado à disposição do apresentante no primeiro dia útil subsequente ao do recebimento.

§ 3º Quando for adotado sistema de recebimento do pagamento por meio de cheque, ainda que de emissão de estabelecimento bancário, a quitação dada pelo Tabelionato fica condicionada à efetiva liquidação.

§ 4º Quando do pagamento no Tabelionato ainda subsistirem parcelas vincendas, será dada quitação da parcela paga em apartado, devolvendo-se o original ao apresentante.

CAPÍTULO IX
DO REGISTRO DO PROTESTO

Art. 20. Esgotado o prazo previsto no art. 12, sem que tenham ocorrido as hipóteses dos Capítulos VII e VIII, o Tabelião lavrará e registrará o protesto, sendo o respectivo instrumento entregue ao apresentante.

Art. 21. O protesto será tirado por falta de pagamento, de aceite ou de devolução.

§ 1º O protesto por falta de aceite somente poderá ser efetuado antes do vencimento da obrigação e após o decurso do prazo legal para o aceite ou a devolução.

§ 2º Após o vencimento, o protesto sempre será efetuado por falta de pagamento, vedada a recusa da lavratura e registro do protesto por motivo não previsto na lei cambial.

§ 3º Quando o sacado retiver a letra de câmbio ou a duplicata enviada para aceite e não proceder à devolução dentro do prazo legal, o protesto poderá ser baseado na segunda via da letra de câmbio ou nas indicações da duplicata, que se limitarão a conter os mesmos requisitos lançados pelo sacador ao tempo da emissão da duplicata, vedada a exigência de qualquer formalidade não prevista na Lei que regula a emissão e circulação das duplicatas.

LEI N. 9.492, DE 10 DE SETEMBRO DE 1997

§ 4º Os devedores, assim compreendidos os emitentes de notas promissórias e cheques, os sacados nas letras de câmbio e duplicatas, bem como os indicados pelo apresentante ou credor como responsáveis pelo cumprimento da obrigação, não poderão deixar de figurar no termo de lavratura e registro de protesto.

Art. 22. O registro do protesto e seu instrumento deverão conter:

I. data e número de protocolização;

II. nome do apresentante e endereço;

III. reprodução ou transcrição do documento ou das indicações feitas pelo apresentante e declarações nele inseridas;

IV. certidão das intimações feitas e das respostas eventualmente oferecidas;

V. indicação dos intervenientes voluntários e das firmas por eles honradas;

VI. a aquiescência do portador ao aceite por honra;

VII. nome, número do documento de identificação do devedor e endereço;

VIII. data e assinatura do Tabelião de Protesto, de seus substitutos ou de Escrevente autorizado.

Parágrafo único. Quando o Tabelião de Protesto conservar em seus arquivos gravação eletrônica da imagem, cópia reprográfica ou micrográfica do título ou documento de dívida, dispensa-se, no registro e no instrumento, a sua transcrição literal, bem como das demais declarações nele inseridas.

Art. 23. Os termos dos protestos lavrados, inclusive para fins especiais, por falta de pagamento, de aceite ou de devolução serão registrados em um único livro e conterão as anotações do tipo e do motivo do protesto, além dos requisitos previstos no artigo anterior.

Parágrafo único. Somente poderão ser protestados, para fins falimentares, os títulos ou documentos de dívida de responsabilidade das pessoas sujeitas às consequências da legislação falimentar.

Art. 24. O deferimento do processamento de concordata não impede o protesto.

LEI CAMBIAL COMENTADA

CAPÍTULO X
DAS AVERBAÇÕES E DO CANCELAMENTO

Art. 25. A averbação de retificação de erros materiais pelo serviço poderá ser efetuada de ofício ou a requerimento do interessado, sob responsabilidade do Tabelião de Protesto de Títulos.

§ 1º Para a averbação da retificação será indispensável a apresentação do instrumento eventualmente expedido e de documentos que comprovem o erro.

§ 2º Não são devidos emolumentos pela averbação prevista neste artigo.

Art. 26. O cancelamento do registro do protesto será solicitado diretamente no Tabelionato de Protesto de Títulos, por qualquer interessado, mediante apresentação do documento protestado, cuja cópia ficará arquivada.

§ 1º Na impossibilidade de apresentação do original do título ou documento de dívida protestado, será exigida a declaração de anuência, com identificação e firma reconhecida, daquele que figurou no registro de protesto como credor, originário ou por endosso translativo.

§ 2º Na hipótese de protesto em que tenha figurado apresentante por endosso-mandato, será suficiente a declaração de anuência passada pelo credor endossante.

§ 3º O cancelamento do registro do protesto, se fundado em outro motivo que não no pagamento do título ou documento de dívida, será efetivado por determinação judicial, pagos os emolumentos devidos ao Tabelião.

§ 4º Quando a extinção da obrigação decorrer de processo judicial, o cancelamento do registro do protesto poderá ser solicitado com a apresentação da certidão expedida pelo Juízo processante, com menção do trânsito em julgado, que substituirá o título ou o documento de dívida protestado.

§ 5º O cancelamento do registro do protesto será feito pelo Tabelião titular, por seus Substitutos ou por Escrevente autorizado.

§ 6º Quando o protesto lavrado for registrado sob forma de microfilme ou gravação eletrônica, o termo do cancelamento será lançado em documento apartado, que será arquivado juntamente com os documentos que instruíram o pedido, e anotado no índice respectivo.

LEI N. 9.492, DE 10 DE SETEMBRO DE 1997

CAPÍTULO XI
DAS CERTIDÕES E INFORMAÇÕES DO PROTESTO

Art. 27. O Tabelião de Protesto expedirá as certidões solicitadas dentro de cinco dias úteis, no máximo, que abrangerão o período mínimo dos cinco anos anteriores, contados da data do pedido, salvo quando se referir a protesto específico.

§ 1º As certidões expedidas pelos serviços de protesto de títulos, inclusive as relativas à prévia distribuição, deverão obrigatoriamente indicar, além do nome do devedor, seu número no Registro Geral (R.G.), constante da Cédula de Identidade, ou seu número no Cadastro de Pessoas Físicas (C.P.F.), se pessoa física, e o número de inscrição no Cadastro Geral de Contribuintes (C.G.C.), se pessoa jurídica, cabendo ao apresentante do título para protesto fornecer esses dados, sob pena de recusa.

§ 2º Das certidões não constarão os registros cujos cancelamentos tiverem sido averbados, salvo por requerimento escrito do próprio devedor ou por ordem judicial.

Art. 28. Sempre que a homonímia puder ser verificada simplesmente pelo confronto do número de documento de identificação, o Tabelião de Protesto dará certidão negativa.

Art. 29. Os cartórios fornecerão às entidades representativas da indústria e do comércio ou àquelas vinculadas à proteção do crédito, quando solicitada, certidão diária, em forma de relação, dos protestos tirados e dos cancelamentos efetuados, com a nota de se cuidar de informação reservada, da qual não se poderá dar publicidade pela imprensa, nem mesmo parcialmente (Redação dada pela Lei n. 9.841, de 5.10.1999).

§ 1º O fornecimento da certidão será suspenso caso se desatenda ao disposto no *caput* ou se forneçam informações de protestos cancelados (Redação dada pela Lei n. 9.841, de 5.10.1999).

LEI CAMBIAL COMENTADA

§ 2º Dos cadastros ou bancos de dados das entidades referidas no *caput* somente serão prestadas informações restritivas de crédito oriundas de títulos ou documentos de dívidas regularmente protestados cujos registros não foram cancelados (Redação dada pela Lei n. 9.841, de 5.10.1999).

Art. 30. As certidões, informações e relações serão elaboradas pelo nome dos devedores, conforme previstos no § 4º do art. 21 desta Lei, devidamente identificados, e abrangerão os protestos lavrados e registrados por falta de pagamento, de aceite ou de devolução, vedada a exclusão ou omissão de nomes e de protestos, ainda que provisória ou parcial.

Art. 31. Poderão ser fornecidas certidões de protestos, não cancelados, a quaisquer interessados, desde que requeridas por escrito (Redação dada pela Lei n. 9.841, de 5.10.1999).

CAPÍTULO XII
DOS LIVROS E ARQUIVOS

Art. 32. O livro de Protocolo poderá ser escriturado mediante processo manual, mecânico, eletrônico ou informatizado, em folhas soltas e com colunas destinadas às seguintes anotações: número de ordem, natureza do título ou documento de dívida, valor, apresentante, devedor e ocorrências.

Parágrafo único. A escrituração será diária, constando do termo de encerramento o número de documentos apresentados no dia, sendo a data da protocolização a mesma do termo diário do encerramento.

Art. 33. Os livros de Registros de Protesto serão abertos e encerrados pelo Tabelião de Protestos ou seus Substitutos, ou ainda por Escrevente autorizado, com suas folhas numeradas e rubricadas.

Art. 34. Os índices serão de localização dos protestos registrados e conterão os nomes dos devedores, na forma do § 4º do art. 21, vedada a exclusão ou

318

LEI N. 9.492, DE 10 DE SETEMBRO DE 1997

omissão de nomes e de protestos, ainda que em caráter provisório ou parcial, não decorrente do cancelamento definitivo do protesto.

§ 1º Os índices conterão referência ao livro e à folha, ao microfilme ou ao arquivo eletrônico onde estiver registrado o protesto, ou ao número do registro, e aos cancelamentos de protestos efetuados.

§ 2º Os índices poderão ser elaborados pelo sistema de fichas, microfichas ou banco eletrônico de dados.

Art. 35. O Tabelião de Protestos arquivará ainda:

I.   intimações;

II. editais;

III. documentos apresentados para a averbação no registro de protestos e ordens de cancelamentos;

IV. mandados e ofícios judiciais;

V.   solicitações de retirada de documentos pelo apresentante;

VI. comprovantes de entrega de pagamentos aos credores;

VII. comprovantes de devolução de documentos de dívida irregulares.

§ 1º Os arquivos deverão ser conservados, pelo menos, durante os seguintes prazos:

I.   um ano, para as intimações e editais correspondentes a documentos protestados e ordens de cancelamento;

II. seis meses, para as intimações e editais correspondentes a documentos pagos ou retirados além do tríduo legal;

III. trinta dias, para os comprovantes de entrega de pagamento aos credores, para as solicitações de retirada dos apresentantes e para os comprovantes de devolução, por irregularidade, aos mesmos, dos títulos e documentos de dívidas.

§ 2º Para os livros e documentos microfilmados ou gravados por processo eletrônico de imagens não subsiste a obrigatoriedade de sua conservação.

§ 3º Os mandados judiciais de sustação de protesto deverão ser conservados, juntamente com os respectivos documentos, até solução definitiva por parte do Juízo.

Art. 36. O prazo de arquivamento é de três anos para livros de protocolo e de dez anos para os livros de registros de protesto e respectivos títulos.

CAPÍTULO XIII
DOS EMOLUMENTOS

Art. 37. Pelos atos que praticarem em decorrência desta Lei, os Tabeliães de Protesto perceberão, diretamente das partes, a título de remuneração, os emolumentos fixados na forma da lei estadual e de seus decretos regulamentadores, salvo quando o serviço for estatizado.

§ 1º Poderá ser exigido depósito prévio dos emolumentos e demais despesas devidas, caso em que, igual importância deverá ser reembolsada ao apresentante por ocasião da prestação de contas, quando ressarcidas pelo devedor no Tabelionato.

§ 2º Todo e qualquer ato praticado pelo Tabelião de Protesto será cotado, identificando-se as parcelas componentes do seu total.

§ 3º Pelo ato de digitalização e gravação eletrônica dos títulos e outros documentos, serão cobrados os mesmos valores previstos na tabela de emolumentos para o ato de microfilmagem.

CAPÍTULO XIV
DISPOSIÇÕES FINAIS

Art. 38. Os Tabeliães de Protesto de Títulos são civilmente responsáveis por todos os prejuízos que causarem, por culpa ou dolo, pessoalmente, pelos substitutos que designarem ou Escreventes que autorizarem, assegurado o direito de regresso.

Art. 39. A reprodução de microfilme ou do processamento eletrônico da imagem, do título ou de qualquer documento arquivado no Tabelionato, quando autenticado pelo Tabelião de Protesto, por seu Substituto ou Escrevente autorizado, guarda o mesmo valor do original, independentemente de restauração judicial.

Art. 40. Não havendo prazo assinado, a data do registro do protesto é o termo inicial da incidência de juros, taxas e atualizações monetárias sobre o valor da obrigação contida no título ou documento de dívida.

Art. 41. Para os serviços previstos nesta Lei os Tabeliães poderão adotar, independentemente de autorização, sistemas de computação, microfilmagem, gravação eletrônica de imagem e quaisquer outros meios de reprodução.

Art. 42. Esta Lei entra em vigor na data de sua publicação.

Art. 43. Revogam-se as disposições em contrário.

Brasília, 10 de setembro de 1997;
176º da Independência e 109º da República.

FERNANDO HENRIQUE CARDOSO
Iris Rezende

CONVENTION PORTANT LOI UNIFORME SUR LES LETTRES DE CHANGE ET BILLETS À ORDRE

Conclue à Genève le 7 juin 1930

Le Président du Reich Allemand; le Président Fédéral de la République d'Autriche; Sa Majesté le Roi des Belges; le Président de la République des Etats-Unis du Brésil; le Président de la République de Colombie; Sa Majesté le Roi de Danemark; le Président de la République de Pologne; pour la Ville libre de Danzig; le Président de la République de l'Equateur; Sa Majesté le Roi d'Espagne; le Président de la République de Finlande; le Président de la République Française; le Président de la République Hellénique; Son Altesse Sérénissime le Régent du Royaume de Hongrie; Sa Majesté le Roi d'Italie; Sa Majesté l'Empereur du Japon; Son Altesse Royale la Grande-Duchesse de Luxembourg; Sa Majesté le Roi de Norvège; Sa Majesté la Reine des Pays-Bas; le Président de la République du Pérou; le Président de la République de Pologne; le Président de la République Portugaise; Sa Majesté le Roi de Suède; le Conseil Fédéral Suisse; le Président de la République Tchécoslovaque; le Président de la République Turque; Sa Majesté le Roi de Yougoslavie,

Désireux de prévenir les difficultés auxquelles donne lieu la diversité des législations des pays où les lettres de change sont appelées à circuler, et de donner ainsi plus de sécurité et de rapidité aux relations du commerce international, Ont désigné pour leurs plénipotentiaires:

(Suivent les noms des plénipotentiaires)

Lesquels, après avoir communiqué leurs pleins pouvoirs, trouvés en bonne et due forme, sont convenus des dispositions suivantes:

Art. I. Les Hautes Parties contractantes s'engagent à introduire dans leurs territoires respectifs, soit dans un des textes originaux, soit dans leurs langues nationales, la Loi uniforme formant l'Annexe I de la présente Convention.

Cet engagement sera éventuellement subordonné aux réserves que chaque Haute Partie contractante devra, dans ce cas, signaler au moment de sa ratification ou de son adhésion. Ces réserves devront être choisies parmi celles que mentionne l'Annexe II de la présente Convention.

Cependant, pour ce qui est des réserves visées aux art. 8, 12 et 18 de ladite Annexe II, elles pourront être faites postérieurement à la ratification ou à l'adhésion, pourvu qu'elles fassent l'objet d'une notification au Secrétaire général de la Société des Nations, qui en communiquera immédiatement le texte aux Membres de la Société des Nations et aux Etats non membres au nom desquels la présente Convention aura été ratifiée ou au nom desquels il y aura été adhéré. De telles réserves ne sortiront pas leurs effets avant le quatre-vingt-dixième jour qui suivra la réception par le Secrétaire général de la notification susdite.

Chacune des Hautes Parties contractantes pourra, en cas d'urgence, faire usage des réserves prévues par les art. 7 et 22 de ladite Annexe II, après la ratification ou l'adhésion. Dans ces cas, Elle devra en donner directement et immédiatement communication à toutes autres Parties contractantes et au Secrétaire général de la Société des Nations. La notification de ces réserves produira ses effets deux jours après la réception de ladite communication par les Hautes Parties contractantes.

Art. II. Dans le territoire de chacune des Hautes Parties contractantes, la Loi uniforme ne sera pas applicable aux lettres de change et aux billets à ordre déjà créés au moment de la mise en vigueur de la présente Convention.

Art. III. La présente Convention, dont les textes français et anglais feront également foi, portera la date de ce jour.

Elle pourra être signée ultérieurement jusqu'au 6 septembre 1930 au nom de tout Membre de la Société des Nations et de tout Etat non membre.

Art. IV. La présente Convention sera ratifiée.

Les instruments de ratification seront déposés avant le 1er septembre 1932 auprès du Secrétaire général de la Société des Nations, qui en notifiera immédiatement la réception à tous les Membres de la Société des Nations et aux Etats non membres Parties à la présente Convention.

Art. V. A partir du 6 septembre 1930, tout Membre de la Société des Nations et tout Etat non membre pourra y adhérer. Après la dissolution de la Société des Nations, le secrétariat général des Nations Unies a été chargé des fonctions mentionnées ici.

Après la dissolution de la Société des Nations, le secrétariat général des Nations Unies a été chargé des fonctions mentionnées ici.

Loi uniforme sur les lettres de change et billets à ordre Cette adhésion s'effectuera par une notification au Secrétaire général de la Société des Nations pour être déposée dans les archives du Secrétariat.

Le Secrétaire général notifiera ce dépôt immédiatement à tous ceux qui ont signé ou adhéré à la présente Convention.

Art. VI. La présente Convention n'entrera en vigueur que lorsqu'elle aura été ratifiée ou qu'il y aura été adhéré au nom de sept Membres de la Société des Nations ou Etats non membres, parmi lesquels devront figurer trois des Membres de la Société des Nations représentés d'une manière permanente au Conseil.

La date de l'entrée en vigueur sera le quatre-vingt-dixième jour qui suivra la réception par le Secrétaire général de la Société des Nations de la septième ratification ou adhésion, conformément à l'alinéa premier du présent article.

Le Secrétaire général de la Société des Nations, en faisant les notifications prévues aux art. IV et V, signalera spécialement que les ratifications ou adhésions visées à l'alinéa premier du présent article ont été recueillies.

Art. VII. Chaque ratification ou adhésion qui interviendra après l'entrée en vigueur de la Convention conformément à l'art. VI sortira ses effets dès le quatre-vingt-dixième jour qui suivra la date de sa réception par le Secrétaire général de la Société des Nations.

Art. VIII. Sauf les cas d'urgence, la présente Convention ne pourra être dénoncée avant l'expiration d'un délai de deux ans à partir de la date à laquelle elle sera entrée em vigueur pour le Membre de la Société des Nations ou pour l'Etat non membre qui la dénonce, cette dénonciation produira ses effets dès le quatre-vingt-dixième jour suivant la réception par le Secrétaire général de la notification à lui adressée.

Toute dénonciation sera communiquée immédiatement par le Secrétaire général de la Société des Nations à toutes les autres Hautes Parties contractantes.

Dans les cas d'urgence, la Haute Partie contractante qui effectuera la denunciation en donnera directement et immédiatement communication à toutes autres Hautes Parties contractantes et la dénonciation produira ses effets deux jours après la reception de ladite communication par lesdites Hautes Parties contractantes. La Haute Partie contractante qui dénoncera dans ces conditions avisera également de sa décision le Secrétaire général de la Société des Nations.

Chaque dénonciation n'aura d'effet qu'en ce qui concerne la Haute Partie contractante au nom de laquelle elle aura été faite.

Art. IX. Tout Membre de la Société des Nations et tout Etat non membre à l'égard duquel la présente Convention est en vigueur pourra adresser au Secrétaire général de la Société des Nations10, dès l'expiration de la quatrième année suivant l'entrée em vigueur de la Convention, une demande tendant à la revision de certaines ou de toutes les dispositions de cette Convention.

Si une telle demande, communiquée aux autres Membres ou Etats non membres entre lesquels la Convention est alors en vigueur, est appuyée, dans un délai d'un an, par au moins six d'entre eux le Conseil de la Société des Nations décidera s'il y a lieu de convoquer une Conférence à cet effet.

Art. X. Les Hautes Parties contractantes peuvent déclarer au moment de la signature, de la ratification ou de l'adhésion que, par leur acceptation de la présente Convention, elles n'entendent assumer aucune obligation en ce qui concerne l'ensemble ou toute partie de leurs colonies, protectorats ou territoires placés sous leur suzeraineté ou mandat; dans ce cas, la présente Convention ne sera pas applicable aux territoires faisant l'objet de pareille déclaration.

Les Hautes Parties contractantes pourront à tout moment dans la suite notifier au Secrétaire général de la Société des Nations qu'elles entendent rendre la presente Convention applicable à l'ensemble ou à toute partie de leurs territoires ayant fait l'objet de la déclaration prévue à l'alinéa précédent. Dans ce cas, la Convention s'appliquera aux territoires visés dans la notification quatre-vingt-dix jours après la réception de cette dernière par le Secrétaire général de la Société des Nations.

De même, les Hautes Parties contractantes peuvent, conformément à l'art. VIII, dénoncer la présente Convention pour l'ensemble ou toute partie de leurs colonies, protectorats ou territoires placés sous leur suzeraineté ou mandat.

Art. XI. La présente Convention sera enregistrée par le Secrétaire général de la Société des Nations dès son entrée en vigueur. Elle sera ultérieurement publiée aussitôt que possible au *Recueil des Traités* de la Société des Nations.

En foi de quoi, les plénipotentiaires susnommés ont signé la présente Convention.

Fait à Genève le sept juin mil neuf cent trente, en simple expédition qui sera déposée dans les archives du Secrétariat de la Société des Nations, copie conforme en sera transmise à tous les Membres de la Société des Nations et à tous les Etats non membres représentés à la Conférence.

(*Suivent les signatures*)

ANNEXE I
LOI UNIFORME
CONCERNANT LA LETTRE DE CHANGE
ET LE BILLET À ORDRE

Titre I

De la lettre de change

Chapitre I

De la création et de la forme de la lettre de change

Art. 1. La lettre de change contient:

1. La dénomination de lettre de change insérée dans le texte même du titre et exprimée dans la langue employée pour la rédaction de ce titre,
2. Le mandat pur et simple de payer une somme déterminée,
3. Le nom de celui qui doit payer (tiré),
4. L'indication de l'échéance;
5. Celle du lieu où le paiement doit s'effectuer;
6. Le nom de celui auquel ou à l'ordre duquel le paiement doit être fait,
7. L'indication de la date et du lieu où la lettre est créée,
8. La signature de celui qui émet la lettre (tireur).

Art. 2. Le titre dans lequel une des énonciations indiquées à l'article précédent fait défaut ne vaut pas comme lettre de change, sauf dans les cas déterminés par les alinéas suivants:

La lettre de change dont l'échéance n'est pas indiquée est considérée comme payable à vue.

A défaut d'indication spéciale, le lieu désigné à côté du nom du tiré est réputé être le lieu du paiement et, en même temps, le lieu du domicile du tiré.

La lettre de change n'indiquant pas le lieu de sa création est considérée comme souscrite dans le lieu désigné à côté du nom du tireur.

Art. 3. La lettre de change peut être à l'ordre du tireur lui-même.

Elle peut être tirée sur le tireur lui-même.

Elle peut être tirée pour le compte d'un tiers.

Art. 4. Une lettre de change peut être payable au domicile d'un tiers, soit dans la localité où le tiré a son domicile, soit dans une autre localité.

Art. 5. Dans une lettre de change payable à vue ou à un certain délai de vue, il peut être stipulé par le tireur que la somme sera productive d'intérêts. Dans toute autre letter de change, cette stipulation est réputée non écrite.

Le taux des intérêts doit être indiqué dans la lettre, à défaut de cette indication, la clause est réputée non écrite.

Les intérêts courent à partir de la date de la lettre de change, si une autre date n'est pas indiquée.

Art. 6. La lettre de change dont le montant est écrit à la fois en toutes lettres et en chiffres vaut, en cas de différence, pour la somme écrite en toutes lettres.

La lettre de change dont le montant est écrit plusieurs fois, soit en toutes lettres, soit en chiffres, ne vaut, en cas de différence, que pour la moindre somme.

Art. 7. Si la lettre de change porte des signatures de personnes incapables de s'obliger par lettre de change, des signatures fausses ou des signatures de personnes imaginaires, ou des signatures qui, pour toute autre raison, ne sauraient obliger les personnes qui ont signé la lettre de change, ou du nom desquelles elle a été signée, les obligations des autres signataires n'en sont pas moins valables.

Art. 8. Quiconque appose sa signature sur une lettre de change, comme représentant d'une personne pour laquelle il n'avait pas le pouvoir d'agir,

LEI CAMBIAL COMENTADA

est obligé lui-même en vertu de la lettre et, s'il a payé, a les mêmes droits qu'aurait eu le prétendu représenté. Il en est de même du représentant qui a dépassé ses pouvoirs.

Art. 9. Le tireur est garant de l'acceptation et du paiement.

Il peut s'exonérer de la garantie de l'acceptation, toute clause par laquelle il s'exonère de la garantie du paiement est réputée non écrite.

Art. 10. Si une lettre de change, incomplète à l'émission, à été complétée contrairement aux accords intervenus, l'inobservation de ces accords ne peut pas être opposée au porteur, à moins qu'il n'ait acquis la lettre de change de mauvaise foi ou que, em l'acquérant, il n'ait commis une faute lourde.

Chapitre II
De l'endossement
Art. 11. Toute lettre de change, même non expressément tirée à ordre, est transmissible par la voie de l'endossement.

Lorsque le tireur a inséré dans la lettre de change les mois «non à ordre» ou une expression équivalente, le titre n'est transmissible que dans la forme et avec les effets d'une cession ordinaire.

L'endossement peut être fait même au profit du tiré, accepteur ou non, du tireur ou de tout autre obligé. Ces personnes peuvent endosser la lettre à nouveau.

Art. 12. L'endossement doit être pur et simple. Toute condition à laquelle il est subordonné est réputée non écrite.

L'endossement partiel est nul.

L'endossement au porteur vaut comme endossement en blanc.

Art. 13. L'endossement doit être inscrit sur la lettre de change ou sur une feuille qui y est attachée (allonge). Il doit être signé par l'endosseur.

L'endossement peut ne pas désigner le bénéficiaire ou consister simplement dans la signature de l'endosseur (endossement en blanc). Dans ce dernier cas, l'endossement, pour être valable, doit être inscrit au dos de la lettre de change ou sur l'allonge.

Art. 14. L'endossement transmet tous les droits résultant de la lettre de change.

Si l'endossement est en blanc, le porteur peut:

1° Remplir le blanc, soit de son nom, soit du nom d'une autre personne;

2° Endosser la lettre de nouveau en blanc ou à une autre personne,

3° Remettre la lettre à un tiers, sans remplir le blanc et sans l'endosser.

Art. 15. L'endosseur est, sauf clause contraire, garant de l'acceptation et du paiement.

Il peut interdire un nouvel endossement; dans ce cas, il n'est pas tenu à la garantie envers les personnes auxquelles la lettre est ultérieurement endossée.

Art. 16. Le détenteur d'une lettre de change est considéré comme porteur légitime, s'il justifie de son droit par une suite ininterrompue d'endossements, même si le dernier endossement est en blanc. Les endossements biffés sont à cet égard réputés non écrits. Quand un endossement en blanc est suivi d'un autre endossement, le signataire de celui-ci est réputé avoir acquis la lettre par l'endossement en blanc.

Si une personne a été dépossédée d'une lettre de change par quelque événement que ce soit, le porteur, justifiant de son droit de la manière indiquée à l'alinéa précédent, n'est tenu de se dessaisir de la lettre que s'il l'a acquise de mauvaise foi ou si, em l'acquérant, il a commis une faute lourde.

Art. 17. Les personnes actionnées en vertu de la lettre de change ne peuvent pas opposer au porteur les exceptions fondées sur leurs rapports personnels avec le tireur ou avec les porteurs antérieurs, à moins que le porteur, en acquérant la lettre, n'ait agi sciemment au détriment du débiteur.

LEI CAMBIAL COMENTADA

Art. 18. Lorsque l'endossement contient la mention «valeur en recouvrement», «pour encaissement», «par procuration» ou toute autre mention impliquant un simple mandat, le porteur peut exercer tous les droits dérivant de la lettre de change, mais il ne peut endosser celle-ci qu'à titre de procuration.

Les obligés ne peuvent, dans ce cas, invoquer contre le porteur que les exceptions qui seraient opposables à l'endosseur.

Le mandat renfermé dans un endossement de procuration ne prend pas fin par le décès du mandant ou la survenance de son incapacité.

Art. 19. Lorsqu'un endossement contient la mention «valeur en garantie», «valeur en gage» ou toute autre mention impliquant un nantissement, le porteur peut exercer tous les droits dérivant de la lettre de change, mais un endossement fait par lui ne vaut que comme un endossement à titre de procuration.

Les obligés ne peuvent invoquer contre le porteur les exceptions fondées sur leurs rapports personnels avec l'endosseur, à moins que le porteur, en recevant la lettre, n'ait agi sciemment au détriment du débiteur.

Art. 20. L'endossement postérieur à l'échéance produit les mêmes effets qu'un endossement antérieur. Toutefois, l'endossement postérieur au protêt faute de paiement, ou fait après l'expiration du délai fixé pour dresser le protêt, ne produit que les effets d'une cession ordinaire.

Sauf preuve contraire, l'endossement sans date est censé avoir été fait avant l'expiration du délai fixé pour dresser le protêt.

Chapitre III
De l'acceptation

Art. 21. La lettre de change peut être, jusqu'à l'échéance, présentée à l'acceptation du tiré, au lieu de son domicile, par le porteur ou même par un simple détenteur.

Art. 22. Dans toute lettre de change, le tireur peut stipuler qu'elle devra être présentée à l'acceptation, avec ou sans fixation de délai.

Il peut interdire dans la lettre la présentation à l'acceptation, à moins qu'il ne s'agisse d'une lettre de change payable chez un tiers ou d'une lettre payable dans une localité autre que celle du domicile du tiré ou d'une lettre tirée à un certain délai de vue.

Il peut aussi stipuler que la présentation à l'acceptation ne pourra avoir lieu avant um terme indiqué.

Tout endosseur peut stipuler que la lettre devra être présentée à l'acceptation, avec ou sans fixation de délai, à moins qu'elle n'ait été déclarée non acceptable par le tireur.

Art. 23. Les lettres de change à un certain délai de vue doivent être présentées à l'acceptation dans le délai d'un an à partir de leur date.

Le tireur peut abréger ce dernier délai ou en stipuler un plus long.

Ces délais peuvent être abrégés par les endosseurs.

Art. 24. Le tiré peut demander qu'une seconde présentation lui soit faite le lendemain de la première. Les intéressés ne sont admis à prétendre qu'il n'a pas été fait droit à cette demande que si celle-ci est mentionnée dans le protêt.

Le porteur n'est pas obligé de se dessaisir, entre les mains du tiré, de la lettre présentée à l'acceptation.

Art. 25. L'acceptation est écrite sur la lettre de change. Elle est exprimée par le mot «accepté» ou tout autre mot équivalent; elle est signée du tiré. La simple signature du tire apposée au recto de la lettre vaut acceptation.

Quant la lettre est payable à un certain délai de vue ou lorsqu'elle doit être présentée à l'acceptation dans un délai déterminé en vertu d'une stipulation spéciale, l'acceptation doit être datée du jour où elle a été donnée, à moins que le porteur n'exige qu'elle soit datée du jour de la présentation. A défaut de date, le porteur, pour conserver ses droits de recours contre les endosseurs et contre le tireur fait constater cette omission par un protêt dressé en temps utile.

LEI CAMBIAL COMENTADA

Art. 26. L'acceptation est pure et simple, mais le tiré peut la restreindre à une partie de la somme.

Toute autre modification apportée par l'acceptation aux énonciations de la lettre de change équivaut à un refus d'acceptation. Toutefois, l'accepteur est tenu dans les termes de son acceptation.

Art. 27. Quand le tireur a indiqué dans la lettre de change un lieu de paiement autre que celui du domicile du tiré, sans désigner un tiers chez qui le paiement doit être effectué, le tiré peut l'indiquer lors de l'acceptation. A défaut de cette indication, l'accepteur est réputé s'être obligé à payer lui-même au lieu du paiement.

Si la lettre est payable au domicile du tiré, celui-ci peut, dans l'acceptation, indiquer une adresse du même lieu où le paiement doit être effectué.

Art. 28. Par l'acceptation le tiré s'oblige à payer la lettre de change à l'échéance.

A défaut de paiement, le porteur, même s'il est le tireur, a contre l'accepteur une action directe résultant de la lettre de change pour tout ce qui peut être exigé en vertu des art. 48 et 49.

Art. 29. Si le tiré qui a revêtu la lettre de change de son acceptation a biffé celle-ci avant la restitution de la lettre, l'acceptation est censée refusée. Sauf preuve contraire, la radiation est réputée avoir été faite avant la restitution du titre.

Toutefois, si le tiré a fait connaître son acceptation par écrit au porteur ou à un signataire quelconque, il est tenu envers ceux-ci dans les termes de son acceptation.

Chapitre IV
De l'aval

Art. 30. Le paiement d'une lettre de change peut être garanti pour tout ou partie de son montant par un aval.

Cette garantie est fournie par un tiers ou même par un signataire de la lettre.

Art. 31. L'aval est donné sur la lettre de change ou sur une allonge.

Il est exprimé par les mots «bon pour aval» ou par toute autre formule équivalente; il est signé par le donneur d'aval.

Il est considéré comme résultant de la seule signature du donneur d'aval, apposée au recto de la lettre de change, sauf quand il s'agit de la signature du tiré ou de celle du tireur.

L'aval doit indiquer pour le compte de qui il est donné. A défaut de cette indication, il est réputé donné pour le tireur.

Art. 32. Le donneur d'aval est tenu de la même manière que celui dont il s'est porté garant.

Son engagement est valable, alors même que l'obligation qu'il a garantie serait nulle pour toute cause autre qu'un vice de forme.

Quand il paie la lettre de change, le donneur d'aval acquiert les droits résultant de la lettre de change contre le garanti et contre ceux qui sont tenus envers ce dernier en vertu de la lettre de change.

Chapitre V
De l'échéance
Art. 33. Une lettre de change peut être tirée:
- à vue;
- à un certain délai de vue;
- à un certain délai de date;
- à jour fixe.

Les lettres de change, soit à d'autres échéances, soit à échéances successives, sont nulles.

Art. 34. La lettre de change à vue est payable à sa présentation. Elle doit être présentée au paiement dans le délai d'un an à partir de sa date. Le tireur peut abréger ce délai ou en stipuler un plus long. Ces délais peuvent être abrégés par les endosseurs.

Le tireur peut prescrire qu'une lettre de change payable à vue ne doit pas être présentée au paiement avant un terme indiqué. Dans ce cas, le délai de présentation part de ce terme.

Art. 35. L'échéance d'une lettre de change à un certain délai de vue est déterminée soit par la date de l'acceptation, soit par celle du protêt.

En l'absence du protêt, l'acceptation non datée est réputée, à l'égard de l'accepteur, avoir été donnée le dernier jour du délai prévu pour la présentation à l'acceptation.

Art. 36. L'échéance d'une lettre de change tirée à un ou plusieurs mois de date ou de vue a lieu à la date correspondante du mois où le paiement doit être effectué. A défaut de date correspondante, l'échéance a lieu le dernier jour de ce mois.

Quand une lettre de change est tirée à un ou plusieurs mois et demi de date ou de vue, on compte d'abord les mois entiers.

Si l'échéance est fixée au commencement, au milieu (mi-janvier, mi-février, etc.) ou à la fin du mois, on entend par ces termes le premier, le quinze ou le dernier jour du mois.

Les expressions «huit jours» ou «quinze jours» s'entendent, non d'une ou deux semaines, mais d'un délai de huit ou de quinze jours effectifs.

L'expression «demi-mois» indique un délai de quinze jours.

Art. 37. Quand une lettre de change est payable à jour fixe dans un lieu où le calendrier est différent de celui du lieu de l'émission, la date de l'échéance est considérée comme fixée d'après le calendrier du lieu de paiement.

Quand une lettre de change tirée entre deux places ayant des calendriers différents est payable à un certain délai de date, le jour de l'émission est ramené au jour correspondant du calendrier du lieu de paiement et l'échéance est fixée en conséquence.

Les délais de présentation des lettres de change sont calculés conformément aux règles de l'alinéa précédent.

Ces règles ne sont pas applicables si une clause de la lettre de change, ou même les simples énonciations du titre, indiquent que l'intention a été d'adopter des règles différentes.

Chapitre VI
Du paiement

Art. 38. Le porteur d'une lettre de change payable à jour fixe ou à un certain délai de date ou de vue doit présenter la lettre de change au paiement, soit le jour où elle est payable, soit l'un des deux jours ouvrables qui suivent.

La présentation d'une lettre de change à une chambre de compensation équivaut à une présentation au paiement.

Art. 39. Le tiré peut exiger, en payant la lettre de change, qu'elle lui soit remise acquittée par le porteur.

Le porteur ne peut refuser un paiement partiel.

En cas de paiement partiel, le tiré peut exiger que mention de ce paiement soit faite sur la lettre et que quittance lui en soit donnée.

Art. 40. Le porteur d'une lettre de change ne peut être contraint d'en recevoir le paiement avant l'échéance.

Le tiré qui paie avant l'échéance le fait à ses risques et périls.

Celui qui paie à l'échéance est valablement libéré, à moins qu'il n'y ait de sa part une fraude ou une faute lourde. Il est obligé de vérifier la régularité de la suite des endossements mais non la signature des endosseurs.

Art. 41. Lorsqu'une lettre de change est stipulée payable en une monnaie n'ayant pas cours au lieu du paiement, le montant peut en être payé dans la monnaie du pays d'après sa valeur au jour de l'échéance. Si le débiteur est en retard, le porteur peut, à son choix, demander que le montant de la lettre de change soit payé dans la monnaie du pays d'après le cours, soit du jour de l'échéance, soit du jour du paiement.

Les usages du lieu du paiement servent à déterminer la valeur de la monnaie étrangère. Toutefois, le tireur peut stipuler que la somme à payer sera calculée d'après um cours déterminé dans la lettre.

Les règles ci-énoncées ne s'appliquent pas au cas où le tireur a stipulé que le paiement devra être fait dans une certaine monnaie indiquée (clause de paiement effectif en une monnaie étrangère).

Si le montant de la lettre de change est indiqué dans une monnaie ayant la meme dénomination, mais une valeur différente dans le pays d'émission et dans celui du paiement, on est présumé s'être référé à la monnaie du lieu du paiement.

Art. 42. A défaut de présentation de la lettre de change au paiement dans le délai rixe par l'art. 38, tout débiteur a la faculté d'en remettre le montant en dépôt à l'autorité compétente, aux frais, risques et périls du porteur.

Chapitre VII
Des recours faute d'acceptation et faute de paiement
Art. 43. Le porteur peut exercer ses recours contre les endosseurs, le tireur et les autres obligés:

A l'échéance:

si le paiement n'a pas eu lieu;

Même avant l'échéance:

1. S'il y a eu refus, total ou partiel, d'acceptation,
2. Dans les cas de faillite du tiré, accepteur ou non, de cessation de ses paiements, même non constatée par un jugement, ou de saisie de ses biens demeurée infructueuse;
3. Dans les cas de faillite du tireur d'une lettre non acceptable.

Art. 44. Le refus d'acceptation ou de paiement doit être constaté par un acte authentique (protêt faute d'acceptation ou faute de paiement).

Le protêt faute d'acceptation doit être fait dans les délais fixés pour la présentation à l'acceptation. Si, dans le cas prévu par l'art. 24, premier alinéa, la première presentation a eu lieu le dernier jour du délai, le protêt peut encore être dressé le lendemain.

Le protêt faute de paiement d'une lettre de change payable à jour fixe ou à un certain délai de date ou de vue doit être fait l'un des deux jours ouvrables qui suivent le jour où la lettre de change est payable. S'il s'agit d'une lettre payable à vue, le protêt doit être dressé dans les conditions indiquées à l'alinéa précédent pour dresser le protêt faute d'acceptation.

Le protêt faute d'acceptation dispense de la présentation au paiement et du protêt faute de paiement.

En cas de cessation de paiements du tiré, accepteur ou non, ou en cas de saisie de ses biens demeurée infructueuse, le porteur ne peut exercer ses recours qu'après présentation de la lettre au tiré pour le paiement et après confection d'un protêt.

En cas de faillite déclarée du tiré, accepteur ou non, ainsi qu'en cas de faillite déclarée du tireur d'une lettre non acceptable, la production du jugement déclaratif de la faillite suffit pour permettre au porteur d'exercer ses recours.

Art. 45. Le porteur doit donner avis du défaut d'acceptation ou de paiement à son endosseur et au tireur dans les quatre jours ouvrables qui suivent le jour du protêt ou celui de la présentation en cas de clause de retour sans frais. Chaque endosseur doit, dans les deux jours ouvrables qui suivent le jour où il a reçu l'avis, faire connaître à son endosseur l'avis qu'il a reçu, en indiquant les noms et les adresses de ceux qui ont donné les avis précédents, et ainsi de suite, en remontant jusqu'au tireur. Les délais ci-dessus indiqués courent de la réception de l'avis précédent.

Lorsqu'en conformité de l'alinéa précédent un avis est donné à un signataire de la lettre de change, le même avis doit être donné dans le même délai à, son avaliseur.

Dans le cas où un endosseur n'a pas indiqué son adresse ou l'a indiquée d'une façon illisible, il suffit que l'avis soit donné à l'endosseur qui le précède.

Celui qui a un avis à donner peut le faire sous une forme quelconque, même par um simple renvoi de la lettre de change.

Il doit prouver qu'il a donné l'avis dans le délai imparti. Ce délai sera considéré comme observé si une lettre missive donnant l'avis a été mise à la poste dans ledit délai.

Celui qui ne donne pas l'avis dans le délai ci-dessus indiqué n'encourt pas de déchéance; il est responsable, s'il y a lieu, du préjudice causé par sa négligence, sans que les dommages-intérêts puissent dépasser le montant de la lettre de change.

Art. 46. Le tireur, un endosseur ou un avaliseur peut, par la clause «retour sans frais», «sans protêt», ou toute autre clause équivalente, inscrite sur le titre et signée, dispenser le porteur de faire dresser, pour exercer ses recours, un protêt faute d'acceptation ou faute de paiement.

Cette clause ne dispense pas le porteur de la présentation de la lettre de change dans les délais prescrits ni des avis à donner. La preuve de l'inobservation des délais incombe à celui qui s'en prévaut contre le porteur.

Si la clause est inscrite par le tireur, elle produit ses effets à l'égard de tous les signataires; si elle est inscrite par un endosseur ou un avaliseur, elle produit ses effets seulement à l'égard de celui-ci. Si, malgré la clause inscrite par le tireur, le porteur fait dresser le protêt, les frais en restent à sa charge. Quand la clause émane d'un endosseur ou d'un avaliseur, les frais du protêt, s'il en est dressé un, peuvent être recouvrés contre tous les signataires.

Art. 47. Tous ceux qui ont tiré, accepté, endossé ou avalisé une lettre de change sont tenus solidairement envers le porteur.

Le porteur a le droit d'agir contre toutes ces personnes, individuellement ou collectivement, sans être astreint à observer l'ordre dans lequel elles se sont obligées.

Le même droit appartient à tout signataire d'une lettre de change qui a remboursé celle-ci.

L'action intentée contre un des obligés n'empêche pas d'agir contre les autres, même postérieurs à celui qui a été d'abord poursuivi.

Art. 48. Le porteur peut réclamer à celui contre lequel il exerce son recours:

1. Le montant de la lettre de change non acceptée ou non payée avec les intérêts, s'il en a été stipulé;
2. Les intérêts au taux de six pour cent à partir de l'échéance;
3. Les frais du protêt, ceux des avis donnés, ainsi que les autres frais.

Si le recours est exercé avant l'échéance, déduction sera faite d'un escompte sur le montant de la lettre. Cet escompte sera calculé, d'après le taux de l'escompte officiel (taux de la Banque), tel qu'il existe à la date du recours au lieu du domicile du porteur.

Art. 49. Celui qui a remboursé la lettre de change peut réclamer à ses garants:

1. La somme intégrale qu'il a payée;
2. Les intérêts de ladite somme, calculés au taux de six pour cent, à partir du jour où il l'a déboursée;
3. Les frais qu'il a faits.

Art. 50. Tout obligé contre lequel un recours est exercé ou qui est exposé à un recours peut exiger, contre remboursement, la remise de la lettre de change avec le protêt et um compte acquitté.

Tout endosseur qui a remboursé la lettre de change peut biffer son endossement et ceux des endosseurs subséquents.

Art. 51. En cas d'exercice d'un recours après une acceptation partielle, celui qui rembourse la somme pour laquelle la lettre n'a pas été acceptée peut exiger que ce remboursement soit mentionné sur la lettre et qu'il lui en soit donné quittance. Le porteur doit, en outre, lui remettre une copie certifiée conforme de la lettre et le protêt pour permettre l'exercice des recours ultérieurs.

Art. 52. Toute personne ayant le droit d'exercer un recours, peut, sauf stipulation contraire, se rembourser au moyen d'une nouvelle lettre (retraite) tirée à vue sur l'un de ses garants et payable au domicile de celui-ci.

La retraite comprend, outre les sommes indiquées dans les art. 48 et 49, un droit de courtage et le droit de timbre de la retraite.

Si la retraite est tirée par le porteur, le montant en est fixé d'après le cours d'une lettre de change à vue, tirée du lieu où la lettre primitive était payable sur le lieu du domicile du garant. Si la retraite est tirée par un endosseur, le montant en est fixé d'après le cours d'une lettre à vue tirée du lieu où le tireur de la retraite a son domicile sur le lieu du domicile du garant.

Art. 53. Après l'expiration des délais fixés:
- pour la présentation d'une lettre de change à vue ou à un certain délai de vue;
- pour la confection du protêt faute d'acceptation ou faute de paiement;
- pour la présentation au paiement en cas de clause de retour sans frais;
- le porteur est déchu de ses droits contre les endosseurs, contre le tireur et contre les autres obligés, à l'exception de l'accepteur.

A défaut de présentation à l'acceptation dans le délai stipulé par le tireur, le porteur est déchu de ses droits de recours, tant pour défaut de paiement que pour défaut d'acceptation, à moins qu'il ne résulte des termes de la stipulation que le tireur n'a entendu s'exonérer que de la garantie de l'acceptation.

Si la stipulation d'un délai pour la présentation est contenue dans un endossement, l'endosseur, seul, peut s'en prévaloir.

Art. 54. Quand la présentation de la lettre de change ou la confection du protêt dans les délais prescrits est empêchée par un obstacle insurmontable (prescription légale d'um Etat quelconque ou autre cas de force majeure), ces délais sont prolongés.

Le porteur est tenu de donner, sans retard, avis du cas de force majeure à son endosseur et de mentionner cet avis, daté et signé de lui, sur la lettre de change ou sur une allonge: pour le surplus, les dispositions de l'art. 45 sont applicables.

Après la cessation de la force majeure, le porteur doit, sans retard, présenter la letter à l'acceptation ou au paiement et, s'il y a lieu, faire dresser le protêt.

Si la force majeure persiste au delà de trente jours à partir de l'échéance, les recours peuvent être exercés, sans que ni la présentation ni la confection d'un protêt soit nécessaire.

Pour les lettres de change à vue ou à un certain délai de vue, le délai de trente jours court de la date à laquelle le porteur a, même avant l'expiration des délais de présentation, donné avis de la force majeure à son endosseur; pour les lettres de change à un certain délai de vue, le délai de trente jours s'augmente du délai de vue indique dans la lettre de change.

Ne sont point considérés comme constituant des cas de force majeure les faits purement personnels au porteur ou à celui qu'il a chargé de la présentation de la lettre ou de la confection du protêt.

Chapitre VIII
De l'intervention
1. Dispositions générales

Art. 55. Le tireur, un endosseur ou un avaliseur peut indiquer une personne pour accepter ou payer au besoin.

La lettre de change peut être, sous les conditions déterminées ci-après, acceptée ou payée par une personne intervenant pour un débiteur quelconque exposé au recours.

L'intervenant peut être un tiers, même le tiré, ou une personne déjà obligée en vertu de la lettre de change, sauf l'accepteur.

L'intervenant est tenu de donner, dans un délai de deux jours ouvrables, avis de son intervention à celui pour qui il est intervenu. En cas d'inobservation de ce délai, il est responsable, s'il y a lieu, du préjudice causé par sa négligence sans que les dommages-intérêts puissent dépasser le montant de la lettre de change.

2. Acceptation par intervention

Art. 56. L'acceptation par intervention peut avoir lieu dans tous les cas où des recours sont ouverts, avant l'échéance, au porteur d'une lettre de change acceptable.

Lorsqu'il a été indiqué sur la lettre de change une personne pour l'accepter ou la payer au besoin au lieu du paiement, le porteur ne peut exercer avant l'échéance ses droits de recours contre celui qui a apposé l'indication et contre les signataires subséquents à moins qu'il n'ait présenté la lettre de change à la personne désignée et que, celle-ci ayant refusé l'acceptation, ce refus n'ait été constaté par un protêt.

Dans les autres cas d'intervention, le porteur peut refuser l'acceptation par intervention. Toutefois s'il l'admet, il perd les recours qui lui appartiennent avant l'échéance contre celui pour qui l'acceptation a été donnée et contre les signataires subséquents.

Art. 57. L'acceptation par intervention est mentionnée sur la lettre de change, elle est signee par l'intervenant. Elle indique pour le compte de qui elle a lieu; à défaut de cette indication, l'acceptation est réputée donnée pour le tireur.

Art. 58. L'accepteur par intervention est obligé envers le porteur et envers les endosseurs postérieurs à celui pour le compte duquel il est intervenu, de la même manière que celui-ci.

Malgré l'acceptation par intervention, celui pour lequel elle a été faite et ses garants peuvent exiger du porteur, contre remboursement de la somme indiquée à l'art. 48, la remise de la lettre de change, du protêt et d'un compte acquitté, s'il y a lieu.

3. Paiement par intervention

Art. 59. Le paiement par intervention peut avoir lieu dans tous les cas où, soit à l'échéance, soit avant l'échéance, des recours sont ouverts au porteur.

Le paiement doit comprendre toute la somme qu'aurait à acquitter celui pour lequel il a lieu.

Il doit être fait au plus tard le lendemain du dernier jour admis pour la confection du protêt faute de paiement.

Art. 60. Si la lettre de change a été acceptée par des intervenants ayant leur domicile au lieu du paiement, ou si des personnes ayant leur domicile dans ce même lieu ont été indiquées pour payer au besoin, le porteur doit présenter la lettre à toutes ces personnes et faire dresser, s'il y a lieu, un protêt faute de paiement au plus tard le lendemain du dernier jour admis pour la confection du protêt.

A défaut de protêt dans ce délai, celui qui a indiqué le besoin ou pour le compte de qui la lettre a été acceptée et les endosseurs postérieurs cessent d'être obligés.

Art. 61. Le porteur qui refuse le paiement par intervention perd ses recours contre ceux qui auraient été libérés.

Art. 62. Le paiement par intervention doit être constaté par un acquit donné sur la lettre de change avec indication de celui pour qui il est fait. A défaut de cette indication, le paiement est considéré comme fait pour le tireur.

La lettre de change et le protêt, s'il en a été dressé un, doivent être remis au payeur par intervention.

Art. 63. Le payeur par intervention acquiert les droits résultant de la lettre de change contre celui pour lequel il a payé et contre ceux qui sont tenus vis-à-vis de ce dernier em vertu de la lettre de change. Toutefois, il ne peut endosser la lettre de change à nouveau.

Les endosseurs postérieurs au signataire pour qui le paiement a eu lieu sont libérés.

En cas de concurrence pour le paiement par intervention, celui qui opère le plus de libération est préféré. Celui qui intervient, en connaissance de cause, contrairement à cette règle, perd ses recours contre ceux qui auraient été libérés.

Chapitre IX
De la pluralité d'exemplaires et des copies
1. Pluralité d'exemplaires

Art. 64. La lettre de change peut être tirée en plusieurs exemplaires identiques.

Ces exemplaires doivent être numérotés dans le texte même du titre; faute de quoi, chacun d'eux est considéré comme une lettre de change distincte.

Tout porteur d'une lettre n'indiquant pas qu'elle a été tirée en un exemplaire unique peut exiger à ses frais la délivrance de plusieurs exemplaires. A cet effet, il doit s'adresser à son endosseur immédiat, qui est tenu de lui prêter ses soins pour agir contre son propre endosseur, et ainsi de suite, en remontant jusqu'au tireur. Les endosseurs sont tenus de reproduire les endossements sur les nouveaux exemplaires.

Art. 65. Le paiement fait sur un des exemplaires est libératoire, alors même qu'il n'est pas stipulé que ce paiement annule l'effet des autres exemplaires. Toutefois, le tiré reste tenu à raison de chaque exemplaire accepté dont il n'a pas obtenu la restitution.

L'endosseur qui a transféré les exemplaires à différentes personnes, ainsi que les endosseurs subséquents, sont tenus à raison de tous les exemplaires portant leur signature et qui n'ont pas été restitués.

Art. 66. Celui qui a envoyé un des exemplaires à l'acceptation doit indiquer sur les autres exemplaires le nom de la personne entre les mains de laquelle cet exemplaire se trouve. Celle-ci est tenue de le remettre au porteur légitime d'un autre exemplaire.

Si elle s'y refuse, le porteur ne peut exercer de recours qu'après avoir fait constater par un protêt:

1. Que l'exemplaire envoyé à l'acceptation ne lui a pas été remis sur sa demande;
2. Que l'acceptation ou le paiement n'a pu être obtenu sur un autre exemplaire.

2. Copies

Art. 67. Tout porteur d'une lettre de change a le droit d'en faire des copies.

La copie doit reproduire exactement l'original avec les endossements et toutes les autres mentions qui y figurent. Elle doit indiquer où elle s'arrête.

Elle peut être endossée et avalisée de la même manière et avec les mêmes effets que l'original.

Art. 68. La copie doit désigner le détenteur du titre original. Celui-ci est tenu de remettre ledit titre au porteur légitime de la copie.

S'il s'y refuse, le porteur ne peut exercer de recours contre les personnes qui ont endossé ou avalisé la copie qu'après avoir fait constater par un protêt que l'original ne lui a pas été remis sur sa demande.

Si le litre original, après le dernier endossement survenu avant que la copie ne soit faite, porte la clause: «à partir d'ici l'endossement ne vaut que sur la copie» ou toute autre formule équivalente, un endossement signé ultérieurement sur l'original est nul.

Chapitre X
Des altérations

Art. 69. En cas d'altération du texte d'une lettre de change, les signataires postérieurs à cette altération sont tenus dans les termes du texte altéré, les signataires antérieurs le sont dans les termes du texte originaire.

Chapitre XI
De la prescription

Art. 70. Toutes actions résultant de la lettre de change contre l'accepteur se prescrivent par trois ans à compter de la date de l'échéance.

LEI CAMBIAL COMENTADA

Les actions du porteur contre les endosseurs et contre le tireur se prescrivent par um an à partir de la date du protêt dressé en temps utile ou de celle de l'échéance, en cas de clause de retour sans frais.

Les actions des endosseurs les uns contre les autres et contre le tireur se prescrivent par six mois à partir du jour où l'endosseur a remboursé la lettre ou du jour où il a été lui-même actionné.

Art. 71. L'interruption de la prescription n'a d'effet que contre celui à l'égard duquel l'acte interruptif a été fait.

Chapitre XII
Dispositions générales

Art. 72. Le paiement d'une lettre de change dont l'échéance est à un jour férié légal ne peut être exigé que le premier jour ouvrable qui suit. De même, tous autres actes relatifs à la lettre de change, notamment la présentation à l'acceptation et le protêt, ne peuvent être faits qu'un jour ouvrable.

Lorsqu'un de ces actes doit être accompli dans un certain délai dont le dernier jour est un jour férié légal, ce délai est prorogé jusqu'au premier jour ouvrable qui en suit l'expiration. Les jours fériés intermédiaires sont compris dans la computation du délai.

Art. 73. Les délais légaux ou conventionnels ne comprennent pas le jour qui leur sert de point de départ.

Art. 74. Aucun jour de grâce, ni légal ni judiciaire, n'est admis.

Titre II
Du billet à ordre

Art. 75. Le billet à ordre contient:

1. La dénomination du titre insérée dans le texte même et exprimée dans la langue employée pour la rédaction de ce titre;

2. La promesse pure et simple de payer une somme déterminée;

3. L'indication de l'échéance;

4. Celle du lieu où le paiement doit s'effectuer;

5. Le nom de celui auquel ou à l'ordre duquel le paiement doit être fait;

6. L'indication de la date et du lieu où le billet est souscrit;

7. La signature de celui qui émet le titre (souscripteur).

Art. 76. Le titre dans lequel une des énonciations indiquées à l'article précédent fait défaut ne vaut pas comme billet à ordre, sauf dans les cas déterminés par les alinéas suivants.

Le billet à ordre dont l'échéance n'est pas indiquée est considéré comme payable à vue.

A défaut d'indication spéciale, le lieu de création du titre est réputé être le lieu du paiement et, en même temps, le lieu du domicile du souscripteur.

Le billet à ordre n'indiquant pas le lieu de sa création est considéré comme souscrit dans le lieu désigné à côté du nom du souscripteur.

Art. 77. Sont applicables au billet à ordre, en tant qu'elles ne sont pas incompatibles avec la nature de ce litre, les dispositions relatives à la lettre de change et concernant:

– l'endossement (art. 11-20);

– l'échéance (art. 33-37);

– le paiement (art. 38-42);

– les recours faute de paiement (art. 43-50, 52-54);

– le paiement par intervention (art. 55, 59-63);

– les copies (art. 67 et 68);

– les altérations (art. 69);

– la prescription (art. 70-71);

– les jours fériés, la computation des délais et l'interdiction des jours de grâce (art. 72, 73 et 74).

Sont aussi applicables au billet à ordre les dispositions concernant la lettre de change payable chez un tiers ou dans une localité autre que celle du domicile du tiré (art. 4 et 27), la stipulation d'intérêts (art. 5), les différences d'énonciation relatives à la somme à payer (art. 6), les conséquences de l'apposition d'une signature dans les conditions visées à l'art. 7, celles de la signature d'une personne qui agit sans pouvoirs ou en dépassant ses pouvoirs (art. 8), et la lettre de change en blanc (art. 10).

Sont également applicables au billet à ordre, les dispositions relatives à l'aval (art. 30 à 32), dans le cas prévu à l'art. 31, dernier alinéa, si l'aval n'indique pas pour le compte de qui il a été donné, il est réputé l'avoir été pour le compte du souscripteur du billet à ordre.

Art. 78. Le souscripteur d'un billet à ordre est obligé de la même manière que l'accepteur d'une lettre de change.

Les billets à ordre payables à un certain délai de vue doivent être présentés au visa du souscripteur dans les délais fixés à l'art. 23. Le délai de vue court de la date du visa signé du souscripteur sur le billet. Le refus du souscripteur de donner son visa daté est constaté par un protêt (art. 25) dont la date sert de point de départ au délai de vue.

ANNEXE II

Art. 1. Chacune des Hautes Parties contractantes peut prescrire que l'obligation d'insérer dans les lettres de change créées sur son territoire la dénomination de «lettre de change» prévue par l'art. I, No I, de la loi uniforme, ne s'appliquera que six mois après l'entrée en vigueur de la présente Convention.

Art. 2. Chacune des Hautes Parties contractantes a, pour les engagements pris en matière de lettre de change sur son territoire, la faculté de déterminer de quelle manière il peut être suppléé à la signature elle-même, pourvu qu'une déclaration authentique inscrite sur la lettre de change constate la volonté de celui qui aurait dû signer.

Art. 3. Chacune des Hautes Parties contractantes se réserve la faculté de ne pas insérer l'art. 10 de la loi uniforme dans sa loi nationale.

Art. 4. Par dérogation à l'art. 31, alinéa premier de la loi uniforme, chacune des Hautes Parties contractantes a la faculté d'admettre qu'un aval pourra être donné sur son territoire par un acte séparé indiquant le lieu où il est intervenu.

Art. 5. Chacune des Hautes Parties contractantes peut compléter l'art. 38 de la loi uniforme en ce sens que, pour une lettre de change payable sur son territoire, le porteur sera obligé de la présenter le jour même de l'échéance; l'inobservation de cette obligation ne pourra donner lieu qu'à des dommages-intérêts.

Les autres Hautes Parties contractantes auront la faculté de déterminer les conditions sous lesquelles elles reconnaîtront une telle obligation.

Art. 6. Il appartiendra à chacune des Hautes Parties contractantes de déterminer, pour l'application du dernier alinéa de l'art. 38 de la loi uniforme, les institutions qui, selon la loi nationale, sont à considérer comme chambres de compensation.

Art. 7. Chacune des Hautes Parties contractantes a la faculté de déroger si elle le juge nécessaire, en des circonstances exceptionnelles ayant trait au cours du change de la monnaie de cet Etat, aux effets de la clause prévue à l'art. 41 et relative au paiement effectif en une monnaie étrangère en ce qui concerne les lettres de change payables sur son territoire. La même règle peut être appliquée pour ce qui concerne la creation des lettres de change en monnaies étrangères sur le territoire national.

Art. 8. Chacune des Hautes Parties contractantes a la faculté de prescrire que les protêts à dresser sur son territoire peuvent être remplacés par une déclaration datée et écrite sur la lettre de change elle-même, signée par le tiré, sauf dans le cas où le tireur exige dans le texte de la lettre de change un protêt par acte authentique.

Chacune des Hautes Parties contractantes a également la faculté de prescrire que ladite déclaration soit transcrite sur un registre public dans le délai fixé pour les protêts.

Dans le cas prévu aux alinéas précédents l'endossement sans date est présumé avoir été fait antérieurement au protêt.

Art. 9. Par dérogation à l'art. 44, al. 3 de la loi uniforme, chacune des Hautes Parties contractantes a la faculté de prescrire que le protêt faute de paiement doit être dressé soit le jour où la lettre de change est payable, soit l'un des deux jours ouvrables qui suivent.

Art. 10. Il est réservé à la législation de chacune des Hautes Parties contractantes de déterminer de façon précise les situations juridiques visées à l'art. 43, numéros 2 et 3, et à l'art. 44, al. 5 et 6 de la loi uniforme.

Art. 11. Par dérogation aux dispositions des art. 43, numéros 2 et 3, et 74 de la loi uniforme, chacune des Hautes Parties contractantes se réserve la faculté d'admettre dans as législation la possibilité pour les garants d'une lettre de change d'obtenir, en cas de recours exercé contre eux, des délais, qui, en aucun cas, ne pourront dépasser l'échéance de la lettre de change.

Art. 12. Par dérogation à l'art. 45 de la loi uniforme, chacune des Hautes Parties contractantes a la faculté de maintenir ou d'introduire le système d'avis à donner par l'officier public, savoir: qu'en effectuant le protêt faute d'acceptation ou faute de paiement, le notaire ou le fonctionnaire qui, d'après la loi nationale, est autorisé à dresser le protêt est tenu d'en donner avis par écrit à celles des personnes obligées dans la lettre de change dont les adresses sont soit indiquées sur la lettre de change, soit connues par l'officier publie dressant le protêt, soit indiquées par les personnes ayant exigé le protêt. Les dépenses résultant d'un tel avis sont à ajouter aux frais de protêt.

Art. 13. Chacune des Hautes Parties contractantes a la faculté de prescrire en ce qui concerne les lettres de change qui sont à la fois émises et payables sur son territoire, que le taux d'intérêt, dont il est question à l'art. 48, numéro 2 et à l'art. 49, numéro 2 de la loi uniforme, pourra être remplacé par le taux légal en vigueur dans le territoire de cette Haute Partie contractante.

Art. 14. Par dérogation à l'art. 48 de la loi uniforme chacune des Hautes Parties contractantes se réserve la faculté d'insérer dans la loi nationale une disposition prescrivant que le porteur peut réclamer à celui contre lequel il exerce son recours un droit de commission dont le montant sera déterminé par la loi nationale.

Il en est de même, par dérogation à l'art. 49 de la loi uniforme, en ce qui concerne la personne qui, ayant remboursé la lettre de change, en réclame le montant à ses garants.

Art. 15. Chacune des Hautes Parties contractantes est libre de décider que, dans le cas de déchéance ou de prescription, il subsistera sur son territoire une action contre le tireur qui n'a pas fait provision ou contre un tireur ou un endosseur qui se serait enrichi injustement. La même faculté existe, en cas de prescription, en ce qui concerne l'accepteur qui a reçu provision ou se serait enrichi injustement.

Art. 16. La question de savoir si le tireur est obligé de fournir provision à l'échéance et si le porteur a des droits spéciaux sur cette provision reste en dehors de la loi uniforme.

Il en est de même pour toute autre question concernant le rapport sur la base duquel a été émise la traite.

Art. 17. C'est à la législation de chacune des Hautes Parties contractantes qu'il appartient de déterminer les causes d'interruption et de suspension de la prescription des actions résultant d'une lettre de change dont ses tribunaux ont à connaître.

Les autres Hautes Parties contractantes ont la faculté de déterminer les conditions auxquelles elles reconnaîtront de pareilles causes. Il en est de même de l'effet d'une action comme moyen de faire courir le délai de prescription prévu par l'art. 70, al. 3 de la loi uniforme.

Art. 18. Chacune des Hautes Parties contractantes a la faculté de prescrire que certains jours ouvrables seront assimilés aux jours fériés légaux en ce qui concerne la présentation à l'acceptation ou au paiement et tous autres actes relatifs à la lettre de change.

Art. 19. Chacune des Hautes Parties contractantes peut déterminer la dénomination à adopter dans les lois nationales pour les titres visés à l'art. 75 de la loi uniforme ou dispenser ces titres de toute dénomination spéciale pourvu qu'ils contiennent l'indication expresse qu'ils sont à ordre.

Art. 20. Les dispositions des art. 1 à 18 de la présente annexe, relatives à la lettre de change, s'appliquent également au billet à ordre.

Art. 21. Chacune des Hautes Parties contractantes se réserve la faculté de restreindre l'engagement mentionné dans l'article premier de la Convention aux seules dispositions sur la lettre de change et de ne pas introduire dans son territoire les dispositions sur le billet à ordre contenues dans le titre II de la loi uniforme. Dans ce cas, la Haute Partie contractante qui a profité de cette réserve ne sera considérée comme partie contractante que pour ce qui concerne la lettre de change.

Chacune des Hautes Parties contractantes se réserve également la faculté de faire des dispositions concernant le billet à ordre l'objet d'un règlement spécial qui sera entièrement conforme aux stipulations du titre II de la loi uniforme et qui reproduira les règles sur la lettre de change auxquelles il est renvoyé, sous les seules modifications résultant des art. 75, 76, 77 et 78 de la loi uniforme et des art. 19 et 20 de la présente annexe.

Art. 22. Chacune des Hautes Parties contractantes a la faculté d'édicter des dispositions exceptionnelles d'ordre général relatives à la prorogation des délais concernant les actes conservatoires des recours et à la prorogation des échéances.

Art. 23. Chacune des Hautes Parties contractantes s'engage à reconnaître les dispositions adoptées par toute Haute Partie contractante en vertu des art. 1 à 4, 6, 8 à 16 et 18 à 21 de la présente annexe.

CONVENTION PROVIDING A UNIFORM LAW FOR BILLS OF EXCHANGE AND PROMISSORY NOTES (GENEVA, 1930)

ANNEX I

TITLE I – Bills of Exchange

Chapter I

Issue and form of a bill of exchange

Article 1. A bill of exchange contains:

1. The term 'bill of exchange' inserted in the body of the instrument and expressed in the language employed in drawing up the instrument;
2. An unconditional order to pay a determinate sum of money;
3. The name of the person who is to pay (drawee);
4. A statement of the time of payment;
5. A statement of the place where payment is to be made;
6. The name of the person to whom or to whose order payment is to be made;
7. A statement of the date and of the place where the bill is issued;
8. The signature of the person who issues the bill (drawer).

Article 2. An instrument in which any of the requirements mentioned in the preceding Article is wanting is invalid as a bill of exchange, except in the cases specified in the following paragraphs:

A bill of exchange in which the time of payment is not specified is deemed to be payable at sight.

In default of special mention, the place specified beside the name of the drawee is deemed to be the place of payment, and at the same time the place of the domicile of the drawee.

A bill of exchange which does not mention the place of its issue is deemed to have been drawn in the place mentioned beside the name of the drawer.

Article 3. A bill of exchange may be drawn payable to drawer's order. It may be drawn on the drawer himself. It may be drawn for account of a third person.

Article 4. A bill of exchange may be payable at the domicile of a third person either in the locality where the drawee has his domicile or in another locality.

Article 5. When a bill of exchange is payable at sight, or at a fixed period after sight, the drawer may stipulate that the sum payable shall bear interest. In the case of any other bill of exchange, this stipulation is deemed not to be written (non écrite).

The rate of interest must be specified in the bill; in default of such specification, the stipulation shall be deemed not to be written (non écrite).

Interest runs from the date of the bill of exchange, unless some other date is specified.

Article 6. When the sum payable by a bill of exchange is expressed in words and also in figures, and there is a discrepancy between the two, the sum denoted by the words is the amount payable. Where the sum payable by a bill of exchange is expressed more than once in words or more than once in figures, and there is a discrepancy, the smaller sum is the sum payable.

Article 7. If a bill of exchange bears signatures of persons incapable of binding themselves by a bill of exchange, or forged signatures, or signatures of fictitious persons, or signatures which for any other reason cannot bind the persons who signed the bill of exchange or on whose behalf it was signed, the obligations of the other persons who signed it are none the less valid.

Article 8. Whosoever puts his signature on a bill of exchange as representing a person for whom he had no power to act is bound himself as a party to the bill and, if he pays, has the same rights as the person for whom he purported to act. The same rule applies to a representative who has exceeded his powers.

Article 9. The drawer guarantees both acceptance and payment. He may release himself from guaranteeing acceptance; every stipulation by which he releases himself from the guarantee of payment is deemed not to be written (non écrite).

Article 10. If a bill of exchange, which was incomplete when issued, has been completed otherwise than in accordance with the agreements entered into, the non-observance of such agreements may not be set up against the holder unless he has acquired the bill of exchange in bad faith or, in acquiring it, has been guilty of gross negligence.

Chapter II
Endorsement

Article 11. Every bill of exchange, even if not expressly drawn to order, may be transferred by means of endorsement.

When the drawer has inserted in a bill of exchange the words "not to order" or an equivalent expression, the instrument can only be transferred according to the form, and with the effects of an ordinary assignment.

The bill may be endorsed even in favour of the drawee, whether he has accepted or not, or of the drawer, or of any other party to the bill. These persons may re-endorse the bill.

Article 12. An endorsement must be unconditional. Any condition to which it is made subject is deemed not to be written (non écrite). A partial endorsement is null and void. An endorsement "to bearer" is equivalent to an endorsement in blank.

Article 13. An endorsement must be written on the bill of exchange or on a slip affixed thereto (allonge). It must be signed by the endorser.

The endorsement may leave the beneficiary unspecified or may consist simply of the signature of the endorser (endorsement in blank). In the latter case, the endorsement, to be valid, must be written on the back of the bill of exchange or on the slip attached thereto (allonge).

Article 14. An endorsement transfers all the rights arising out of a bill of exchange. If the endorsement is in blank, the holder may:

1. Fill up the blank either with his own name or with the name of some other person;
2. Re-endorse the bill in blank, or to some other person;
3. Transfer the bill to a third person without filling up the blank, and without endorsing it.

Article 15. In the absence of any contrary stipulation, the endorser guarantees acceptance and payment. He may prohibit any further endorsement; in this case, he gives no guarantee to the persons to whom the bill is subsequently endorsed.

Article 16. The possessor of a bill of exchange is deemed to be the lawful holder if he establishes his title to the bill through an uninterrupted series of endorsements, even if the last endorsement is in blank. In this connection, cancelled endorsements are deemed not to be written (non écrits). When an endorsement in blank is followed by another endorsement, the person who signed this last endorsement is deemed to have acquired the bill by the endorsement in blank.

Where a person has been dispossessed of a bill of exchange, in any manner whatsoever, the holder who establishes his right thereto in the manner mentioned in the preceding paragraph is not bound to give up the bill unless he has acquired it in bad faith, or unless in acquiring it he has been guilty of gross negligence.

Article 17. Persons sued on a bill of exchange cannot set up against the holder defences founded on their personal relations with the drawer or with previous holders, unless the holder, in acquiring the bill, has knowingly acted to the detriment of the debtor.

Article 18. When an endorsement contains the statements "value in collection" ("valeur en recouvrement"), "for collection" ("pour encaissement"), "by procuration" ("par procuration") or any other phrase implying a simple mandate, the holder may exercise all rights arising out of the bill of exchange, but he can only endorse it in his capacity as agent.

In this case, the parties liable can only set up against the holder defences which could be set up against the endorser.

The mandate contained in an endorsement by procuration does not terminate by reason of the death of the party giving the mandate or by reason of his becoming legally incapable.

Article 19. When an endorsement contains the statements "value in security" ("valeur en garantie"), "value in pledge" ("valeur en gage"), or any other statement implying a pledge, the holder may exercise all the rights arising out of the bill of exchange, but an endorsement by him has the effects only of an endorsement by an agent.

The parties liable cannot set up against the holder defences founded on their personal relations with the endorser, unless the holder, in receiving the bill, has knowingly acted to the detriment of the debtor.

Article 20. An endorsement after maturity has the same effects as an endorsement before maturity. Nevertheless an endorsement after protest for non-payment, or after the expiration of the limit of time fixed for drawing up the protest, operates only as an ordinary assignment.

Failing proof to the contrary, an endorsement without date is deemed to have been placed on the bill before the expiration of the limit of time fixed for drawing up the protest.

Chapter III
Acceptance

Article 21. Until maturity, a bill of exchange may be presented to the drawee for acceptance at his domicile, either by the holder or by a person who is merely in possession of the bill.

Article 22. In any bill of exchange, the drawer may stipulate that it shall be presented for acceptance with or without fixing a limit of time for presentment.

Except in the case of a bill payable at the address of a third party or in a locality other than that of the domicile of the drawee, or, except in the case of a bill drawn payable at a fixed period after sight, the drawer may prohibit presentment for acceptance.

He may al so stipulate that presentment for acceptance shall not take place before a named date.

Unless the drawer has prohibited acceptance, every endorser may stipulate that the bill shall be presented for acceptance, with or without fixing a limit of time for presentment.

Article 23. Bills of exchange payable at a fixed period after sight must be presented for acceptance within one year of their date. The drawer may abridge or extend this period. These periods may be abridged by the endorsers.

Article 24. The drawee may demand that a bill shall be presented to him a second time on the day after the first presentment. Parties interested are not allowed to set up that this demand has not been complied with unless this request is mentioned in the protest.

The holder is not obliged to surrender to the drawee a bill presented for acceptance.

Article 25. An acceptance is written on the bill of exchange. It is expressed by the word "accepted" or any other equivalent term. It is signed by the drawee. The simple signature of the drawee on the face of the bill constitutes an acceptance.

When the bill is payable at a certain time after sight, or when it must be presented for acceptance within a certain limit of time in accordance with a special stipulation the acceptance must be dated as of the day when the acceptance is given unless the holder requires it shall be dated as of the day of presentment. If it is undated, the holder, in order to preserve his right of recourse against the endorsers and the drawer, must authenticate the omission by a protest drawn up within the proper time.

Article 26. An acceptance is unconditional, but the drawee may restrict it to part of the sum payable. Every other modification introduced by an acceptance into the tenor of the bill of exchange operates as a refusal to accept. Nevertheless, the acceptor is bound according to the terms of his acceptance.

Article 27. When the drawer of a bill has indicated a place of payment other than the domicile of the drawee without specifying a third party at whose address payment must be made, the drawee may name such third party at the time of acceptance. In default of this indication, the acceptor is deemed to have undertaken to pay the bill himself at the place of payment.

If a bill is payable at the domicile of the drawee, the latter may in his acceptance indicate an address in the same place where payment is to be made.

Article 28. By accepting, the drawee undertakes to pay the bill of exchange at its maturity. In default of payment, the holder, even if he is the drawer,

LEI CAMBIAL COMENTADA

has a direct action on the bill of exchange against the acceptor for all that can be demanded in accordance with Articles 48 and 49.

Article 29. Where the drawee who has put his acceptance on a bill has cancelled it before restoring the bill, acceptance is deemed to be refused. Failing proof to the contrary, the cancellation is deemed to have taken place before the bill was restored.

Nevertheless, if the drawee has notified his acceptance in writing to the holder or to any party who has signed the bill, he is liable to such parties according to the terms of his acceptance.

Chapter IV
Avals'

Article 30. Payment of a bill of exchange may be guaranteed by an "aval" as to the whole or part of its amount.

This guarantee may be given by a third person or even by a person who has signed as a party to the bill.

Article 31. The "aval" is given either on the bill itself or on an "allonge".
It is expressed by the words "good as aval" ("bon pour aval") or by any other equivalent formula. It is signed by the giver of the "aval".

It is deemed to be constituted by the mere signature of the giver of the "aval" placed on the face of the bill, except in the case of the signature of the drawee or of the drawer.

An "aval" must specify for whose account it is given. In default of this it is deemed to be given for the drawer.

Article 32. The giver of an 'aval' is bound in the same manner as the person for whom he has become guarantor.

His undertaking is valid even when the liability which he has guaranteed is inoperative for any reason other than defect of form.

He has, when he pays a bill of exchange, the rights arising out of the bill of exchange against the person guaranteed and against those who are liable to the latter on the bill of exchange.

Chapter V
Maturity

Article 33. A bill of exchange may be drawn payable:

- At sight;
- At a fixed period after sight;
- At a fixed period after date;
- At a fixed date.

Bills of exchange at other maturities or payable by instalments are null and void.

Article 34. A bill of exchange at sight is payable on presentment. It must be presented for payment within a year of its date. The drawer may abridge or extend this period. These periods may be abridged by the endorsers.

The drawer may prescribe that a bill of exchange payable at sight must not be presented for payment before a named date. In this case, the period for presentation begins from the said date.

Article 35. The maturity of a bill of exchange payable at a fixed period after sight is determined either by the date of the acceptance or by the date of the protest.

In the absence of the protest, an undated acceptance is deemed, so far as regards the acceptor, to have been given on the last day of the limit of time for presentment for acceptance.

Article 36. Where a bill of exchange is drawn at one or more months after date or after sight, the bill matures on the corresponding date of the month when payment must be made. If there be no corresponding date, the bill matures on the last day of this month.

When a bill of exchange is drawn at one or more months and a-half after date or sight, entire months must first be calculated.

365

LEI CAMBIAL COMENTADA

If the maturity is fixed at the commencement, in the middle (mid-January or mid-February etc.) or at the end of the month, the first, fifteenth or last day of the month is to be understood.

The expressions "eight days" or "fifteen days" indicate not one or two weeks, but a period of eight or fifteen actual days.

The expression "half-month" means a period of fifteen days.

Article 37. When a bill of exchange is payable on a fixed day in a place where the calendar is different from the calendar in the place of issue, the day of maturity is deemed to be fixed according to the calendar of the place of payment.

When a bill of exchange drawn between two places having different calendars is payable at a fixed period after date, the day of issue is referred to the corresponding day of the calendar in the place of payment, and the maturity is fixed accordingly.

The time for presenting bills of exchange is calculated in accordance with the rules of the preceding paragraph.

These rules do not apply if a stipulation in the bill or even the simple terms of the instrument indicate an intention to adopt some different rule.

Bills of exchange at other maturities or payable by instalments are null and void.

Chapter VI
Payment

Article 38. The holder of a bill of exchange payable on a fixed day or at a fixed period after date or after sight must present the bill for payment either on the day on which it is payable or on one of the two business days which follow.

The presentment of a bill of exchange at a clearing-house is equivalent to a presentment for payment.

Article 39. The drawee who pays a bill of exchange may require that it shall be given up to him receipted by the holder.

The holder may not refuse partial payment.

In case of partial payment the drawee may require that mention of this payment shall be made on the bill, and that a receipt therefor shall be given to him.

Article 40. The holder of a bill of exchange cannot be compelled to receive a payment thereof before maturity.

The drawee who pays before maturity does so at his own risk and peril. He who pays at maturity is validly discharged, unless he has been guilty of fraud or gross negligence. He is bound to verify the regularity of the series of endorsements, but not the signature of the endorsers.

Article 41. When a bill of exchange is drawn payable in a currency which is not that of the place of payment, the sum payable may be paid in the currency of the country, according to its value on the date of maturity. If the debtor is in default, the holder may at his option demand that the amount of the bill be paid in the currency of the country according to the rate on the day of maturity or the day of payment.

The usages of the place of payment determine the value of foreign currency. Nevertheless, the drawer may stipulate that the sum payable shall be calculated according to a rate expressed in the bill.

The foregoing rules shall not apply to the case in which the drawer has stipulated that payment must be made in a certain specified currency (stipulation for effective payment in foreign currency).

If the amount of the bill of exchange is specified in a currency having the same denomination, but a different value in the country of issue and the country of payment, reference is deemed to be made to the currency of the place of payment.

Article 42. When a bill of exchange e is not presented for payment within the limit of time fixed by Article 38, every debtor is authorised to deposit the amount with the competent authority at the charge, risk and peril of the holder.

Chapter VII

Recourse for non-acceptance or non-payment

Article 43. The holder may exercise his right of recourse against the endorsers, the drawer and the other parties liable:

At maturity:

If payment has not been made;

Even before maturity;

1. If there has been total or partial refusal to accept;
2. In the event of the bankruptcy (faillite) of the drawee, whether he has accepted or not, or in the event of a stoppage of payment on his part, even when not declared by a judgement, or when execution has been levied against his goods without result;
3. In the event of the bankruptcy (faillite) of the drawer of a non-acceptable bill.

Article 44. Default of acceptance or on payment must be evidenced by an authentic act (protest for non-acceptance or non-payment).

Protest for non-acceptance must be made within the limit of time fixed for presentment for acceptance. If in the case contemplated by Article 24, paragraph 1, the first presentment takes place on the last day of that time, the protest may nevertheless be drawn up on the next day.

Protest for non-payment of a bill of exchange payable on a fixed day or at a fixed period after date or sight must be made on one of the two business days following the day on which the bill is payable. In the case of a bill payable at sight, the protest must be drawn up under the conditions specified in the foregoing paragraph for the drawing up of a protest for non-acceptance.

Protest for non-acceptance dispenses with presentment for payment and protest for non-payment.

If there is a stoppage of payment on the part of the drawee, whether he has accepted or not, or if execution has been levied against his goods without result, the holder cannot exercise his right of recourse until after presentment of the bill to the drawee for payment and after the protest has been drawn up.

If the drawee, whether he accepted or not, is declared bankrupt (faillite déclarée), or in the event of the declared bankruptcy of the drawer of a non-acceptable bill, the production of the judgement declaring the bankruptcy suffices to enable the holder to exercise his right of recourse.

Article 45. The holder must give notice of non-acceptance or non-payment to his endorser and to the drawer within the four business days which follow the day for protest or, in case of a stipulation "retour sans frais", the day for presentment. Every endorser must, within the two business days following the day on which he receives notice, notify his endorser of the notice he has received, mentioning the names and addresses of those who have given the previous notices, and so on through the series until the drawer is reached. The periods mentioned above run from the receipt of the preceding notice.

When, in conformity with the preceding paragraph, notice is given to a person who has signed a bill of exchange, the same notice must be given within the same limit of time to his avaliseur.

Where an endorser either has not specified his address or has specified it in an illegible manner, it is sufficient that notice should be given to the preceding endorser.

A person who must give notice may give it in any form whatever, even by simply returning the bill of exchange.

He must prove that he has given notice within the time allowed. This time-limit shall be regarded as having been observed if a letter giving the notice has been posted within the prescribed time.

A person who does not give notice within the limit of time mentioned above does not forfeit his rights. He is responsible for the injury, if any, caused by his negligence, but the damages shall not exceed the amount of the bill of exchange.

Article 46. The drawer, an endorser, or a person guaranteeing payment by aval (avaliseur) may, by the stipulation "retour sans frais", "sans protêt", or any other equivalent expression written on the instrument and signed, release the holder from having a protest of non-acceptance or non -payment drawn up in order to exercise his right of recourse.

This stipulation does not release the holder from presenting the bill within the prescribed time, or from the notices he has to give. The burden of proving the non-observance of the limits of time lies on the person who seeks to set it up against the holder.

If the stipulation is written by the drawer, it is operative in respect of all persons who have signed the bill; if it is written by an endorser or an avaliseur, it is operative only in respect of such endorser or avaliseur. If, in spite of the stipulation written by the drawer, the holder has the protest drawn up, he must bear the expenses thereof. When the stipulation emanates from an endorser or avaliseur, the costs of the protest, if one is drawn up, may be recovered from all the persons who have signed the bill.

Article 47. All drawers, acceptors, endorsers or guarantors by aval of a bill of exchange are jointly and severally liable to the holder. The holder has the right of proceeding against all these persons individually or collectively without being required to observe the order in which they have become bound.

The same right is possessed by any person signing the bill who has taken it up and paid it.

Proceedings against one of the parties liable do not prevent proceedings against the others, even though they may be subsequent to the party first proceeded against.

Article 48. The holder may recover from the person against whom he exercises his right of recourse:
1. The amount of the unaccepted or unpaid bill of exchange with interest, if interest has been stipulated for;
2. Interest at the rate of 6 per cent from the date of maturity;
3. The expenses of protest and of the notices given as well as other expenses.
4. If the right of recourse is exercised before maturity, the amount of the bill shall be subject to a discount. This discount shall be calculated ac-

cording to the official rate of discount (bank-rate) ruling on the date when recourse is exercised at the place of domicile of the holder.

Article 49. A party who takes up and pays a bill of exchange can recover from the parties liable to him:

1. The entire sum which he has paid;
2. Interest on the said sum calculated at the rate of 6 per cent, starting from the day when he made payment;
3. Any expenses which he has incurred.

Article 50. Every party liable against whom a right of recourse is or may be exercised, can require against payment, that the bill shall be given up to him with the protest and a receipted account.

Every endorser who has taken up and paid a bill of exchange may cancel his own endorsement and those of subsequent endorsers.

Article 51. In the case of the exercise of the right of recourse after a partial acceptance, the party who pays the sum in respect of which the bill has not been accepted can require that this payment shall be specified on the bill and that he shall be given a receipt therefor. The holder must also give him a certified copy of the bill, together with the protest, in order to enable subsequent recourse to be exercised.

Article 52. Every person having the right of recourse may, in the absence of agreement to the contrary, reimburse himself by means of a fresh bill (redraft) to be drawn at sight on one of the parties liable to him and payable at the domicile of that party.

The redraft includes, in addition to the sums mentioned in Articles 48 and 49, brokerage and the cost of stamping the redraft.

If the redraft is drawn by the holder, the sum payable is fixed according to the rate for a sight bill drawn at the place where the original bill was payable upon the party liable at the place of his domicile. If the redraft is drawn by an endorser, the sum payable is fixed according to the rate for a sight bill drawn at the place where the drawer of the redraft is domiciled upon the place of domicile of the party liable.

Article 53. After the expiration of the limits of time fixed:

- For the presentment of a bill of exchange drawn at sight or at a fixed period after sight;
- For drawing up the protest for non-acceptance or non-payment;
- For presentment for payment in the case of a stipulation retour sans frais, the holder loses his rights of recourse against the endorsers, against the drawer and against the other parties liable, with the exception of the acceptor.

In default of presentment for acceptance within the limit of time stipulated by the drawer, the holder loses his right of recourse for non-payment, as well as for non-acceptance, unless it appears from the terms of the stipulation that the drawer only meant to release himself from the guarantee of acceptance.

If the stipulation for a limit of time for presentment is contained in an endorsement, the endorser alone can avail himself of it.

Article 54. Should the presentment of the bill of exchange or the drawing up of the protest within the prescribed limits of time be prevented by an insurmountable obstacle (legal prohibition [prescription légale] by any State or other case of vis major), these limits of time shall be extended. The holder is bound to give notice without delay of the case of vis major to his endorser and to specify this notice, which he must date and sign, on the bill or on an allonge; in other respects the provisions of Article 45 shall apply.

When vis major has terminated the holder must without delay present the bill of exchange for acceptance or payment and, if need be, draw up the protest. If vis major continues to operate beyond thirty days after maturity, recourse may be exercised, and neither presentment nor the drawing up of a protest shall be necessary.

In the case of bills of exchange drawn at sight or at a fixed period after sight, the time-limit of thirty days shall run from the date on which the holder, even before the expiration of the time for presentment, has given notice of vis major to his endorser. In the case of bill of exchange drawn at a certain time after sight, the above time-limit of thirty days shall be added to the period after sight specified in the bill of exchange.

Facts which are purely personal to the holder or to the person whom he has entrusted with the presentment of the bill or drawing up of the bill or drawing up of the protest are not deemed to constitute cases of vis major.

Chapter VIII
Intervention for honour

I. General provisions

Article 55. The drawer, an endorser, or a person giving an aval may specify a person who is to accept or pay in case of need.

A bill of exchange may, subject as hereinafter mentioned, be accepted or paid by a person who intervenes for the honour of any debtor against whom a right of recourse exists.

The person intervening may be a third party, even the drawee, or, save the acceptor, a party already liable on the bill of exchange.

The person intervening is bound to give, within two business days, notice of his intervention to the party for whose honour he has intervened. In default, he is responsible for the injury, if any, due to his negligence, but the damages shall not exceed the amount of the bill of exchange.

2. Acceptance by intervention (for honour)

Article 56. There may be acceptance by intervention in all cases where the holder has a right of recourse before maturity on a bill which is capable of acceptance.

When the bill of exchange indicates a person who is designated to accept or pay it in case of need at the place of payment, the holder may not exercise his rights of recourse before maturity against the person naming such referee in case of need and against subsequent signatories, unless he has presented the bill of exchange to the referee in case of need and until, if acceptance is refused by the latter, this refusal has been authenticated by a protest.

In other cases of intervention the holder may refuse an acceptance by intervention. Nevertheless, if he allows it, he loses his right of recourse before maturity against the person on whose behalf such acceptance was given and against subsequent signatories.

Article 57. Acceptance by intervention is specified on the bill of exchange. It is signed by the person intervening. It mentions the person for whose honour it has been given and, in default of such mention, the acceptance is deemed to have been given for the honour of the drawer.

Article 58. The acceptor by intervention is liable to the holder and to the endorsers subsequent to the party for whose honour he intervened, in the same manner as such party.

Notwithstanding an acceptance by intervention, the party for whose honour it has been given and the parties liable to him may require the holder, in exchange for payment of the sum mentioned in Article 48, to deliver the bill, the protest, and a receipted account, if any.

3. Payment by intervention

Article 59. Payment by intervention may take place in all cases where, either at maturity or before maturity, the holder has a right of recourse on the bill.

Payment must include the whole amount payable by the party for whose honour it is made.

It must be made at the latest on the day following the last day allowed for drawing up the protest for non-payment.

Article 60. If a bill of exchange has been accepted by persons intervening who are domiciled in the place of payment, or if persons domiciled therein have been named as referees in case of need, the holder must present the bill to all these persons and, if necessary, have a protest for non-payment drawn up at latest on the day following the last day allowed for drawing up the protest.

In default of protest within this limit of time, the party who has named the referee in case of need, or for whose account the bill has been accepted, and the subsequent endorsers are discharged.

Article 61. The holder who refuses payment by intervention loses his right of recourse against any persons who would have been discharged thereby.

Article 62. Payment by intervention must be authenticated by a receipt given on the bill of exchange mentioning the person for whose honour payment has been made. In default of such mention, payment is deemed to have been made for the honour of the drawer.

The bill of exchange and the protest, if any, must be given up to the person paying by intervention.

Article 63. The person paying by intervention acquires the rights arising out of the bill of exchange against the party for whose honour he has paid and against persons who are liable to the latter on the bill of exchange. Nevertheless, he cannot re-endorse the bill of exchange.

Endorsers subsequent to the party for whose honour payment has been made are discharged.

In case of competition for payment by intervention, the payment which effects the greater number of releases has the preference. Any person who, with a knowledge of the facts, intervenes in a manner contrary to this rule, loses his right of recourse against those who would have been discharged.

Chapter IX
Parts of a set, and copies

I. Parts of a set

Article 64. A bill of exchange can be drawn in a set of two or more identical parts. These parts must be numbered in the body of the instrument itself; in default, each part is considered as a separate bill of exchange.

Every holder of a bill which does not specify that it has been drawn as a sole bill may, at his own expense, require the delivery of two or more parts. For this purpose he must apply to his immediate endorser, who is bound to assist him in proceeding against his own endorser, and so on in the series until the drawer is reached. The endorsers are bound to reproduce their endorsements on the new parts of the set.

Article 65. Payment made on one part of a set operates as a discharge, even though there is no stipulation that this payment annuls the effect on the other parts. Nevertheless, the drawee is liable on each accepted part which he has not recovered.

An endorser who has transferred parts of a set to different persons, as well as subsequent endorsers, are liable on all the parts bearing their signature which have not been restored.

Article 66. A party who has sent one part for acceptance must indicate on the other parts the name of the person in whose hands this part is to be found. That person is bound to give it up to the lawful holder of another part.

If he refuses, the holder cannot exercise his right of recourse until he has had a protest drawn us specifying:

1. That the part sent for acceptance has not been given up to him on demand;
2. that acceptance or payment could not be obtained on another of parts.

2. Copies

Article 67. Every holder of a bill of exchange has the right to make copies of it. A copy must reproduce the original exactly, with the endorsements and all other statements to be found therein. It must specify where the copy ends. It may be endorsed and guaranteed by aval in the same manner and with the same effects as the original.

Article 68. A copy must specify the person in possession of the original instrument. The latter is bound to hand over the said instrument to the lawful holder of the copy.

If he refuses, the holder may not exercise his right of recourse against the persons who have endorsed the copy or guaranteed it by aval until he has had a protest drawn up specifying that the original has not been given up to him on his demand.

Where the original instrument, after the last endorsement before the making of the copy contains a clause "commencing from here an endorsement is only valid if made on the copy" or some equivalent formula, a subsequent endorsement on the original is null and void.

Chapter X
Alterations

Article 69. In case of alteration of the text of a bill of exchange, parties who have signed subsequent to the alteration are bound according to the terms of the altered text; parties who have signed before the alteration are bound according to the terms of the original text.

Chapter XI
Limitation of actions

Article 70. All actions arising out of a bill of exchange against the acceptor are barred after three years, reckoned from the date of maturity.

Actions by the holder against the endorsers and against the drawer are barred after one year from the date of a protest drawn up within proper time, or from the date of maturity where there is a stipulation retour sans frais.

Actions by endorsers against each other and against the drawer are barred after six months, reckoned from the day when the endorser took up and paid the bill or from the day when he himself was sued.

Article 71. Interruption of the period of limitation is only effective against the person in respect of whom the period has been interrupted.

Chapter XII
General provisions

Article 72. Payment of a bill of exchange which falls due on a legal holiday (*jour férié légal*) cannot be demanded until the next business day. So, too, all other proceedings relating to a bill of exchange, in particular presentment for acceptance and protest, can only be taken on a business day.

Where any of these proceedings must be taken within a certain limit of time the last day of which is a legal holiday (*jour férié légal*), the limit of time is extended until the first business day which follows the expiration of that time. Intermediate holidays (*jours fériés*) are included in computing limits of time.

Article 73. Legal or contractual limits of time do not include the day on which the period commences.

Article 74. No days of grace, whether legal or judicial, are permitted.

TITLE II – Promissory notes

Article 75. A promissory note contains:
1. The term "promissory note" inserted in the body of the instrument and expressed in the language employed in drawing up the instrument;

2. An unconditional promise to pay a determinate sum of money;
3. A statement of the time of payment;
4. A statement of the place where payment is to be made;
5. The name of the person to whom or to whose order payment is to be made;
6. A statement of the date and of the place where the promissory note is issued;
7. The signature of the person who issues the instrument (maker).

Article 76. An instrument in which any of the requirements mentioned in the preceding Article are wanting is invalid as a promissory note except in the cases specified in the following paragraphs.

A promissory note in which the time of payment is not specified is deemed to be payable at sight.

In default of special mention, the place where the instrument is made is deemed to be the place of payment and at the same time the place of the domicile of the maker.

A promissory note which does not mention the place of its issue is deemed to have been made in the place mentioned beside the name of the maker.

Article 77. The following provisions relating to bills of exchange apply to promissory notes so far as they are not inconsistent with the nature of these instruments, viz:

- Endorsement (Article 11 to 20);
- Time of payment (Articles 33 to 37);
- Payment (Articles 38 to 42);
- Recourse in case of non-payment (Articles 43 to 50, 52 to 54);
- Payment by intervention (Articles 55, 59 to 63);
- Copies (Articles 67 and 68);
- Alterations (Article 69);
- Limitation of actions (Articles 70 and 71);
- Holidays, computation of limits of time and prohibition of days of grace (Articles 72, 73 and 74).

The following provisions are also applicable to a promissory note: The provisions concerning a bill of exchange payable at the address of a third party or in a locality other than that of the domicile of the drawee (Articles 4 and 27): stipulation for interest (Article 5); discrepancies as regards the sum payable (Article 6); the consequences of signature under the conditions mentioned in Article 7, the consequences of signature by a person who acts without authority or who exceeds his authority (Article 8); and provisions concerning a bill of exchange in blank (Article 10).

The following provisions are also applicable to a promissory note: Provisions relating to guarantee by aval (Articles 30-32); in the case provided for in Article 31, last paragraph, if the aval does not specify on whose behalf it has been given, it is deemed to have been given on behalf of the maker of the promissory note.

Article 78. The maker of a promissory note is bound in the same manner as an acceptor of a bill of exchange.

Promissory notes payable at a certain time after sight must be presented for the visa of the maker within the limits of time fixed by Article 23. The limit of time runs from the date of which marks the commencement of the period of time after sight.

ANNEX II

Article 1. Each of the High Contracting Parties may stipulate that the obligation to insert in bills of exchange issued in its territory the term "bill of exchange", as laid down in Article 11 of the Uniform Law, shall not apply until six months after the entry into force of the present Convention.

Article 2. Each of the High Contracting Parties has, as regards undertakings entered into in respect of bills of exchange in its own territory, the right to determine in what manner an actual signature may be replaced by

CONVENTION PROVIDING A UNIFORM LAW FOR BILLS OF EXCHANGE AND PROMISSORY NOTES

an authentic declaration written on the bill which evidences the consent of the party who should have signed.

Article 3. Each of the High Contracting Parties reserves the right not to embody Article 10 of the Uniform Law in its national law.

Article 4. By way of derogation from Article 31, paragraph 1, of the Uniform Law, each of the High Contracting Parties shall have the right to decide that an aval may be given in its territory by a separate instrument specifying the place in which the instrument has been executed.

Article 5. Each of the High Contracting Parties may supplement Article 38 of the Uniform Law so as to provide that the holder of a bill of exchange payable in its territory shall be obliged to present it on the actual day of maturity. Failure to comply with this obligation may only give rise to a right to damages.

The other High Contracting Parties shall have the right to determine the conditions subject to which such obligation will be recognised by them.

Article 6. For the purpose of giving effect to the last paragraph of Article 38 of the Uniform Law, each of the High Contracting Parties shall determine the institutions which, according to its national law, are to be regarded as clearing-houses.

Article 7. Each of the High Contracting Parties shall have the right, if it deems fit, in exceptional circumstances connected with the rate of exchange in such State, to derogate from the stipulation contained in Article 41 for effective payment in foreign currency as regards bills of exchange payable in its territory. The above rule may also be applied as regards the issue in the national territory of bills of exchange payable in foreign currencies.

Article 8. Each of the High Contracting Parties may prescribe that protests to be drawn up in its territory may be replaced by a declaration dated and written on the bill itself, and signed by the drawee, except where the drawer stipulates in the body of the bill of exchange itself for an authenticated protest.

Each of the High Contracting Parties may also prescribe that the said declaration shall be inscribed in a public register within the limit of time fixed for protests.

In the case provided for in the preceding paragraphs, an undated endorsement is presumed to have been made prior to the protest.

Article 9. By way of derogation from Article 44, paragraph 3, of the Uniform Law, each of the High Contracting Parties has the right to prescribe that a protest for non-payment must be drawn up either on the day when the bill is payable or on one of the two following business days.

Article 10. It is reserved to the legislation of each of the High Contracting Parties to determine the exact legal situations referred to in Article 43, Ns. 2 and 3, and in Article 44, paragraphs 5 and 6, of the Uniform Law.

Article 11. By way of derogation from the provisions of Article 43, Ns. 2 and 3, and Article 74 of the Uniform Law, each of the High Contracting Parties reserves the right to include in its legislation the possibility for persons guaranteeing a bill of exchange to obtain, in the event of recourse being exercised against them, periods of grace which may in no case extend beyond the maturity of the bill.

Article 12. By way of derogation from Article 45 of the Uniform Law, each of the High Contracting Parties shall be entitled to maintain or introduce the following system of notification by the public official, viz., that, when protesting for non-acceptance or non-payment, the notary or official who, under the national law, is authorised to draw up the protest, is required to give notice in writing to the persons liable under the bill of exchange whose addresses are specified in the bill, or are known to the public official drawing up the protest, or are specified by the persons demanding the protest. The costs of such notice shall be added to the costs of the protest.

Article 13. Each of the High Contracting Parties is entitled to prescribe, as regards bills of exchange which are both issued and payable in its territory, that the rate of interest mentioned in Article 48, N. 2 and Article 49, N. 2, of the Uniform Law be replaced by the legal rate in force in the territory of that High Contracting Party.

Article 14. By derogation from Article 48 of the Uniform Law each of the High Contracting Parties reserves the right to insert in its national law a rule prescribing that the holder may claim from the party against whom he is exercising his right of recourse a commission the amount of which shall be determined by the national law.

The same applies, by derogation from Article 49 of the Uniform Law, to a person who, having taken up and paid the bill of exchange, claims the amount from the parties liable to him.

Article 15. Each of the High Contracting Parties is free to decide that, in the event of extinctive prescription (déchéance) or limitation of actions (prescription), proceedings may be taken in its territory against a drawer who has not provided cover (provision) for the bill, or against a drawer or endorser who has made an inequitable gain. The same right exists in the case of limitation of action as regards an acceptor who has received cover or made an inequitable gain (*se serait enrichi injustement*).

Article 16. The question whether the drawer is obliged to provide cover (provision) at maturity and whether the holder has special rights to this cover remains outside the scope of the Uniform Law.

The same applies to any other question concerning the legal relations on the basis of which the bill was issued.

Article 17. It is for the legislation of each of the High Contracting Parties to determine the causes of interruption or suspension of limitation (prescription) in the case of actions on bills of exchange which come before its courts.

The other High Contracting Parties are entitled to determine the conditions subject to which they will recognise such causes. The same applies to the effect of an action as a means of indicating the commencement of the period of limitation (prescription) laid down in Article 70, paragraph 3, of the Uniform Law.

Article 18. Each of the High Contracting Parties has the right to prescribe that certain business days shall be assimilated to legal holidays (*jours fériés légaux*) as regards presentment for acceptance or payment and all other acts relating to bills of exchange.

Article 19. Each of the High Contracting Parties may determine the denomination to be adopted in the national laws for the instruments referred to in Article 75 of the Uniform Law, or may exempt them from any special denomination, provided that they contain an express mention that they are drawn to order.

Article 20. The provisions of Articles 1 to 18 of the present Annex with regard to bills of exchange apply likewise to promissory notes.

Article 21. Each of the High Contracting Parties reserves the right to restrict the undertaking mentioned in Article 1 of the Convention to the provisions dealing with bills of exchange only, and not to introduce into its territory the provisions dealing with promissory notes contained in Title II of the Uniform Law. In this case the High Contracting Party making use of this reservation shall only be regarded as a contracting party in respect of bills of exchange.

Each of the High Contracting Parties further reserves the right to embody the provisions concerning promissory notes in a special regulation, which shall exactly conform to the stipulations in Title II of the Uniform Law and which shall reproduce the rules on bills of exchange to which reference is made, subject only to the modifications resulting from Articles 75, 76, 77 and 78 of the Uniform Law and from Articles 19 and 20 of the present Annex.

Article 22. Each of the High Contracting Parties has the right to adopt exceptional measures of a general nature relating to the extension of the limits of time for conservatory measures in relation to recourse (actes conservatoires des recours) and to the extension of maturities.

Article 23. Each of the High Contracting Parties undertakes to recognise the provisions adopted by every other High Contracting Party in virtue of Articles 1 to 4, 6, 8 to 16 and 18 to 21 of the present Annex.

BIBLIOGRAFIA

ASCARELLI, Tullio. *Teoria Geral dos Títulos de Crédito*. 2. ed. Trad. Nicolau Nazo. São Paulo: Saraiva, 1969.

ASQUINI, Alberto. *Titoli di Credito*. Milão: Cedam, 1966.

BOITEUX, Fernando Netto. *Títulos de Crédito*. São Paulo: Dialética, 2002.

BORGES, João Eunápio. *Títulos de Crédito*. 2. ed. Rio de Janeiro: Forense, 1971.

BULGARELLI, Waldirio. *Títulos de Crédito*. 14. ed. São Paulo: Atlas, 1998.

CARVALHO DE MENDONÇA, José Xavier. *Tratado de Direito Comercial Brasileiro*. v. V. Rio de Janeiro: Freitas Bastos, 1960.

DE LUCCA, Newton. *A Cambial-Extrato*. São Paulo: Rev. Tribunais, 1985.

DE MIRANDA, Pontes. *Tratado de Direito Cambiário*. 2. ed. São Paulo: Max Limonad, 1954.

_____. *Comentários ao Código de Processo Civil*. Vol. I. Rio de Janeiro: Forense, 1974.

DUARTE COSTA, Wille. *Títulos de Crédito*. 4. ed. Belo Horizonte: Del Rey, 2003.

GARCIA, Rubem. *O Protesto de Títulos*. São Paulo: Rev. Tribunais, 1981.

GARRIGUES, Joaquín. *Curso de derecho mercantil*. Madri: Imprenta Aguirre, 1976.

GOMES, Orlando. *Introdução ao Direito Civil*. Rio de Janeiro: Forense, 1965.

GRINBERG, Mauro. *Protesto cambial*. São Paulo: Saraiva, 1983.

LAURINI, Giancarlo. *I Titoli di Credito*. Milão: Giuffrè, 2003.

MARTINS, Fran. "A Tradução da Lei Uniforme". *Revista de Direito Mercantil*, n. 5, 1972.

_____.*Títulos de Crédito*. 4. ed. Rio de Janeiro: Forense, 1985.

MERCADO JÚNIOR, Antônio. *Nova Lei Cambial e Nova Lei do Cheque*. 3. ed. São Paulo: Saraiva, 1971.

NEGRÃO, Thetônio; GOUVÊA, José Roberto F. *Processo Civil*. 41. ed. São Paulo: Saraiva, 2009.

PAES DE ALMEIDA, Amador. *Teoria e prática dos títulos de crédito*. 28. ed. São Paulo: Saraiva, 2009.

REQUIÃO, Rubens; REQUIÃO, Rubens Edmundo. *Curso de Direito Comercial*. 23. ed. São Paulo: Saraiva, 2003.

RIPERT, Georges; ROBLOT, René; et al. *Traité de Droit Commercial*. Paris: Librairie Générale de Droit et de Jurisprudence. 15. ed. vol. II, 1996.

ROSA JÚNIOR, Luiz Emygdio F. da. *Títulos de Crédito*. 6. ed. Rio de Janeiro: Renovar, 2009.

SARAIVA, José A. *A cambial*. Belo Horizonte: Imprensa Oficial de Minas, 1918.

SEGRETO, Antonio; CARRATO, Aldo. *La Cambiale*. Milão: Giuffrè, 2000.

STAJN, Rachel; VERÇOSA, Haroldo. "A Disciplina do Aval no Código Civil". *Revista de Direito Mercantil*, n. 128, 2002.

TOMAZETTE, Marlon. *Curso de Direito Empresarial*. São Paulo: Atlas, 2009.

ULHOA COELHO, Fábio de. *Curso de Direito Comercial*. 14. ed. São Paulo: Saraiva, 2010.

WHITAKER, José Maria. *Letra de Câmbio*. 7. ed. São Paulo: Rev. Tribunais, 1963.

ÍNDICE SISTEMÁTICO

Sumário. 9

Apresentação 13

Prefácio à 2ª edição 17

Prefácio à 1ª edição 21

Abreviações. 25

Parte I

Introdução ao Direito Cambial

Capítulo I

Título de crédito

1. Definição. 2. Espécies. 3. Títulos ao portador, à ordem e nominativos. 4. Títulos causais e abstratos 29

Capítulo II
Letra de câmbio e nota promissória: noções prévias

1. Introdução. 2. Letra de câmbio. 3. Nota promissória. 4. Cambial com duas ou mais folhas.

5. Modelo de letra de câmbio. 6. Modelo de nota promissória 33

Capítulo III
Origem e evolução da letra de câmbio

1. Os três períodos. 2. Período italiano. 3. A filha do Diabo. 4. Endosso, aceite e aval.

5. Enquanto isso, a nota promissória. 6. Consequências da reforma religiosa.

7. Período francês. 8. Período alemão 39

Capítulo IV
Unificação do Direito cambial

1. Movimento de unificação. 2. Conferências de Haia. 3. Conferência de Genebra. 4. Letra de

câmbio na *common law* 43

Capítulo V
A letra de câmbio na atualidade

1. De instrumento do contrato de câmbio a instrumento de cobrança. 2. Letra eletrônica. . .47

Capítulo VI
A cambial no Direito Brasileiro

1. Código Comercial. 2. Lei Saraiva. 3. Adoção da Lei Uniforme. 4. Reservas.

5. Controvérsias. 6. Tradução portuguesa. 7. Recomendação diplomática. 8. Crítica

procedente. 9. Código Civil 49

Capítulo VII
Postulados

1. Introdução. 2. Conceito e definição. 3. Definição nominal e real. 4. Lógica de Port-Royal.

5. Desenvolvimento da lógica. 6. Confusão de fronteiras. 7. *Fictio iuris.* 8. Gênero

próximo e diferença específica. 9. Definições incompletas. 10. Compreensão e extensão. 11. Denotação e conotação. 12. Lógica de relações. 13. Sistema lógico. 14. Teorema de Gödel. 15. Demonstração resumida do Teorema de Gödel. 16. Retorno à metafísica 55

Capítulo VIII
Alguns conceitos da teoria geral dos títulos de crédito

1. Outras definições de título de crédito. 2. Incorporação. 3. Direito de propriedade. 4. Direito cartular 63

Capítulo IX
Princípios de Direito Cambial

1. Introdução. 2. Unilateralidade. 3. Literalidade. 4. Autonomia do direito. 5. Abstração. 6. Autonomia das obrigações. 7. Formalismo. 8. Outros princípios 69

Capítulo X
Topologia da Lei Uniforme

1. Divisão da lei. 2. Plano legislativo e didático 73

Capítulo XI
Nova tradução da Lei Uniforme

1. Necessidade de nova tradução 75

Parte II
Nova tradução da Lei Uniforme

1. Conceito de Lei Uniforme 81

Título I
Da letra de câmbio

Nova tradução	Tradução oficial
Da letra de câmbio	Das letras

LEI CAMBIAL COMENTADA

1. Denominação do título: letra ou letra de câmbio? 2. Revogação de lei oriunda de

tratado. 83

Capítulo I
Da emissão e da forma da letra de câmbio

Nova tradução	Tradução oficial
Da emissão e da forma da letra de câmbio	Da emissão e forma da letra

1. Criação e emissão. 2. Tradução da epígrafe 87

Art. 1º (c/c art. 75) 1. Requisitos da cambial. 2. Cambial incompleta. 3. Requisitos

substanciais e formais. 4. Requisitos substanciais. 5. Requisitos formais.

6. Cláusulas facultativas. 7. Declarações sucessivas. 8. Denominação cambial.

9. Ordem ou promessa de pagar. 9.1. Nota promissória vinculada a contrato.

10. Ordem de pagamento. 11. Objeto do pagamento. 12. Nome do sacado.

13. Identificação documental do devedor. 14. Vencimento. 15. Lugar do

pagamento. 16. Nome do beneficiário. 17. Lugar da emissão. 18. Data da emissão.

19. Assinatura do emitente. 20. Nome do emitente. 21. Assinatura por mandatário.

22. Analfabeto ou impossibilitado de assinar. 23. Menor. 24. Chancela mecânica.

25. Assinatura digital. 89

Art. 2º (c/c art. 76) 1. Indicações supríveis. 102

Art. 3º 1. Letra à ordem do sacador. 2. Nota promissória à ordem do emitente. 3. Letra

sacada sobre o sacador. 4. Letra sacada por conta de terceiro 103

Art. 4º 1. Cambial domiciliada 105

Art. 5º 1. Cláusula de juros . . . : 106

Art. 6º 1. Valores divergentes 106

Art. 7º 1. Autonomia das obrigações 107

Art. 8º 1. Representação defeituosa. 108

Art. 9º 1. Responsabilidade do sacador. 2. Exoneração parcial 109

Art. 10 1. Culpa grave. 2. Cambial incompleta. 3. Reserva. 4. Mandato presumido.

5. Súmula 387 109

INDICE SISTEMÁTICO

Capítulo II
Do endosso

Art. 11 1. Conceito. 2. Endosso e cessão comum. 3. Funções do endosso. 4. Cláusula *não à*

ordem. 5. Endosso de retorno. 6. Reendosso 111

Art. 12 1. Requisito intrínseco. 2. Endosso parcial 113

Art. 13 1. Forma do endosso. 2. Endosso em preto e em branco 113

Art. 14 1. Efeito translativo. 2. Tradição do título. 3. Outras formas de transmissão do título.

4. Transferência do título endossado em branco. 5. Restrições legais 114

Art. 15 1. Responsabilidade do endossante. 2. Endosso sem garantia. 3. Cláusula *não à*

ordem. 4. Erro de tradução. 116

Art. 16 1. Conceito de portador. 2. Portador legítimo e legitimado. 3. Ação reivindicatória.

4. Obrigação do devedor perante o portador legitimado. 5. Posse do título: condição

necessária, mas não suficiente ao exercício do direito. 6. Verificação de poderes.

7. Aquisição *a non domino*. 117

Art. 17 1. Inoponibilidade de exceções pessoais 120

Art. 18 1. *Endosso-mandato*. 2. Cláusula *por procuração*. 3. Poderes do endossatário-

-procurador. 4. Exceções oponíveis ao endossatário. 5. Morte ou interdição do

mandante 121

Art. 19 1. Endosso pignoratício. 2. Exceções oponíveis ao endossatário 123

Art. 20 1. Endosso tardio 124

Capítulo III
Do aceite

Art. 21 1. Conceito. 2. Apresentação ao aceite. 3. Lugar da apresentação ao aceite 125

Art. 22 1. Apresentação obrigatória ao aceite. 2. Letra *não aceitável* 126

Art. 23 1. Letra a tempo certo da vista 127

Art. 24 1. Segunda apresentação ao aceite 128

Art. 25 1. Forma do aceite. 2. Protesto por falta de data. 129

Art. 26 1. Requisito intrínseco. 2. Aceite parcial. 3. Cláusula modificativa da letra. 130

Art. 27 1. Aceite domiciliado 131

LEI CAMBIAL COMENTADA

Art. 28 1. Obrigação do aceitante. 2. Ação cambial direta e de regresso. 3. Parcelas exigíveis pelo portador. 132

Art. 29 1. Cancelamento do aceite. 2. Cancelamento ineficaz 133

Capítulo IV
Do aval

Art. 30 1. Conceito. 2. Aval e fiança. 3. Aval de pessoa casada 135

Art. 31 1. Forma do aval. 2. Indicação do avalizado 137

Art. 32 1. Obrigação do avalista. 2. Obrigação autônoma. 3. Direitos do avalista 138

Capítulo V
Do vencimento

1. Conceito. 139

Art. 33 1. Prazos de vencimento. 2. Enumeração taxativa 140

Art. 34 1. Cambial à vista 141

Art. 35 1. Cambial a tempo certo da vista 142

Art. 36 1. Data correspondente 142

Art. 37 1. Calendários diferentes 144

Capítulo VI
Do pagamento

1. Conceito. 145

Art. 38 1. Prazo de apresentação. 2. Reserva. 3. Lugar da apresentação a pagamento.
4. Efeitos do pagamento. 5. Câmara de compensação. 6. Sistema brasileiro de compensação. 7. Aviso bancário 145

Art. 39 1. Prova do pagamento. 2. Direito do sacado ou do devedor. 3. Cobrança bancária.
4. Pagamento parcial 150

Art. 40 1. Pagamento antecipado. 2. Validade do pagamento. 3. Ônus do *solvens* 153

Art. 41 1. Moeda de pagamento. 2. Pagamento em moeda estrangeira 156

Art. 42 1. Consignação em pagamento 158

ÍNDICE SISTEMÁTICO

Capítulo VII

Do Direito de regresso por falta de aceite ou de pagamento

Nova tradução	Tradução oficial
Do direito de regresso por falta de aceite ou de pagamento	Da ação por falta de aceite e de pagamento

1. Direito de regresso 159

Art. 43 1. Exercício do direito de regresso. 2. Regresso no vencimento. 3. Regresso

antecipado. 4. Reserva. 5. Doutrina nacional. 6. Doutrina estrangeira. 7. Tese.

7.1. Premissas. 7.2. Prova. 7.3. Conclusão 160

Art. 44 1. Lei aplicável. 2. Conceito de protesto cambial. 3. Recusa do aceite ou do

pagamento. 4. Protesto cambial. 5. Tempo do protesto. 6. Sistema divergente.

7. Natureza jurídica. 8. Notário ou tabelião. 9. Prova insubstituível. 10. Origem do

protesto. 11. Hipóteses legais de protesto. 12. Lugar do protesto. 13. Termo e

registro do protesto. 14. Instrumento do protesto. 15. Protesto necessário e não

necessário. 16. Efeitos do protesto. 17. Constituição do devedor em mora.

18. Funções do tabelião de protesto. 19. Formalidades extrínsecas. 20. Índice de

inadimplentes. 21. Protesto abusivo. 22. Sustação de protesto. 23. Letra à ordem do

sacador. 24. Cambial em língua estrangeira. 25. Protesto por indicações.

26. Prazo para pedir o protesto. 27. Prazo para pedir o protesto por falta de aceite.

28. Prazo para pedir o protesto por falta de pagamento. 29. Reserva. 30. Prazo para

pedir o protesto da cambial à vista. 31. Necessidade do protesto. 32. Dispensa do

protesto. 165

Art. 45 1. Comunicações obrigatórias 185

Art. 46 1. Cláusula excludente do protesto. 2. Ônus da prova 186

Art. 47 1. Solidariedade cambial passiva. 188

Art. 48 1. Parcelas exigíveis no exercício do direito de regresso. 2. Extensão à ação

direta. 3. Juros compensatórios. 4. Juros legais. 5. Taxa legal de juros. 6. Despesas

indenizáveis. 7. Desconto 189

Art. 49 1. Regresso ulterior 194

Art. 50 1. Direito do *solvens* 194

397

LEI CAMBIAL COMENTADA

Art. 51 1. Pagamento parcial 195

Art. 52 1. Conceito de ressaque. 2. Ressaque *ficto* 195

Art. 53 1. Conceito de decadência. 2. Hipóteses legais de decadência 197

Art. 54 1. Conceito de força maior. 2. Consequências. 200

Capítulo VIII

Da intervenção

Arts. 55 a 63 1. Conceito de intervenção. 2. Instituto em desuso. . . . . .ª. . . 203

Capítulo IX

Da pluralidade de exemplares e das cópias

Arts. 64 a 68 1. Exemplares múltiplos e cópias da cambial 205

Capítulo X

Das alterações

Art. 69 1. Conceito de alteração. 2. Alteração lícita. 3. Alteração ilícita. 4. Consequências.

5. Ônus da prova. 207

Capítulo XI

Da prescrição

1. Conceito de prescrição 209

Art. 70 1. Prazos de prescrição da ação cambial 210

Art. 71 1. Interrupção da prescrição. 2. Eficácia da interrupção 211

Capítulo XII

Disposições gerais

Art. 72 1. Ocorrência de feriado legal. 2. Expediente bancário. 3. Feriados

intermediários 213

Art. 73 1. Cômputo dos prazos 214

Art. 74 1. Termo de graça 215

Título II

Da nota promissória

Art. 75 1. Remissão 217

Art. 76 1. Remissão 218

Art. 77 1. Aplicabilidade das normas sobre a letra de câmbio 218

Art. 78 1. Responsabilidade do emitente. 2. Visto do emitente 220

Parte III

Reservas

Introdução 225

Art. 2º Suprimento da assinatura 225

Art. 3º Cambial incompleta 226

Art. 5º Prazo de apresentação da cambial a pagamento 226

Art. 6º Câmaras de compensação 227

Art. 7º Cambial em moeda estrangeira 227

Art. 9º Prazo para protesto por falta de pagamento 227

Art. 10 Regresso antecipado 227

Art. 13 Taxa legal de juros 228

Art. 15 Ação de locupletamento 228

Art. 16 Desnecessidade de provisão 229

Art. 17 Causas interruptivas e suspensivas da ação cambial 229

Art. 19 Nota promissória: denominação do título 230

Art. 20 Normas aplicáveis à nota promissória 231

Parte IV

Normas complementares

Título I

Protesto cambial

1. Introdução. 2. Procedimento do protesto. 3. Forma e prazos do protesto.

4. Cancelamento do protesto 235

LEI CAMBIAL COMENTADA

Título II
A cambial em juízo

Capítulo I
Ações cambiais

Seção I
Ação direta e ação de regresso

1. Pressupostos. 2. Cumulação de ações. 3. *Lex fori*. 4. Defesa do réu. 5. Processo executivo. 6. Exceções substanciais. 7. Fatos impeditivos, modificativos e extintivos 237

Seção II
Ação reivindicatória

1. Ação reivindicatória cumulativa com anulatória. 2. Avisos. 3. Medidas conservatórias. 4. Sentença. 241

Seção III
Ação anulatória

1. Ação anulatória de título destruído 242

Seção IV
Ação de locupletamento

1. Ação repetitória. 2. Reserva. 3. Natureza jurídica. 4. Prescrição 243

Capítulo II
Ações extracambiárias

1. Ação causal. 2. Ação de enriquecimento sem causa 247

400

Adendo

Decreto n. 2.044, de 31 de dezembro de 1908 251

Decreto n. 57.663, 24 de janeiro de 1966 267

Lei n. 9.492, de 10 de setembro de 1997 309

Convention portant loi uniforme sur les lettres de change et billets à ordre 323

Convention providing a uniform law for bills of exchange and promissory notes 357

Bibliografia 387

ÍNDICE ALFABÉTICO-REMISSIVO

Parte I

Introdução ao direito cambial

Os números em arábico referem-se às notas explicativas.

A Cambial no Direito brasileiro: Cap. VI

    Adoção da Lei Uniforme: 3

    Código Civil: 9

    Código Comercial: 1

    Controvérsias: 5

    Crítica Procedente: 8

    Lei Saraiva: 2

    Recomendação diplomática: 7

    Reservas: 4

    Tradução portuguesa: 6

Autonomia

    das obrigações: Cap. IX, 6

    do direito: Cap. IX, 4

Conferência de Genebra: Cap. IV, 3

Conferências de Haia: Cap. IV, 2

Direito cambial. Princípios: Cap. IX

    Abstração: 5

    Autonomia das obrigações: 6

    Autonomia do direito: 4

    Formalismo: 7

    Literalidade: 3

    Outros princípios: 8

    Unilateralidade: 2

Modelos

    de Letra de Câmbio: Cap. II, 5

de Nota Promissória: Cap. II, 6

Lei Saraiva: Cap. VI, 2

Lei Uniforme de Genebra: Cap. IV

Letra de câmbio

Conceito: Cap. II, 2

Conferência de Genebra: Cap. IV, 3

Conferências de Haia: Cap. IV, 6

Definição: Cap. VII, 3

e cheque: Cap. II, 2; VII, 3

Formulário: Cap. II, 5

na atualidade: Cap. V

Origem e evolução: Cap. III

Literalidade: Cap. IX, 3

Nota promissória

Conceito: Cap. II, 3

Formulário: Cap. II, 6

História: Cap. III, 5

Origem e evolução da LC: Cap. III

Lucro cessante: 2

Períodos: 1

alemão: 8

francês: 7

italiano: 2

Reforma Protestante: 6

Usura: 2

Postulados: Cap. VII

Compreensão e extensão: 10

Conceito e definição: 2

Definição nominal e real: 3

Denotação e conotação: 11

Gênero próximo e diferença específica: 8

Lógica de relações: 12

Sistema lógico: 13

Teorema de Gödel: 14

Título(s) de crédito

ao portador, à ordem e nominativos:
Cap. I, 3

causais e abstratos: Cap. I, 4

Definição: Cap. I, 1; VIII, 1

Direito cartular: Cap. VIII, 4

Direito de propriedade: Cap. VIII, 3

Espécies: Cap. I, 2

Incorporação: Cap. IX, 2

Topologia da Lei Uniforme: Cap. XII

Divisão da lei: 1

Plano legislativo e semiológico: 2

Tradução da Lei Uniforme

Retradução: Cap. XIII, 1

Parte II

Lei Cambial Uniforme

Os números em arábico, após o número do artigo ou do capítulo, referem-se às notas explicativas.

Ação cambial

de regresso: arts. 28, 2; 48, 1; 49, 1

direta: art. 28, 2

Parcelas exigíveis: arts. 28, 3; 48, 1

Ação cambial de regresso

ÍNDICE ALFABÉTICO-REMISSIVO

Desconto: art. 48, 7

Despesas indenizáveis: art. 48, 6

Direito do *solvens*: arts. 50, 1, e 51, 1

Juros compensatórios: art. 48, 3

Juros legais: art. 48, 4

Parcelas exigíveis: arts. 48, 1; 49, 1

Taxa legal: art. 48, 5

Aceite

Apresentação: art. 21, 2

Apresentação obrigatória: 22, 1

Cancelamento: art. 29, 1-2

Cláusula modificativa: art. 26, 3

Conceito: art. 21, 1

Domiciliado: art. 27, 1

Forma: art. 25, 1

Letra a tempo certo da vista: art. 23, 1

Letra não aceitável: art. 22, 2

Lugar da apresentação: art. 21, 3

Obrigação do aceitante: art. 28, 1

Parcial: art. 26, 2

Protesto por falta de aceite: art. 44, 20

Protesto por falta de data: art. 25, 2

Requisito intrínseco: art. 26, 1

Segunda apresentação: art. 24, 1

Alteração

Conceito: art. 69, 1

Consequências: art. 69, 4

Ilícita: art. 69, 3

Lícita: art. 69, 2

Ônus da prova: art. 69, 5

Aquisição a *non domino*: art. 16, 7

Assinatura

Analfabeto ou impossibilitado de assinar: art. 1º, 22

Chancela mecânica: art. 1º, 24

Digital: art. 1º, 25

do emitente: art. 1º, 19 e 20

Falsa: art. 7º, 1

Mandatário: art. 1º, 21

Menor: art. 1º, 23

Nome do emitente: art. 1º, 20

Autonomia das obrigações: arts. 7º, 1; 8º, 1

Aval

Aval e fiança: art. 30, 2

Avalista. Obrigação: art. 32, 1

Conceito: art. 30, 1

Direitos do avalista: art. 32, 3

Forma: art. 31, 1

Indicação do avalizado: art. 31, 2

Obrigação autônoma: art. 32, 2

Obrigação do avalista: art. 32, 1

Pessoa casada: art. 30, 3

Câmara de compensação: art. 38, 5

Sistema brasileiro de compensação: art. 38, 6

Cambial

v. tb. Letra de câmbio

v. tb. Nota promissória

Assinatura do emitente: art. 1º, 19-22, 25

Assinatura falsa: art. 7º, 1

Chancela mecânica: art. 1º, 24

Cláusulas essenciais e não essenciais: art. 1º, 1

Cláusulas facultativas: art. 1º, 6

Criação e emissão: Título I, Cap. I, 1

Data da emissão: art. 1º, 18

Declarações sucessivas: art. 1º, 7

Denominação cambial: art. 1º, 8

Domiciliada: arts. 4º, 1; 27, 1

em moeda estrangeira: arts. 41, 1-2; 44, 24

Identificação documental do devedor: art. 1º, 13

incompleta: arts. 1º, 2; 10, 1-4

Indicações supríveis: art. 2º, 1

Lugar da emissão: art. 1º, 17

Lugar do pagamento: art. 1º, 15

Menor. Representação: art. 1º, 23

Nome do beneficiário: art. 1º, 16

Nome do emissor. Desnecessidade: art. 1º, 20

Nome do sacado: art. 1º, 12

Objeto do pagamento: art. 1º, 11

Ordem de pagamento: art. 1º, 10

Ordem ou promessa de pagar: art. 1º, 9

Requisitos: art. 1º, 1

Requisitos formais: art. 1º, 5

Requisitos substanciais: art. 1º, 4

Requisitos substanciais e formais: art. 1º, 3

Valores divergentes: art. 6º, 1

Vencimento: arts. 1º, 14; 2º, 1; 33, 1-2

Certidão de protesto: arts 1º, 13; 44, 2 e 14

Cláusula de juros: art. 5º, 1

Cláusula *excludente do protesto*

Conceito: art. 46, 1

Ônus da prova: art. 46, 2

Comunicações obrigatórias: art. 45, 1

Constituição do devedor em mora: arts. 44, 17; 48, 4

Criação e emissão: Título I, Cap. I, epígrafe, 1

Culpa grave: art. 10, 1

Data correspondente

Vencimento: art. 36, 1

Decadência

Conceito: art. 53, 1

Hipóteses legais: art. 53, 2

Denominação cambial

da LC: Título I, epígrafe, 1; art. 1º, 8

Requisito formal: art. 1º, 5

Direito de regresso

v. tb. Ação cambial

Conceito: Título I, Cap. VII, epígrafe, 1

Doutrina estrangeira: art. 43, 6

Doutrina nacional: art. 43, 5

Exercício: art. 43, 1

ÍNDICE ALFABÉTICO-REMISSIVO

Regresso antecipado: art. 43, 3

Regresso no vencimento: art. 43, 2

Regresso ulterior: art. 49, 1

Reserva: art. 43, 4 e 7

Domiciliação cambial: arts. 4°, 1; 27, 1

Endosso

Cláusula *não à ordem*: arts. 11, 4; 15, 3

Cláusula *por procuração*: art. 18, 2

Conceito: art. 11, 1

de retorno: art. 11, 5

Efeito translativo: art. 14, 1

em preto e em branco: art. 13, 2

Endosso e cessão comum: art. 11, 2

Endosso-mandato: art. 18, 1

Exceções oponíveis ao endossatário: art. 18, 4

Forma: art. 13, 1

Funções: art. 11, 3

Inoponibilidade de exceções pessoais: art. 17, 1

Morte ou interdição do mandante: art. 18, 5

Outras formas de transmissão do título: art. 14, 3

Parcial: art. 12, 2

Pignoratício: art. 19, 1

Poderes do endossatário-procurador: art. 18, 3

Portador. Conceito: art. 16, 1

Reendosso: art. 11, 6

Requisito intrínseco: art. 12, 1

Responsabilidade do endossante: art. 15, 1

Restrições legais: art. 14, 5

sem garantia: art. 15, 2

Tardio: art. 20, 1

Tradição do título: art. 14, 2

Transferência do título endossado em branco: art. 14, 4

Exceções pessoais

v. tb. Exceções substanciais: Parte III, Cap. I, 4

Exceptio doli: art. 17, 1

Inoponibilidade. Terceiro de boa-fé: art. 17, 1

Exemplares e cópias: Título I, Cap. IX, 1

Falsus procurator: art. 8°, 1

Feriado(s)

Consequências: art. 72, 1

Expediente bancário: art. 72, 2

Intermediários: art. 72, 3

Força maior

Conceito: art. 54, 1

Consequências: art. 54, 2

Identificação

Documental do devedor: art. 1°, 13

do portador, pelo devedor: art. 40, 3

Intervenção: Título I, Cap. VIII, 1-2

Juros

Compensatórios: arts. 5°, 1; 48, 3

Moratórios: art. 48, 4-5

Lei uniforme

Conceito: Parte II, epígrafe, 1

Letra de Câmbio

v. tb. Cambial

à ordem do sacador: art. 3º, 1

Denominação: Título I, 1; art. 1º, 8

sacada por conta de terceiro, art. 3º, 4

sacada sobre o sacador: art. 3º, 3

Lugar da emissão: art. 1º, 17

Lugar do pagamento: art. 1º, 15

Lugar do protesto: art. 44, 12

Mandatário: arts. 1º, 21; 8º, 1; 10, 3-4

Mandato

Presumido: art. 10, 4

Verificação dos poderes: art. 16, 6

Menor. Representação: art. 1º, 23

Mora do devedor: arts. 44, 17; 48, 4

Nome do emissor. Desnecessidade: art. 1º, 20

Nota promissória

v. tb. Cambial

à ordem do emitente: art. 3º, 2

Aplicabilidade das normas sobre a letra de câmbio: art. 77, 1

Responsabilidade do emitente: art. 78, 1

Visto do emitente: art. 78, 2

Obrigação cambial sucedânea: art. 8º, 1

Obrigado de regresso

Direito do *solvens*: arts. 50, 1; 51, 1

Pagamento

Antecipado, art. 40, 1

Aviso bancário: art. 38, 7

Câmara de compensação: art. 38, 5

Conceito: Título I, Cap. VI, epígrafe, 1

Consignação: art. 42, 1

Direito do sacado ou do devedor: art. 39, 2

Efeitos: art. 38, 4

em moeda estrangeira: art. 41, 2

Lugar da apresentação: art. 38, 3

Moeda: art. 41, 1

Ônus do *solvens*: art. 40, 3

Parcial: arts. 39, 4; 51, 1

Prazo de apresentação: art. 38, 1

Prova: art. 39, 1

Reserva: art. 38, 2

Sistema brasileiro de compensação: art. 38, 6

Validade: art. 40, 2

Poderes

Verificação: art. 16, 6

Portador

Conceito: art. 16, 1

Legítimo e legitimado: art. 16, 2

Prazo(s)

Cômputo: art. 73, 1

para apresentação da cambial a pagamento: art. 38, 1

para apresentação da letra ao aceite: arts. 21, 2; 22, 1; 23, 1

ÍNDICE ALFABÉTICO-REMISSIVO

para pedir o protesto: art. 44, 26-28

Prescrição

Conceito: Título I, Cap. XI, epígrafe, 1

da ação cambial: art. 70, 1

Interrupção: arts. 71, 1-2

Protesto: art. 44

Abusivo: 21

Cambial: 4

Cambial em língua estrangeira: 24

Conceito: 2

Constituição do devedor em mora: 17

Dispensa: 32

Efeitos: 16

Formalidades extrínsecas: 19

Funções do tabelião de protesto: 18

Hipóteses legais: 11

Índice de inadimplentes: 20

Instrumento: 14

Letra à ordem do sacador: 23

Lex loci: 1

Lugar do protesto: 12

Natureza jurídica: 7

Necessário e não necessário: 15

Necessidade: 31

Notário ou tabelião: 8

Origem: 10

por indicações: 25

Prazo para pedir o protesto: 26-30

Prova insubstituível: 9

Recusa do aceite ou do pagamento: 3

Reserva: 29

Sistema divergente: 6

Sustação: 22

Tempo do protesto: 5

Termo e registro do protesto: 13

Regresso

v. tb. Direito de regresso

Antecipado: art. 43, 3

no vencimento: art. 43, 2

Reserva: art. 43, 4 e 7

Ulterior: art. 49, 1

Representação defeituosa: art. 8º, 1

Responsabilidade do sacador: art. 9º, 1

Exoneração parcial: 9º, 2

Ressaque

Conceito: art. 52, 1

Ficto: art. 52, 2

Sacador. Responsabilidade: art. 9º, 1-2

Solidariedade cambial passiva: art. 47, 1

Termo de graça: art. 74, 1

Transmissão do título

Endosso: art. 14, 1

Outras formas: art. 14, 3

Valores divergentes: art. 6º, 1

Vencimento

a tempo certo da vista: art. 35, 1

à vista: art. 34, 1

Calendários diferentes: art. 37, 1

Conceito: Título I, Cap. V, epígrafe, 1

Data correspondente: art. 36, 1

Enumeração taxativa: art. 33, 2

Prazos: art. 33, 1

Parte III

Reservas

Os números em arábico, após o número do artigo, referem-se às notas explicativas.

Ação de locupletamento: art. 16
    Câmaras de compensação: art. 7º
    Cambial em moeda estrangeira: art. 9º
    Cambial incompleta: art. 5º
    Causas interruptivas e suspensivas da ação cambial: art. 19
    Desnecessidade de provisão: art. 17
    Introdução: epígrafe
    Normas aplicáveis à nota promissória: art. 20
    Nota promissória: art. 20
    Prazo de apresentação da cambial a pagamento: art. 6º
    Prazo para protesto por falta de pagamento: art. 10
    Regresso antecipado: art. 13
    Suprimento da assinatura: art. 3º
    Taxa legal de juros: art. 15

Parte IV

Normas complementares

Os números em arábico referem-se às notas explicativas.

A Cambial em juízo: Título II
    Ação cambial anulatória: Seção III
        de título destruído: 1
    Ação cambial de locupletamento: Seção IV
        Ação repetitória: 1
        Natureza jurídica: 3
        Prescrição: 4
        Reserva: 2
    Ação direta e ação de regresso: Seção I
        Cumulação de ações: 2
        Defesa do réu: 4
        Exceções substanciais: 6
        Fatos impeditivos, modificativos e extintivos: 7
        Lex fori: 3
        Pressupostos: 1
        Processo executivo: 5
    Ação cambial reivindicatória: Seção II
        Avisos: 2
        Cumulativa com anulatória: 1
        Medidas conservatórias: 3
        Sentença: 4
    Protesto cambial: Título I
        Cancelamento do protesto: 4
        Forma e prazos do protesto: 3
        Introdução: 1
        Procedimento do protesto: 2